梁启超 儒家哲学

梁启超 国学要籍研读法四种

吉林人民出版社

总目录

梁启超

儒家哲学

目录

第一讲　儒家哲学是什么

儒家哲学，范围广博。概括说起来，其用功所在，可以《论语》“修己安人”一语括之。其学问最高目的，可以《庄子》“内圣外王”一语括之。做修己的功夫，做到极处，就是内圣；做安人的功夫，做到极处，就是外王。至于条理次第，以《大学》上说得最简明。《大学》所谓“格物致知诚意正心修身”，就是修己及内圣的功夫；所谓“齐家治国平天下”，就是安人及外王的功夫。

然则学问分做两橛吗？是又不然。《大学》结束一句“一是皆以修身为本”。格致诚正，只是各人完成修身功夫的几个阶级：齐家治国平天下，只是各人以已修之身去齐他治他平他。所以“自天子以至于庶人”，都适用这种工作。《论语》说“修己以安人”，加上一个“以”字，正是将外王学问纳入内圣之中，一切以各人的自己为出发点。以现在语解释之，即专注重如何养成健全人格。人格锻炼到精纯，便是内圣：人格扩大到普遍，便是外王。儒家千言万语，各种法门，都不外归结到这一点。

“哲学”二字，是日本人从欧文翻译出来的名词。我国人沿用之，没有更改。原文为Philosophy，由希腊语变出，即爱智之意。因为语原为爱智，所以西方人解释哲学，为求知识的学问。求的是最高的知识，统一的知识。

西方哲学之出发点，完全由于爱智；所以西方学者，主张哲学的来历，起于人类的好奇心。古代人类，看见自然界形形色色，有种种不同的状态，遂生惊讶的感想。始而怀疑，既而研究，于是成为哲学。

西方哲学，最初发达的为宇宙论、本体论，后来才讲到论理学、认识论。宇宙万有，由何而来？多元或一元，唯物或唯心，造物及神是有是无？有神如何解释？无神如何解释？……等等，是为宇宙论所研究的主要问题。

此类问题，彼此两方，持之有故，言之成理，辩论终久不决。后来以为先决问题，要定出个辩论及思想的方法和轨范。知识从何得来？如何才算精确？还是要用主观的演绎法，先立原理，后及事实才好？还是采客观的归纳法，根据事实，再立原理才好？这样一来，就发生论理学。

再进一步，我们凭什么去研究宇宙万有？人人都回答道：凭我的知识。但“知识本身”到底是什么东西呢？若不穷究本源，恐怕所研究的都成砂上楼阁了。于是发生一种新趋向，从前以知识为“能研究”的主体，如今却以知识为“所研究”的对象，这叫做认识论。认识论发生最晚，至康德以后，才算完全成立。认识论研究万事万物，是由知觉来的真，还是由感觉来的真？认识的起源如何？认识的条件如何？认识论在哲学中，最晚最有势力。有人说除认识论外，就无所谓哲学，可以想见其位置的重要了。

这样说来，西洋哲学由宇宙论或本体论趋重到论理学，更趋重到认识论。彻头彻尾都是为“求知”起见。所以他们这派学问称为“爱智学”，诚属恰当。

中国学问不然。与其说是知识的学问，毋宁说是行为的学问。中国先哲虽不看轻知识，但不以求知识为出发点，亦不以求知识为归宿点。直译的 Philosophy，其含义实不适于中国。若勉强借用，只能在上头加上个形容词，称为人生哲学。中国哲学以研究人类为出发点，最主要的是人之所以为人之道，怎样才算一个人？人与人相互有什么关系？

世界哲学大致可分三派。印度、犹太、埃及等东方国家，专注重人与神的关系；希腊及现代欧洲，专注重人与物的关系；中国专注重人与人的关系。中国一切学问，无论那一时代，那一宗派，其趋向皆在此一点，尤以儒家为最博深切明。

儒家哲学，范围广博。概括说起来，其用功所在，可以《论语》“修己安人”一语括之。其学问最高目的，可以《庄子》“内圣外王”一语括之。做修己的功夫，做到极处，就是内圣；做安人的功夫，做到极处，就是外王。至于条理次第，以《大学》上说得最简明。《大学》所谓“格物致知诚意正心修身”，就是修己及内圣的功夫；所谓“齐家治国平天下”，就是安人及外王的功夫。

然则学问分做两橛吗？是又不然。《大学》结束一句“一是皆以修身为本”。格致诚正，只是各人完成修身功夫的几个阶级；齐家治国平天下，只是各人以已修之身去齐他治他平他。所以“自天子以至于庶人”，都适用这种工作。《论语》说“修己以安人”，加上一个“以”字，正是将外王学问纳入内圣之中，一切以各人的自己为出发点。以现在语解释之，即专注重如何养成健全人格。人格锻炼到精纯，便是内圣；人格扩大到普遍，便是外王。儒家千言万语，各种法门，都不外归结到这一点。

以上讲儒家哲学的中心思想，以下再讲儒家哲学的范围。孔子尝说，“智仁勇三者，天下之达德也。”“智者不惑，仁者不忧，勇者不惧。”自儒家言之，必三德具备，人格才算完成。这样看来，西方所谓爱智，不过儒家三德之一，即智的部分。所以儒家哲学的范围，比西方哲学的范围，阔大得多。

儒家既然专讲人之所以为人，及人与人之关系，所以他的问题，与欧西问题，迥然不同。西方学者唯物唯心多元一元的讨论，儒家很少提及。西方学者所谓有神无神，儒家亦看得很轻。《论语》说：“子不语怪力乱神。”孔子亦说，“未知生，焉知死。”把生死神怪，看得很轻，这是儒家一大特色。亦可以说与近代精神相近，与西方古代之空洞谈玄者不同。

儒家哲学的缺点，当然是没有从论理学认识论入手。有人说他空疏而不精密，其实论理学、认识论，儒家并不是不讲。不过因为方面太多，用力未专，所以一部分的问题，不如近代人说得精细。这一则是时代的关系，再则是范围的关系，不足为儒家病。

东方哲学辩论得热闹的问题，是些什么？如：

1. 性之善恶，孟荀所讨论。

2. 仁义之内外，告孟所讨论。

3. 理欲关系，宋儒所讨论。

4. 知行分合，明儒所讨论。

此类问题，其详细情形，到第五章再讲。此地所要说明的，就是中国人为什么注重这些问题。他们是要讨论出一个究竟，以为各人自己修养人格或施行人格教育的应用，目的并不是离开了人生，翻腾这些理论当玩意儿。其出发点既与西方之以爱智为动机者不同。凡中国哲学中最主要的问题，欧西古今学者，皆未研究，或研究的路径不一样。而西方哲学中最主要的问题，有许多项，中国学者认为不必研究；有许多项，中国学者认为值得研究，但是没有研究透彻。

另外有许多问题，是近代社会科学所研究的，儒家亦看得很重。在外王方面，关于齐家的如家族制度问题，关于治国的，如政府体制问题，关于平天下的，如社会风俗问题。所以要全部了解儒家哲学的意思，不能单以现代哲学解释之。儒家所谓外王，把社会学、政治学、经济学……等等都包括在内；儒家所谓内圣，把教育学、心理学、人类学……等等都包括在内。

因为这个原故，所以标题“儒家哲学”四字，很容易发生误会。单用西方治哲学的方法，研究儒家，研究不到儒家的博大精深处。最好的名义，仍以“道学”二字为宜。先哲说：“道者非天之道非地之道，人之所谓道也。”又说：“道不远人，远人不可以为道。”道学只是做人的学问，与儒家内容最吻合。但是《宋史》有一个《道学传》，把道学的范围，弄得很窄，限于程朱一派。现在用这个字，也易生误会，只好亦不用他。

要想较为明显一点，不妨加上一个“术”字。即庄子《天下篇》所说“古之道术有在于是者”的“道术”二字。道字本来可以包括术，但再分细一点，也不妨事。道是讲道之本身，术是讲如何做去，才能圆满。儒家哲学，一面讲道，一面讲术；一面教人应该做什么事，一面教人如何做去。

就前文所举的几个问题而论，如性善恶问题，讨论人性本质，是偏于道的；如知行分合问题，讨论修养下手功夫，是偏于术的。但讨论性善恶，目的在教人如何止于至善以去其恶，是道不离术；讨论知行，目的在教人从知入手或从行入手以达到理想的人格境界，是术不离道。

外王方面亦然，“民德归厚”是道；用“慎终追远”的方法造成他便是术。“政者正也”是道，用“子帅以正”的方法造成他便是术。“平天下”、“天下国家可均”是道；用“所恶于上毋以使下，所恶于下毋以事上……”的“挈矩”方法造成他便是术。道术交修，所谓“六通四辟小大精粗其运无乎不在”。儒家全部的体用，实在是如此。

由此言之，本学程的名称，实在以“儒家道术”四字为最好。此刻我们仍然用“儒家哲学”四字，因为大家都用惯了，“吾从众”的意思。如果要勉强解释，亦未尝说不通。我们所谓哲，即圣哲之哲，表示人格极其高尚，不是欧洲所谓 Philosophy 范围那样窄。这样一来，名实就符合了。

第二讲　为什么要研究儒家哲学

为什么要研究儒家道术? 这个问题，本来可以不问，因为一派很有名的学说，当然值得研究。我们从而研究之，那本不成问题。不过近来有许多新奇偏激的议论，在社会上渐渐有了势力。所以一般人对于儒家哲学，异常怀疑。青年脑筋中，充满了一种反常的思想。如所谓“专打孔家店”，“线装书应当抛在茅坑里三千年”等等。此种议论，原来可比得一种剧烈性的药品。无论怎样好的学说，经过若干时代以后，总会变质，掺杂许多凝滞腐败的成分在里头。

为什么要研究儒家道术？这个问题，本来可以不问，因为一派很有名的学说，当然值得研究。我们从而研究之，那本不成问题。不过近来有许多新奇偏激的议论，在社会上渐渐有了势力。所以一般人对于儒家哲学，异常怀疑。青年脑筋中，充满了一种反常的思想。如所谓“专打孔家店”，“线装书应当抛在茅坑里三千年”等等。此种议论，原来可比得一种剧烈性的药品。无论怎样好的学说，经过若干时代以后，总会变质，掺杂许多凝滞腐败的成分在里头。譬诸人身血管变成硬化，渐渐与健康有妨碍。因此，须有些大黄芒硝一类瞑眩之药泻他一泻。所以那些奇论，我也承认他们有相当的功用。但要知道，药到底是药，不能拿来当饭吃。若因为这种议论新奇可喜，便根本把儒家道术的价值抹煞，那便不是求真求善的态度了。现在社会上既然有了这种议论，而且很占些势力，所以应当格外仔细考察一回。我们要研究儒家道术的原因，除了认定为一派很有名的学说而研究之以外，简括说起来，还有下列五点：

1. 中国偌大国家，有几千年的历史。到底我们这个民族，有无文化？如有文化，我们此种文化的表现何在？以吾言之，就在儒家。

我们这个社会，无论识字的人与不识字的人，都生长在儒家哲学空气之中。中国思想，儒家以外，未尝没有旁的学派。如战国的老墨，六朝、唐的道佛，近代的耶回。以及最近代的科学与其他学术。凡此种种，都不能拿儒家范围包举他们；凡此种种，俱为形成吾人思想的一部分，不错。但是我们批评一个学派，一面要看他的继续性，一面要看他的普遍性。自孔子以来，直至于今，继续不断的，还是儒家势力最大。自士大夫以至台舆皂隶普遍崇敬的，还是儒家信仰最深。所以我们可以说，研究儒家哲学，就是研究中国文化。

诚然，儒家以外，还有其他各家。儒家哲学，不算中国文化全体；但是若把儒家抽去，中国文化，恐怕没有多少东西了。中国民族之所以存在，因为中国文化存在；而中国文化，离不了儒家。如果要专打孔家店，要把线装书抛在茅坑里三千年，除非认过去现在的中国人完全没有受过文化的洗礼。这话我们肯甘心吗？

中国文化，以儒家道术为中心，所以能流传到现在。如此的久远与普遍，其故何在？中国学术，不满人意之处尚多，为什么有那些缺点？其原因又何在？吾人至少应当把儒家道术，细细研究。重新估价。当然，该有许多好处；不然，不会如此悠久绵远。我们很公平的先看他好处是什么，缺点是什么。有好处把他发扬，有缺点把他修正。

2. 鄙薄儒家哲学的人，认为是一种过去的学问，旧的学问。这个话，究竟对不对？一件事物到底是否以古今新旧为定善恶的标准，这是一个很大的问题。

我们不能说新的完全是好的，旧的完全是坏的。亦不能说古的完全都是，今的完全都不是。古今新旧，不足以为定善恶是非的标准。因为一切学说，都可以分为两类。一种含有时代性，一种不含时代性，即《礼记》所谓“有可与民变革者，有不可与民变革者”。

有许多学说，常因时代之变迁而减少其价值。譬如共产与非共产，就含有时代性。究竟是共产相利，还是集产相利，抑或劳资调和相利，不是含时代性就是含地方性。有的在现在适用，在古代不适用。有的在欧洲适用，在中国不适用。

有许多学说，不因时代之变迁，而减少其价值。譬如不患寡而患不均，不患贫而患不安；利用厚生，量入为出；养人之欲，给人之求，都不含时代性，亦不含地方性。古代讲井田固然适用，近代讲共产亦适用。中国重力田，固然适用；外国重工商，亦能适用。

儒家道术，外王的大部分，含有时代性的居多。到现在抽出一部分不去研究他也可以。还有内圣的全部，外王的一小部分，绝对不含时代性。如智仁勇三者，为天下之达德，不论在何时何国何派，都是适用的。

关于道的方面，可以说含时代性的甚少；关于术的方面，虽有一部分含时代性，还有一部分不含时代性。譬如知行分合问题。朱晦庵讲先知后行，王阳明讲知行合一。此两种方法都可用，研究他们的方法，都有益处。儒家道术，大部分不含时代性，不可以为时代古思想旧而抛弃之。

3. 儒家哲学，有人谓为贵族的非平民的，个人的非社会的。不错，儒家道术，诚然偏重私人道德，有点近于非社会的。而且两千年来诵习儒学的人都属于“士大夫”阶级，有点近于非平民的。但是这种现象，是否儒学所专有，是否足为儒学之病，我们还要仔细考察一回。

文化的平等普及，当然是最高理想。但真正的平等普及之实现，恐怕前途还远着哩。美国是最平民的国家，何尝离得了领袖制度？俄国是劳农的国家，还不是一切事由少数委员会人物把持指导吗？因为少数人诵习受持，便说是带有贵族色彩，那么，恐怕无论何国家，无论何派学说，都不能免，何独责诸中国，责诸儒家呢？况且文化这件东西，原不能以普及程度之难易定其价值之高低。李白、杜甫诗的趣味，不能如白居易诗之易于普及享受；白居易诗之趣味，又不能如盲女弹词之易于普及享受。难道我们可以说《天雨花》比《白氏长庆集》好，《长庆集》又比《李杜集》好吗？现代最时髦的平民文学、平民美术，益处虽多，然把文学美术的品格降低的毛病也不小，这是不能否认的事实。何况哲学这样东西，本来是供少数人研究的。主张"平民哲学"，这名词是否能成立，我不能不怀疑。

儒家道术，偏重士大夫个人修养。表面看去，范围似窄，其实不然。天下事都是士大夫或领袖人才造出来的，士大夫的行为，关系全国的安危治乱及人民的幸福疾苦最大。孟子说得好："唯仁者宜在高位。不仁而在高位，是播其恶于众也。"今日中国国事之败坏，哪一件不是由在高位的少数个人造出来。假如把许多掌握权力的马弁强盗，都换成多读几卷书的士大夫，至少不至闹到这样糟。假使穿长衫的穿洋服的先生们，真能如儒家理想所谓"人人有士君子之行"，天下事有什么办不好的呢？我们受高等教育的青年，将来都是社会领袖。造福造祸，就看我们现在的个人修养何如。儒家道术专注重此点，能说他错吗？

4. 有人说自汉武帝以来，历代君主，皆以儒家作幌子，暗地里实行高压政策。所以儒家学问，成为拥护专制的学问，成为奴辱人民的学问。

诚然历代帝王，假冒儒家招牌，实行专制，此种情形，在所不免。但是我们要知道，几千年来，最有力的学派，不唯不受帝王的指使，而且常带反抗的精神。儒家开创大师，如孔、孟、荀都带有很激烈的反抗精神，人人知道的，可以不必细讲。东汉为儒学最盛时代，但是《后汉书·党锢传》，皆属儒家大师，最令当时帝王头痛。北宋二程，列在元祐党籍；南宋朱熹，列在庆元党籍。当时有力的人，摧残得很厉害。又如明朝王阳明，在事业上虽曾立下大功，在学问上到处都受摧残。由此看来，儒家哲学也可以说是伸张民权的学问，不是拥护专制的学问；是反抗压迫的学问，不是奴辱人民的学问。所以历代儒学大师，非唯不受君主的指使，而且常受君主的摧残。要把贼民之罪加在儒家身上，那真是冤透了。

5. 近人提倡科学，反对玄学，所以有科学玄学之争。儒家本来不是玄学，误被人认是玄学，一同排斥。这个亦攻击，那个亦攻击，几于体无完肤。

玄学之应排斥与否，那是另一问题。但是因为排斥玄学，于是排斥儒家，这就未免太冤。儒家的朱陆，有无极太极之辩，诚然带点玄学色彩。然这种学说，在儒家道术中地位极其轻微，不能算是儒家的中心论点。自孔孟以至陆王，都把凭空虚构的本体论搁置一边，哪能说是玄学呢？

再说无极太极之辩，实际发生于受了佛道的影响以后，不是儒家本来面目。并且此种讨论，仍由扩大人格出发，乃是方法，不是目的，与西洋之玩弄光景者不同。所以说玄学色彩，最浅最淡，在世界要算中国，在中国要算儒家了。

儒家与科学，不特两不相背，而且异常接近。因为儒家以人作本位，以自己环境作出发点，比较近于科学精神，至少可以说不违反科学精神。所以我们尽管在儒家哲学上力下功夫，仍然不算逆潮流、背时代。

据以上五种理由，所以我认为研究儒家道术，在今日实为有益而且必要。

第三讲　儒家哲学的研究法

哲学的研究法，大概可分三种：

1. 问题的研究法。

2. 时代的研究法。

3. 宗派的研究法。

无论研究东方哲学，或研究西方哲学，这三种方法，皆可适用。各有长处，亦各有短处。儒家哲学的研究，当然亦离不了这三种方法。

哲学的研究法，大概可分三种：

1. 问题的研究法。

2. 时代的研究法。

3. 宗派的研究法。

无论研究东方哲学，或研究西方哲学，这三种方法，皆可适用。各有长处，亦各有短处。儒家哲学的研究，当然亦离不了这三种方法。现在先把每一种方法的长处及其短处，先说明一下。

1. 问题的研究法。所谓问题的研究法，就是把哲学中的主要问题，全提出来。每一个问题，其内容是怎样；从古到今，各家的主张是怎样。譬如儒家哲学的问题，就是性善性恶论、知行分合论……等等。

有许多问题，前代没有，后代才发生的；有许多问题，前代很重视，后代看得很轻了；又有许多问题，自发生后几千年，始终继续不断，无论哪家，无论东西，都有这种问题。把所有这种问题，分为若干章，将先后学的主张，总括起来，加以研究。

譬如性善性恶问题。秦以前，孔子、孟子、荀卿，如何主张？到了汉朝，董仲舒、王充又如何主张？唐以后，韩愈、李翱如何主张？宋明程、朱、陆、王如何主张？直到清朝颜习斋、戴东原，又如何主张？把所有关于这个问题的议论，全都搜集在一块，然后细细研究，考察各家的异同得失。

这种方法的长处，是对于一个问题，自始至终，有系统的观念，得彻底的了解。从前各家主张的内容若何，现在研究到什么程度，都很明了。不至茫无头绪，亦不至漫无归宿，这是他的优点。

这种方法的短处，是对于各个学者全部学说，不能普遍周衍。凡在哲学上大问题，作有力的解答的人，都是有名学者。但这些学者，不单解答一个问题，旁的方面尚多。而且要了解一个问题，不能不注意其他方面，因为彼此两方往往有连带关系。

譬如性善论是孟子主张的，性恶论是荀子主张的。他们学问的全部系统，与性善性恶，都有关系。孟子为什么要主张性善，荀子为什么要主张性恶，牵连很多。因为性善恶的问题，牵到许多问题；不单是牵到许多问题，而且引动全部学说。

要是问题简单，比较尚还容易；问题稍为复杂，那就异常纷乱。单讲本问题，则容易把旁的部分抛弃，不能得一家学说的真相；旁的部分都讲，则头绪未免纷繁，很难捉住要点。

2. 时代的研究法。所谓时代的研究法，专看各代学说的形成、发展、变迁及其流别。把几千年的历史，划分为若干时代。在每时代中，求其特色，求其代表，求其与旁的所发生的交涉。

譬如讲儒家哲学，大概分为孔子一个时代：自春秋到秦，七十子及七十子后学者一并包括在内。两汉为一个时代：自西汉初至东汉末，把董仲舒、刘向、马融、郑玄等一并包括在内。魏晋到唐为一个时代：何晏、王弼到韩愈、李翱都包括在内。宋元明为一个时代：自宋初至明末，把周、程、朱、张及陆九渊、王阳明等一并包括在内。清代为一个时代：自晚明至民国，把顾炎武、黄梨洲、颜习斋、戴东原等，一并包括在内。

这种方法，其长处在于把全部学术，几千年的状况，看得很清楚；一时代的特色，说得很明白；各家的学说，懂得很完全；同源异流，同流交感，我们都把他研究得异常仔细。譬如春秋时代，不单讲儒家，还要讲道家、墨家。又如孟子、荀子，不单看他们的性善恶论，还要看他们旁的方面，其主张若何。所以学问的变迁，或者进化，或者腐败，都可以看得清楚。

这种方法，其短处在全以时代区分，所有各家关于几个重要问题的答案，截为数段。譬如讨论性善恶的问题，最早是孟子、荀卿，一个主张性善，一个主张性恶。过了百多年，到董仲舒、王充，主张性有善有恶。又过千多年，才到程朱，又分为天地之性，气质之性二种。又许多年，才到颜习斋、戴东原，又主张只有气质之性，性即是欲，不可强分为二。

关于这些问题的主张和答案，看得断断续续，不很痛快。哲学不外几个重要问题，一个问题都弄不清楚，也就失却哲学的要义了。而且一个问题，要说几次。譬如论性，讲完孟荀，又讲程朱；讲完程朱，又讲颜戴。说后来的主张时，不能不把前人的主张重述一次，也觉令人讨厌。

3. 宗派的研究法。所谓宗派的研究法，就是在时代之中，稍为划分清楚一点。与前面两法，又自不同。如讲儒家宗派，西汉经学，有所谓今文古文之分。今文学派，内容怎样，西汉如何兴盛，东汉如何衰歇，清代又如何复兴。古文学派，内容怎样，南北朝如何分别，后来如何争辩，清代以后，如何消灭。要把两派的渊源流别，追寻出来。

又如程、朱、陆、王，本来同出二程。然自南宋时，已分两派，彼此相持不下。朱子以后，元朝吴草庐、明朝顾泾阳、高宗宪都属此派，清代许多假道学家，亦属此派；就是戴东原，虽讲汉学，然仍出自程朱。陆子以后，明朝陈白沙、王阳明都属此派，清初黄梨洲、李穆堂亦属此派。

一个学派，往往历时很久，一线相承，连绵不绝。有许多古代学派，追寻究竟，直影响到后来。有许多后代学派，详彻本原，早伏根于往古。即如程、朱、陆、王，是后代的学派，但往上推去，乃导源于孟荀。程朱学派，出于荀子；清代考据学派，又出自程朱。陆王学派，出于孟子；近人以佛学融通儒学，则又出自陆王。

这种方法，其长处在于把各派的起源变迁流别，上下千古，一线相承，说得极其清楚。这派与那派，有何不同之处，两派交互间又有什么影响，也说得很明白。我们研究一种学说，要整个的完全的了解，当然走这条路最好。这种方法，其短处在于不能得时代的背景和问题的真相，第一第二两种研究法的优点完全丧失无遗。一个时代的这一派，我们虽然知道，但这派以外的学说，我们就很茫然。一个问题的这种主张，我们虽然清楚，但这种主张以外的议论，我们也许就模糊了。

上面所说三种研究方法，各有长处，亦各有短处。我们从事研究哲学的人，三法都可适用。诸君要研究儒家哲学，可以分开来作。有几个作时代的研究，有几个作宗派的研究，有几个作问题的研究，各走各的路，不特不是相反，而且是以相成。

此部讲义，不能三种并用。三种之中，比较起来用时代的研究法，稍为便捷一点。因为时代的研究法，最能令人得到概念。所以本讲义以时代的研究法为主。至于问题的研究法、宗派的研究法，在一时代之中，努力加以说明。例如一个问题，在这个时代，讨论得最热闹；本时代中，特别讲得详些，以前以后稍略。一个宗派，发生于这个时代；本时代中，特别讲得细些。价值流别，连类附及。

此次讲演，大概情形如此。我的讲演，因为时间的关系，说得很简单，不过略示模范而已。诸君能够依照所说，分工作去，一定比我的还要详细，还要精密得多。

附带要说的，有两件事情，应当特别注意。就是大学者以外，一时代之政治社会状况，与儒家以外所有各家的重要思想。

1. 大学者外，一时代之政治社会状况。儒家道术（哲学二字我实在不爱用）在中国历史上，因缘太久，关系太深。国民心理的大部分，都受此派影响。因此我们将来研究，与研究一般西洋哲学不同。

所谓西洋哲学，那才真是贵族的、少数人爱智娱乐的工具。研究宇宙来源，上帝存否，唯有少数贵族，才能领悟得到。晚近虽力求普遍，渐变平常，但是终未做到。儒家道术，因为笼罩力大，一般民众的心理风俗习惯，无不受其影响。所以研究儒家道术，不单看大学者的著述及其理论，并且要看政治上社会上所受他的影响。

儒家道术，不独讲正心修身，还要讲治国平天下。所以二千年来政治，好的坏的方面，儒家道术，至少要占一半。我们研究儒家道术时，一面看他所与政治社会的影响，一面看政治社会所与他的反响。这种地方，一点不能放过，应当常常注意。

还有一层，就是一般风俗习惯，亦与儒家道术关系很深。儒家虽非宗教，但是讲道德、讲实践的时候很多；并且所讲道德实践，与宗教家不同，偏于伦常方面，说明人与人相处之道。一般人的行动，受其影响极大。所以研究儒家道术，可以看出风俗的污隆高下。如顾亭林《日知录》所讲历代风俗那几条，说得很透彻。东汉风俗最好，因为完全受儒家道术的支配；两晋风俗最坏，因为受儒家以外其他学说的影响。一面研究儒家道术，一面看国民心理的趋向、社会风俗的变迁，这一点也应常常注意。

2. 儒家以外，所有各家重要思想。大凡一种学说，不能不受旁种学说的影响。影响的结果，当然发生变化。无论或变好，或变坏，总而言之，因为有旁的学说发生，或冲突，或调和，把本来面目改了。世界上无论哪家学说，都不能逃此公例。

儒家道术，在中国实站在主人翁的地位，势力最强。无论哪家，都比不上。自孔子起到现在，一线相承，始终没有断绝过。研究中国思想，可以儒家道术作为主人翁；但是因为客来得很多，常常影响到主人，所以主人翁的态度，亦随时变迁。

最重要的客人，有下列几个：

在先秦时代，有司马谈所谓六家，刘歆、班固所谓九流。六家九流，大概皆出自孔子以后。而势力最大，几与儒家对抗的要算道家、墨家，以后才发生法家、阴阳家、农家……等。这几家都是对于儒家不满，重新另立门户。最盛的与儒家立于对等地位，甚至于比儒家的势力，还要大些，不过为时很暂。能够继续不断，永远作社会思想中心的，还是儒家。因为有这几家的关系，无论他们持赞成的论调，或反对的论调，儒家本身，不能不起一种变化。孟荀是儒家大师，但两人都受道墨两家的影响。

汉初道家极盛，魏晋后更由九流之一，一变而为道教。道教的发生，亦受儒家很大的影响。由东汉末至隋唐，佛教从西方输入。因为佛教是一个有组织有信条有团体的学派，势力很大，根基亦很巩固。自从它输入以后，儒家自家，就起很大的变化了。

近世晚明时代，基督教从欧洲传到中国，携带所谓西方哲学，及幼稚的科学；在当时虽未大昌，然实与儒家哲学以极大的刺激。降至最近百余年间，西方的自然科学，大大发达。在中国方面，科学虽属幼稚，而输入的亦很多。儒家哲学，几有被其排斥之势。

西洋的政治理论，亦与儒家哲学，有很深的关系。因为儒家讲内圣外王，政治社会，在本宗认为重要。凡欧洲新的政治学说，社会主义，皆与儒家以极大的影响。因受外界的刺激，内部发生变化；这几个重要关头，不可轻易放过。我们研究主人翁的态度，至少要看他发展的次第。某时代有什么客来，主人翁如何对付，离开这种方法，不能了解主人翁态度的变迁。

所以研究儒家道术，须得对于诸家，有普通的常识。即如先秦时代，有多少学派？大概情形如何？对儒家有何影响？汉魏时代道教如何成立？大概情形如何？对儒家有何影响？隋唐之交，佛教如何兴盛？大概情形如何？对儒家有何影响？晚明基督教及西洋哲学，如何输入？大概情形如何？于儒家有何影响？最近自然科学及社会主义如何传播？其大概情形如何？于儒家有何影响？虽然不能有精密的研究，然不能不得普通的常识。

上面所述二事，第一，大学者外，各时代的政治状况、社会情形，受儒家什么影响？与儒家以什么影响？第二，儒家以外，所有各家的重要思想，因儒家而如何变迁？儒家又因各家思想而如何变迁？此在欲了解儒家道术，欲寻得儒家知识的研究方法，除此以外，全不是正确的路径，全是白费气力。

还有一层，更为重要。就是儒家的特色，不专在知识，最要在力行，在实践。重知不如重行。行的用功，此处用不着说，正所谓"不在多言，顾力行如何耳"。真要学儒者，学孔子之道，不单在知识方面看，更要在实行方面看。从孔子起，历代大师，其人格若何？其用功若何？因性之所近，随便学哪一个，只要得几句话，就可以终身受用不尽。真要学儒家道术，是活的，不是死的，只须在此点用功，并不在多，而且用不着多。

第四讲　两千五百年儒学变迁概略（上）

上次讲，研究哲学，有问题的、时代的、宗派的三种方法，各有长处，各有短处。问题的研究法固然好，但本讲演用来不方便，所以先在前论最末一章，专讲儒家哲学之重要问题，以为补充。时代的研究法，固然亦有短处，但用之讲演，最为相宜。所以本论各章，全用这个方法。唯如不先提纲挈领，不能得一个大意，现在要讲两千五百年儒学变迁概略，就是想使诸君先得一个大意。

上次讲，研究哲学，有问题的、时代的、宗派的三种方法，各有长处，各有短处。问题的研究法固然好，但本讲演用来不方便，所以先在前论最末一章，专讲儒家哲学之重要问题，以为补充。时代的研究法，固然亦有短处，但用之讲演，最为相宜。所以本论各章，全用这个方法。唯如不先提纲挈领，不能得一个大意，现在要讲两千五百年儒学变迁概略，就是想使诸君先得一个大意。这个题目，讲来很长，打算分作两章。上章从孔子起，到唐代止；下章从北宋起，到现在止。

儒家道术从何时起？孔子以前有无儒学？此类问题留到本论再讲。现在要简单说明的，就是凡一学派，都不是偶然发生，虽以孔子之圣，亦不能前无所承。不过儒家道术至孔子集其大成，所以讲儒学从孔子讲起，未尝不可。孔子学说全部如何，亦留到本论再讲。我们所应当知道的，就是儒家道术，孔子集其大成，以后两千多年，都由孔子分出。在一方面，因为孔子的话，辞句简单，而含义丰富，所以后来研究孔子学说的人，可以生出种种解释；同为儒家，下面又分出许多学派。在他一方面，因为孔子的主张，平庸中正，有许多认为不满意的人创为反动学派；既有反动学派发生，孔子弟子及后学受其影响，对于本派学说，或加修正，或全变相。所以从孔子起，分两大支，有因辞句简单而解释不同的，有因受旁的影响而改换面目，不可不加注意。

先讲儒家以外的学派，孔子之后，新出的重要学派，可分为二：（1）墨家。（2）道家，皆起于孔子死后数十年乃至百年。墨家出于孔后，自是不成问题。道家向来认为出在孔前，或与孔子同时，依我看来，都不大对。《老子》五千言，历来认为孔子以前的作品，我一向很怀疑，时间愈长，愈认确实。不是本问题所关，暂不细讲，但因要说明重要学派的顺序，不妨略讲几句。

孔子学说，最主要者为“仁”。仁之一字，孔子以前，无人道及，《诗》及《尚书》二十八篇，皆不曾提到，以仁为人生观的中心，这是孔子最大发明，孔子所以伟大，亦全在此。《老子》书中，讲仁的地方就很多，“失德而后仁，失仁而后义”，这全为孔子而发，假使孔子不先讲仁，老子亦用不着破他了。此外压倒仁字的地方还很多，如“天地不仁，以万物为刍狗”，“上仁为之而无以为”，“大道废有仁义”，“绝仁弃义，民复孝慈”等语，可知老子之作实在孔子的“仁”字盛行以后。不唯如此，义之一字，孔子所不讲，孔子只讲智、仁、勇。仁义对举，是孟子的发明。而《老子》书中，讲仁义的地方亦很多，可知不唯不在孔子之前，还许在孟子以后。孟子辟异端，他书皆引，未引《老子》一句，其故可想而知。这种地方，离开事迹的考据，专从文字下手，虽觉甚空，然仍不失为有力的佐证。此外，尚贤，是墨子所主张的，《墨子》有《尚贤》篇，而老子有“不尚贤使民不争”一语。天道鬼神，是墨子所信仰的，墨子有《天志》篇、《明鬼》篇，而老子有“以道莅天下其鬼不神”一语。旁的不问，专从思想系统入手，《老子》一书，似在孔子以后，墨子以后，甚至于孟子以后啊。从前说九流各家，道家最古，儒家次之，其说非是。应当以儒家为最古，道家亦儒家盛行后一种反动，为儒家之对敌的学派。

墨家方面，出在孔后，更不必辩。《淮南·要略》称：“墨子受孔子之道，学儒家之术。”这是说从前研究孔子的道理，后来深感繁重，才重新创立一个学派。墨子是孔子后辈，生于邹鲁之间，其地儒学最盛，年轻时不能不有所习染，《淮南》之说甚是。墨家继儒家而发生，有不以为然的地方，然后独树一帜，因在后辈影响甚深。墨门弟子，亦与儒家有密切关系，如禽滑釐，曾学于子夏，一面为墨家大师，一面为孔门再传弟子。

道家方面，既然《老子》一书，不在孔子之前，则庄子与老子的先后，亦成为问题了。向称老庄，若使庄子在前，当改称庄老才是。庄子地位，在道家极为重要，比禽滑釐之在墨家，还要重些。庄子学于田子方，田子方学于子夏，所以庄子一面是道家大师，一面是孔门三传弟子。

由此看来，道墨两家，亦可以说是儒家的支派，先是承袭，后才独立，先是附庸，后为大国。唯旁的儒家，无论如何变化，仍称孔子之后。道、墨两家既盛，与儒家立于三分的地位，就不承认是孔子之后了。恰如齐桓、晋文，虽握霸权，仍尊周室，楚庄王、吴夫差，一握霸权，便不承认周室的地位，情形正复相同。我们再看，最初的儒家，因为道墨二家独立后，倡为反对的论调，与儒家以极大的影响，儒学自身，亦有许多变迁。

现在再讲孔门直接的学派。《韩非子·显学》篇说：“自孔子之死也，有子张氏之儒，有子思氏之儒，有颜氏之儒，有孟氏之儒，有漆雕氏之儒，有仲良氏之儒，有孙氏之儒，有乐正氏之儒……儒分为八。”韩非生当始皇的时候，离战国最近，其说当甚可靠。此种八家，现在可考者，唯孟、孙二家。自余六家无考，其著作见于《汉书·艺文志》的，有《子思》二十三篇，《漆雕子》十三篇，然后代亦皆丧失，殊可惋惜。此外四家，在汉朝时已经看不着了。

果如韩非所言，战国之末，儒分为八，我们诚然相信，但最初儒家的分裂，恐没有如此复杂。现在姑且假定，孔子死后，最初分为两派，有子是一派，曾子是一派。所以《论语·学而第一》章，先说："子曰，学而时习之，不亦乐乎！"继说："有子曰，其为人也孝弟，而好犯上者鲜矣。"又说："曾子曰，吾日三省吾身。"子是孔子，总观《论语》全书，除孔子外，称子者，唯有若、曾参二人。颜渊称渊而不称子，因颜渊早死，其学不传。子夏、子贡，亦不称子，此中消息，殊耐寻味啊！《孟子·滕文公上》说："昔者孔子没……他日子夏、子张、子游以有若似圣人，欲以所事孔子事之，强曾子，曾子不可。……"这并不是曾子有意与有子为难，徒争意气，实际是因为两人学派，大不相同，所以就各人走各人的路了。

大概子夏、子游、子张三人，因为孔子死后，门下散落，不能不要一个统率的人，而有若年最高、德最重，故推举他，作孔门领袖。可知子夏、子游、子张，同是一派。这一派大概对于孔子所说的话，所删定的经典，为形式的保守，异常忠实，以有若为其代表。后来荀子说："其数始于诵经，终于习礼。"可以说是从这一派演出。

曾子另为一派，不注重形式，注重身心修养，对于有若一派，很有些不同的地方。据说曾子的弟子是子思。曾子著作《大戴礼》有十篇，虽未必能包举他学说的全部，也可据以窥见一斑。子思著作，现存者为《中庸》，《汉书·艺文志》有《子思》二十三篇，今原书虽佚，或者《礼记》中还有若干篇是他的作品。后来孟子专讲存心养气，可以说是从这一派演出。照这样的分法，孔子死后，门弟子析为二派：一派注重外观的典章文物，以有若、子夏、子游、子张为代表；一派注重内省的身心修养，以曾参、子思、孟子为代表。春秋战国时代的儒学情形，大概可以瞭然了。

孔子道术方面很多，如前所述，一方面讲内圣，一方面讲外王，可见他不单注重身心修养，并且注重政治社会情形。孔门分四科：一德行，注重修养，后人称为义理之学；二言语，注重发表，后人称为词章之学；三政事，注重政治，后人称为经济之学；四文学，注重文物，后人称为考证之学。这样四科，亦还不能算孔子全部学问，至多不过圣人之一体而已。四科之外，还有许多派别不可考的。如韩非子所说儒分为八，其中孟、孙二派，有书传世，可以明白，前面已经说过；子思一派，由《中庸》及《礼记》可以窥见一斑，也用不着再讲。唯漆雕氏一派，即《论语》上的漆雕开，《汉书·艺文志》有《漆雕子》十三篇，可见得他在孔门中，位置甚高，并有著书，流传极盛，在战国时，俨然一大宗派。至其精神，可于《韩非子·显学》篇所说“不色挠，不目逃，行曲则违于臧获，行直则怒于诸侯，世主以为廉而礼之”几句话中，窥见大概，纯属游侠的性质。孔门智、仁、勇三德中，专讲勇德的一派，孟子书中所称北宫黝养勇、孟施舍养勇，以不动心为最后目的，全是受漆雕开的影响。其余颜氏、子张氏、仲良氏、乐正氏四派，本人的著作，既不传世，旁人的著作，又没有提到他们，所以无从考见了。这是我们认为很不幸的一件事情。

孔子死后，有七十子，七十子后学者，一传再传，门弟子极多，学派亦很复杂。要研究这些人的学说，只有大小戴的《礼记》，还有一部分材料可考。其中十之二三，是七十子所记，十之七八，是七十子后后学所记。自孔子至秦，约三百年，自秦至二戴，又百余年，时间如此的长，派别如此的复杂，而材料如此的短少，研究起来，很觉费事。我们根据《汉书·艺文志》，看孔门弟子的著作，有下列几种：《子思》，二十三篇；《曾子》，十八篇；《漆雕子》，十三篇；《宓子》，十六篇；《景子》，三篇；《世子》，二十一篇；《李克》，七篇；《公孙尼子》，二十八篇；《芈子》，十八篇。可见西汉末年，孔子弟子及再传弟子，著作行世者，凡有九家，至此九家的内容如何，可惜得不着正确资料，很难一一考证。大概这几百年间，时代没有多大变化，外来影响亦很少，不能有好大异同，可以附在孔子之后，一同研究。自春秋经战国迄秦，儒家变迁，其大略如此。两汉儒学，下次再讲。

凡一种大学派成立后，必有几种现象：

1. 注解。因为内容丰富，门下加以解释。这种工作的结果，使活动的性质，变为固定，好像人的血管硬化一样，由活的变成死的，这是应有现象之一。

2. 分裂。一大学派，内容既然丰富，解释各各不同，有几种解释，就可以发生几种派别。往往一大师的门下，分裂为无数几家，这也是应有现象之一。

3. 修正。有一种主张，就有一种反抗。既然有反抗学说发生，本派的人，想维持发展固有学说，就发生新努力，因受他派的影响，反而对于本派，加以补充或修正。这是应有现象之一。

地不论中外，时不论古今，所有各种学派，都由这几种现象，发动出来。儒家哲学，当然不离此例，所以儒家各派亦有注解，有分裂，有修正。

自孔子死后，儒家派别不明，韩非所说儒分为八，亦不过专指战国初年而言，经战国及秦到汉数百年间，派别一定很多。七十子后学者的著作，留传到现在的，以大小《戴记》为主，共八十余篇，其中讲礼仪制度的，约占三分之二。大概自孔子死后，子夏、子游、子张，留传最广。因孔子以礼为教，一般人皆重礼，对于礼的内容，分析及争辩很多，《小戴记》的《檀弓》、《曾子问》，都不过小节的辩论。这种解释制度、争论礼仪，就是上面所说的第一第二两种现象。所以子夏、子游、子张以后的儒家，一方面是硬化，一方面是分裂。

同时道家之说，孔子死后，不久发生。老庄的主张，在《论语》中，可以看出一点痕迹，《论语》说："君子质而已矣，何以文为?"又说：

“或曰，以德报怨，何如?”这类话，很与道家相近。道家在孔子后，然为时甚早，孔子死后，不久即发生，与儒家对抗，对于儒家的繁文缛节，予以很大的打击。因为受敌派的攻击，自己发生变化，就是上面所说的第三种现象，补充或修正前说。

儒家自己发生变化，究竟如何变法呢？我们看《易经》的《系辞》与《文言》，其中有好多话，酷似道家口吻。本来《十翼》这几篇东西，从前人都说是孔子所作，我看亦不见得全对。《系辞》与《文言》中，有许多“子曰”，不应为孔子语。孔子所作，当然不会自称“子曰”，就是没有“子曰”的，是否孔子所作，还是疑问。因为有“子曰”的，皆朴质与《论语》同，无“子曰”的，皆带有西洋哲学气味。大概《系辞》与《文言》，非孔子作，乃孔子学派分出去以后的人所作。其中的问题，从前的儒家不讲，后来的儒家，不能不讲了。

头一步所受影响，令我们容易看出者为《系辞》与《文言》，其次则为《礼记》中的《大学》、《中庸》、《乐记》等著作，大抵皆受道家影响以后，才始发生。所以曾子、子思一派讲这类的话就很多，《中庸》一篇，郑玄谓为子思作，我们虽不必遽信，但至少是子思一派所作。孟子受业子思之门人，所受影响更为明显。孟子之生，在孔子后百余年，那个时候，不特道家发生了很久，而且杨朱、墨翟之言盈天下。既然群言淆乱，互相攻击，儒家自身，不能不有所补充修正。

孟子这一派的发生，与当时社会状况，有极大的关系。因为春秋时代，为封建制度一大结束，那时社会很紊乱，一般人的活动，往往跑出范围以外，想达一种目的，于是不择手段。孟子的门弟子，就很羡慕那种活动，所以景春有“公孙衍、张仪岂不诚大丈夫哉”的话。可见得当时一般社会都看不起儒家的恬适精神，人群的基础，异常摇动，孟子才不惜大声疾呼的，要把当时颓败的风俗人心，唤转过来。

孟子与孔子，有许多不同之点。孔子言“仁”，孟子兼言“仁义”。

什么叫义？义者，应事接物之宜也。孟子认为最大的问题，就是义利之辨，其目的在给人一个立脚点，对于出入进退，辞受取与，一毫不苟。所以孟子说："得志与民由之，不得志独行其道。"又说"一芥不以与人，一芥不以取诸人。"都是教人高尚明哲，无论如何失败，有界限，有范围，出了界限范围以外，就不作去。可以说对于当时的坏习气，极力校正。

孔子智仁勇并讲，所以说"智仁勇三者，天下之达德也"。孟子专讲勇，所以说"我四十不动心"，"我知言，我善养吾浩然之气"。以仁弘义，以义辅仁；仁以爱人，义以持我。这种方法，孟子极力提倡，极力讲究。

孔子对于性命，不很多讲，或引而不发，孔子门人常说："子罕言命，性与天道，不可得而闻也。"当孟子的时候，道家对于这部分，研究得很深，儒家如果不举出自己的主张，一定站不住脚，所以孟子堂堂正正的讲性与天道，以为是教育的根本。《孟子》七篇中，如《告子上》、《告子下》大部分讲性的问题，自有不必说；其余散见各篇的很多，如"大人者，不失其赤子之心者也"。"古之人，所以大过人者，无他焉，善推其所为而已矣"。"人之所不虑而知者，其良知也；人之所不学而能者，其良能也"。"先立乎其大者，则其小者不能夺也"。这类话，对于当时章句之儒咬文嚼字的那种办法，根本认为不对。

孟子以为人类本来是好的，本着良知良能，往前作去，不必用人家帮忙，不必寻章摘句、繁文缛节的讨麻烦，自己认清，便是对的。这种学说，可谓对于孔子学说的一种补充，扫除章句小儒的陋习，高视阔步的来讲微言大义，我们可以说儒家至孟子，起一大变。

孟子以后，至战国末年，一方面社会的变迁更为剧烈，一方面道墨两家，更为盛行，尤以墨家为最盛。《韩非子·显学》篇说，"今之显学，儒墨也"。战国末年，儒墨并举，两家中分天下。墨家对于知的方面，极为注重，以知识作立脚点，为各家所不及。即如《经上》、《经下》、《经说上》、《经说下》诸篇，对于客观事物，俱有很精确的见解。所以当时墨学，几遍天下。同时因为社会变迁更大的结果，豪强兼并，诈伪丛生，而儒家严肃的道德观念，被社会上看作迂腐。除了道墨盛行、社会轻视以外，儒家自身亦有江河日下的趋势。孟子道性善，说仁义，有点矜才使气。孟门弟子，愈演愈厉，一味唱高调，讲巨子，末流入于放纵夸大。从这一点看去，后来王学一派，有点近似，阳明本身，尚为严肃，门弟子则光怪陆离，无奇不有。因为孟派末流，有许多荒唐的地方，所以那时儒家，很感觉有补充修正的必要，于是乎荀卿应运而出。

《史记·孟荀列传》称："荀卿嫉浊世之政，亡国乱君相属，不遂大道而营于巫祝，信禨祥，鄙儒小拘，如庄周等又滑稽乱俗，于是推儒墨道德之行事，兴坏序列，著数万言。"太史公这几句话，很难说出荀派发生的动机。当时儒家末流，有许多人，专靠孔子吃饭。《非十二子》篇说："……偷儒惮事，无廉耻而耆饮食，必曰君子固不用力，是子游氏之贱儒也。"记得某书亦说，人家办丧事，儒者跑去混饭吃，这正是太史公所谓鄙儒小拘。而庄周末流则又滑稽乱俗，很能淆惑视听。庄周是否儒家，尚是问题，庄周出于田子方，田子方是子夏的门生。孟子出于子思，子思是曾子的门生。庄孟二人，很可以衔接得起来。在这儒道末流，俱有流弊的时候，荀卿这派，不得不出头提倡改革了。

前面说墨家长处，在以知识为立脚点。荀子很受他们的影响，对于知识，以有条理有系统为必要，他的《解蔽》、《正名》诸篇，所讨论都是知识的问题。譬如论理的凭藉是什么，知识的来源是什么，这类问题，孔孟时所不注重，到了荀子，就不能不注重了。这是荀子受墨家的影响，而创为儒家的知识论。此外受墨家影响的地方还多，墨子有《天志》、《明鬼》论，最信鬼神，荀子的《天论》等篇，正是对墨而发，与墨子持反对的论调。

当时一般人，对于严肃修养的功夫，都认为迂腐，不肯十分注重。孟子一派，虽提出自己的主张，不特不能救鄙儒小拘的学风，甚或为作伪者大言欺人的工具。到了荀子，极力注重修养，对于礼字，重新另下定义。孔子言仁，孟子言义；荀子言礼，以礼为修养的主要工具。孟子主张内发；荀子主张外范。孟子说性是善的，随着良知良能做去；荀子说性是恶的，应以严肃规范为修束身心的准绳。所以荀子的学说，可以说是战国末年，对于儒家的一大修正。

今天所讲孟荀学说，讲得很简单，以下另有专篇，专门讲他二人。自孔子死后，儒家的变迁，其大概情形如此。还有一种现象，西汉以前，儒家学派，可以地域区分，所谓齐学鲁学，风气各自不同。鲁是孔子所居的地方，从地理方面看，在泰山以内，壤地褊小，风俗谨严；从历史方面看，自周公以来，素称守礼之国，又有孔子诞生，门弟子极多。鲁派家法，严正呆板狭小，有他的长处，同时亦有他的短处。齐与鲁接壤，蔚为大国，临海富庶，气象发皇，海国人民，思想异常活泼。直接隶属孔门的时候，齐鲁学风，尚无大别，以后愈离愈远，两派迥不相同了，若以欧洲学风比之，鲁像罗马，齐像希腊。

齐派学风的特色，可以三邹子作为代表。《史记·孟荀列传》称："齐有三邹子，其前邹忌……其次邹衍……邹奭。"三邹是否儒家，尚待研究，虽非直接由儒家出，但亦受儒家的影响。邹衍主九洲之外，尚有九洲，可见其理想力之强，但彼好推言"终始五德之运"这种学说，衍为方士的思想（不是道家），司马谈《六家要旨》，名之为阴阳家，后代相仍未改。这种人，以儒者自居，社会上亦把他们当作儒者看待。秦始皇坑儒生，人皆以为大罪，其实所坑的儒生七十余人，都是方士阴阳家一派。如卢生、韩生最初替始皇求不死之药，历年不得，又造为种种谎语，始皇才把他们坑杀了。这一派在战国末年颇盛，如果说是由儒家变出，可以说是由齐派演化出来。

自秦以前，同为儒家，有齐鲁两派，其不同之点，既如上述。到汉，两派旗帜，更为显明，甚至于互相攻击。汉人对于儒家的贡献，只是他的整理工作，旁的很少值得注意的地方。凡是一个社会，经过变化之后，秩序渐趋安定，就做整理的功夫，所以汉人发明者少。一部分的精神，用在整理方面，一部分精神，用在实行方面，汉代四百年间，其事业大致如此。

至于思想学术，汉代亦较简单，汉时墨家业已消灭，只剩道儒两家。道家整理工作的表现，在于《淮南子》。《淮南子》一书，可谓战国以来，总括许多学说，为一极有系统之著述。儒家整理工作的表现，在于治经。汉儒治经分今文古文两派，西汉为今文独盛时代，东汉为今古文互争时代。东汉前半，今文很盛，到了末年，大学者都属古文派，今文纯至消灭。西汉全期，今文家都很盛，古文家不过聊备一格而已。

西汉经学，共立十四博士。计《易》有施、孟、梁丘三家，均出田何，为齐派。《书》有欧阳、大小夏侯三家，均出伏生，为齐派。《诗》有鲁、齐、韩三家，齐诗出于齐派。《礼》有大小戴及庆氏三家，与齐无关，为鲁派。《春秋》有严、颜两家，均出公羊，为齐派。总观十四博士之中，九家出齐。此外《论语》有《齐论语》及《鲁论语》。以此言之，西汉儒学，大部属齐，鲁学很衰。《春秋》之《穀梁》学属鲁派，然西汉时无博士，其学不昌。唯鲁诗极发达，齐诗、韩诗，俱不能及。

齐派学风的特色，在与阴阳家——邹衍一派结合，上文业已提到过了。即如《易》的施、孟、梁丘三家，今无传，当时所讲，占验象数为多；伏生《尚书》，讲中候五行，《大传》亦多与阴阳结合；齐诗讲五际六情；《公羊春秋》，多讲灾异。西汉学风，齐派最盛，其中颇多方士及阴阳家语。

西汉末年，古文始出。古文家自以为孔派真传，斥今文为狂妄；今文家自以为儒学正宗，斥古文为伪作。汉时所谓今文古文之辩，各部经都有，而《周礼》、《左传》，辩论最烈，其后马融、贾逵、服虔、许慎、刘歆皆从古文，是以古文大盛。今文家专讲微言大义，对于古书的一字褒贬，皆求说明；古文家专讲训诂名物，对于古书的章句制度，皆求了解。古文家法谨严，与鲁派相近；今文家法博大，与齐派相近。所以两汉经学，一方面为今古文之争，一方面即齐鲁派之争，自郑玄杂用今古文，今古学乃复混。

上面说，西汉经学，立十四博士，有今文古文的争执，有齐派鲁派的不同。又说两汉工作，最主要的是解经方法，鲁派即古文家，注重考释，专讲名物训诂，齐派即今文家，颇带哲学气味，讲究阴阳五行。这些都是经生，没有什么特别的地方，可以不讲。经生以外，还有许多大儒，他们的思想学术，自成一家，应当格外注意。以下一个一个的分开来讲。

1. 董仲舒。他是西汉第一个学者，受阴阳家的影响，对于儒学，发生一种变化。荀子反对机祥，对于迷信，在所排斥。董子迷信的话就很多，书中有求雨止雨之事。孟子主性善，荀子主性恶，董子调和两家，主张兼含善恶。公孙弘治《公羊春秋》，董子亦治《公羊春秋》，而弘不逮仲舒远甚。董子学说，具见于《春秋繁露》。全书分三部，一部分解释《春秋》的微言大义，应用到社会上去；一部分调和孟荀的性说，主张成善抑恶；一部分承阴阳家的余绪，有天人合一的学说。

2. 司马迁。他是一个史家，同时又是一个儒家。《史记》这部著作，初非匡无意义，司马迁在《报任安书》中，自述怀抱说："亦欲以究天地之际，通古今之变，成一家之言。"这是何等的伟大！同时在自序中又说："自周公卒，五百岁而有孔子。孔子卒后，至于今五百岁。有能绍明世，正《易传》，继《春秋》，本《诗》、《书》、《礼》、《乐》之际，意在斯乎！意在斯乎！小子何敢让焉！"这简直以继承孔子自命了。《史记》这部书，全部目录，许多地方，很有深意，在史部中，极有价值。其编制论断，关于儒家道术的地方很多。

3. 扬雄。他是一个完全模仿、不能创作的大文学家，仿《离骚》作

《解嘲》，仿《上林》作《长杨》，仿《易》作《太玄》，仿《论语》作《法言》，不过是一个专会模仿的人，在学术界，没有多大价值。但是以时代论，他亦有他的地位。当西汉末年，鲁派经生，专讲章句训诂，解“粤若稽古帝尧”几个字，长到十余万言，琐碎得讨厌。同时齐派末流，专讲五行生克，亦荒诞得不近情理。扬雄能离开经生习气，不讲训诂五行，直追《周易》、《论语》，虽然所说的话，大致不过尔尔，犯不着费力研究，但是别开生面，往新路径上走，这又是他过人的地方。

4. 桓谭。他是一个很有新思想的学者，曾作一部《新论》可惜丧失了，现存的不过一小部分，看不出全部学说的真相。我们所知道的，就是他很受扬雄的影响。儒家自董仲舒以后，带哲学的气味很浓，桓谭生当东汉初年，自然免不了时下风气。《新论》存留，十停只有一二，讲养生无益及形神分合问题，上承西汉时《淮南子》的遗绪，下开魏晋间何晏、王弼的先声。

5. 张衡。他是一个科学家，对于自然界，有很精密的观察，曾造地震计，造得很灵巧，在天文学上，发明颇多。他又是一个大文学家，很佩服扬雄的为人。现在所存的作品中《两京赋》、《思玄赋》等，前者纯为文艺性质，后者可以发表思想。扬雄的功劳在开拓，桓谭的功劳在继续，桓张二人，为汉学魏学的枢纽。

6. 王充。他是一个批评哲学家，不用主观的见解，纯采客观的判断，关于积极方面，没有什么主张，而对过去及当时各种学派，下至风俗习惯，无不加以批评。他是儒家，对儒家不好的批评亦很多，虽然所批评的问题或太琐碎，但往往很中肯，扫尽齐派末流的荒诞思想，在儒家算是一种清凉剂。当时儒家，或者寻章摘句，或者滑稽乱俗，他老实不客气的攻击他们的短处，可以说是东汉儒家最重要的一个人。

汉代儒学，除经生外，最重要的，有此六家，即董仲舒、司马迁、扬雄、桓谭、张衡、王充。其余刘向、刘歆、仲长统、王符、徐干等，或者关系较小，或者缺乏特异的主张，所以我们不及一一细述了。

汉以后，是魏晋。魏晋之间，儒家发生一种很大的变动。这个时候，在学术方面，汉儒的整理事业，太细密，太呆板，起了硬化作用。在社会方面，经过战国大乱以后，有长时间的太平——战国如像三峡，汉代好比太湖——安定久了，自然腐败。一方面，儒家的呆板工作，有点令人讨厌；一方面，社会既然紊乱，思想亦因而复杂。所以魏晋之间，学术界急转直下，另换一个新方面。

这个时候，道家极为发达，士大夫竞尚清谈。研究儒学的人，亦以道家眼光，看儒家书籍，摆脱从前章句训诂的习惯，重新另下解释。这种新解释，虽然根据道家，但亦非完全不是儒家。儒家自身，本来有类似道家的话，两汉时代未能发挥，到了魏晋，因为发生变动，才把从前的话，另外估定一番。最主要的经学家，有下列几位。

1. 王弼。他是一个青年著作家，曾注《周易》及《老子》，两部俱传于世，学者成就之早，中外古今，恐怕没有赶得上他的。他死的时候，不过二十四岁，能够有这样大的成绩，真不可及。我们可以说中国文字不消灭一天，王弼的名字保存一天。今《十三经注疏》所用《周易》，即魏王弼、晋韩康伯二人所注。《易》本卜筮之书，末流入于谶纬，王弼乘其敝而攻之，遂能排击汉儒，自标新学。像王弼的解释，是否《周易》本意，我们不得而知，但不失为独创的哲理，在学术史上，有相当的地位。

2. 何晏。他同王弼一样，也是一个引道入儒的哲学家，曾注《论语》，在当时很通行。后来朱注出现，何注渐衰，然在经学界，仍有很大的权威。何晏以前的《论语》注，尽皆散失，唯何注独受尊崇，其思想支配到程朱一派。朱虽亦注《论语》，但不出何晏范围。王、何二人，都是对汉儒起革命，所作论文极多，可惜皆不传了。何著《圣人无喜怒哀乐论》，王著《驳论》，全篇今失，只剩百余字，见《全上古三代秦汉三国六朝文》。有许多问题，古人所不讲的，喜怒哀乐也就是其中之一，魏晋间人很喜欢提出这类问题。

3. 钟会。他是一个军事家，同时又是一个学者。曾作《四本论》，讲才性的关系，持论极为精核，原文丧失。《世说新语·文学》篇说："钟会撰《四本论》，始毕，甚欲使嵇公一见，置怀中。既定，畏其难，怀不敢出，于户外遥掷便回急走。"注："《魏志》曰：会论才性同异，传于世。四本者，言才性同、才性异、才性合、才性离也，尚书傅嘏论同，中书令李丰论异，侍郎钟会论合，屯骑校尉王广论离，文多不载。"在当时很流行的，可惜我们看不见了。此类问题，孟子、荀卿以后，久未提及，他们才作翻案，四家各执一说，在学术界上很有光彩。自王、何起，直至南朝的宋、齐、梁、陈，都承继这种学风，喜欢研究才性、形神一类的问题。

4. 嵇康、阮籍。他们同王弼、何晏一样，都是讲虚无、喜清谈，至其著作，见于《汉魏六朝百三家集》的很不少。嵇康好老庄之学，研究养性服食一类的事情，尝著《养生论》、《声无哀乐论》，以道家的话，调和儒家。阮籍诗作得很多，从诗里面，可以看出他的见解的一部分，散文有《达庄论》，阐明无为之贵。嵇、阮同当时的山涛、向秀、刘伶、阮咸、王戎号称竹林七贤，都是调和儒老、蔑弃礼法一流的人物，彼此互相标榜，衍为一时风气。

5. 陶渊明。他是一个大诗人，思想极其恬静，人格极其高尚，同时他又是一个儒家，崇法孔子的话很多。他的论文有《归去来辞》、《桃花源记》等，可以看出他厌恶当时的污浊社会，游心于世外的理想生活。他的诗很多，做得都很好。关于讨论哲学问题的，有《形神问答诗》，可见其个人思想所在，又可以见社会风尚所在。

6. 潘尼、顾荣。他们两人，是宋学很远的源泉。潘尼作《安身论》，根据老子的哲理，大讲无欲，并以无欲解释儒家经典。顾荣作《太极论》，亦根据道家哲理，大讲阴阳消长，并以太极解释宇宙万物。后来周濂溪一派，即从潘、顾二人而出，无极太极之辩，亦成为宋代一大问题，可见得宋学渊源之远了。

魏晋儒学，最主要的，大致有此八家，即王弼、何晏、钟会、阮籍、嵇康、陶渊明、潘尼、顾荣。此外如葛洪的《神仙论》，鲍敬言的《无君说》，纪瞻的《太极说》，亦皆各有各的见解，蔚为魏晋哲学的大观。现在因为时间的关系，只得从略。

大概说起来，魏晋南北朝学风，都以老《易》并举，或以黄老并举，将儒道两家，混合为一。所以魏晋学者，在在带点调和色彩，而道家哲理，成为儒家哲理的一部分。同时自东汉末叶以来，佛教已渐输入，三国因为书少，未能全盛，东晋则大发达。梁武帝时，势力尤巨，一般学者，往往认儒佛为同源，不加排斥。如沈约作《均圣论》，即谓孔佛一样。孔绰作《喻道篇》，谓“周孔即佛，佛即周孔”。张融作《门论》，周颙作《难张长史门论》，都主张三教一致。顾欢作《夷夏论》，亦称道佛二教，同体异用。当时大部分儒者，不以老庄释儒，即以佛教释儒，三教同源，成为一时的通论了。

对于这种三教调和论，作有力反抗的，据我们所知，有两个人。一个是裴頠，东晋时人，作《崇有论》，反对虚无主义。王衍他们，极力攻诘他，但是没有把他攻倒。一个是范缜，梁武帝时人，作《神灭论》，反对明鬼主义。梁武帝敕曹思文等六十三人攻诘他，亦没有把他攻倒。像这种有无的争辩，神灭神不灭的争辩，在六朝学术界，很有光彩，与前几年科学与玄学之战差不多。我们看王衍、梁武帝，虽然反驳，然不压迫言论自由，这种态度，是很对的。又看裴頠、范缜，在清谈玄妙的六朝居然敢作这种反时代的主张，亦可谓豪杰之士了。

南北朝的儒家，对于经学，亦很重视，而南北色彩不同。南朝另辟门径，王弼、何晏这派，很有势力。北朝则仍受汉儒家法，马融、郑康成这派，很有势力。《北史·儒林传》总论里面，有这两句话：“南学简洁，得其精华；北学深芜，穷其枝叶。”这今话，虽然偏袒南学，然可见南北学风，迥不相同了。

南朝的学风，专从几部经中，求其哲理，对于汉儒家法，极端反对。如《南史·儒林传》所称何承天、周弘心、雷次宗、刘瓛、沈麟士、明山宾、皇侃、虞喜、周抚、伏曼容一流，十分之九，皆信仰老庄，或崇拜佛法。《南史》常用“缁素并听若干人”等字，可见得每次讲演，和尚道士，前往听讲的很多。所以南朝经学家，大多数以道佛的哲理，解释儒家的学说。

北朝的学风，带点保守性，专从名物训诂上着手，一依马郑以来旧法。如《北史·儒林传》所称卢玄、刁冲、刘兰、张吾贵、李同轨、徐遵明、熊安生、刘焯、刘炫一流，大体皆墨守汉儒家法，释经极其谨严。后来，唐代陆德明作《经典释文》，孔颖达作《五经正义》，贾公彦作《周礼仪礼疏》，以及徐彦的《春秋公羊传疏》，杨士勋的《春秋穀梁传疏》，皆有底本，出自本人者极少。徐遵明、熊安生、刘焯他们的底本，由孔颖达、贾公彦等整理一番，成为现在的《十三经注疏》。

总之，南朝富流动性，受佛道的影响；北朝富保守性，守汉儒的支配。这是南北学派的大概情形。唯北朝末年，稍起变动。徐遵明为北朝第一学者，后人注疏，多本其说。他最初从许多人为师，皆不以为然。有人告诉他说，这样下去，绝对不会成功，后来他才改换方针，专以本心为师，上承孟子，下开象山。北朝前期，虽极保守，到了末年，徐遵明以后，已经有很大的变迁了。

隋朝统一天下，南北混同，车马往还，络绎不绝。因政治上交通上的统一，全部文化，亦带调和色彩，即文艺美术，亦在在有调和之倾向。最足以代表时代学风的，有两个人，一个是颜之推，一个是王通。

1. 颜之推。他是南方人，后来迁往北方，受南方的影响不少，受北方的影响亦很大。他作《颜氏家训》，对于北方严正的章句训诂，非常注意，对于北方保守的风俗习惯，亦很赞成。他的《归心篇》主张内外一体，儒佛一体，是想把两教调和起来的。

2. 王通。他是北方人，亦受南方的影响。这个人，事事模仿，很像扬雄一样。生平以孔子自命，曾作《礼论》二十五篇，《乐论》二十篇，《续书》百五十篇，《诗》三百六十篇，《元经》五十篇，《赞易》七十篇，谓为《王氏六经》，后来门弟子尊称他叫文中子。他的著作，有人说是博洽，有人说是荒唐，现在暂且搁下不讲。但他不同徐、刘一派专做名物训诂的工夫，而能另辟蹊径，直接孔子，这是他独到的地方。他对于佛教，一点不排斥，并且主张调和，亦持儒佛一体的论调。

隋代儒家，不论南北，都主调和儒佛。即如徐遵明、刘焯诸大经师，对佛教不大理会，要是理会，必定站在调和的地位，颜之推、王通就是很好的代表。自两汉至六朝，儒学变迁，其大概情形如此。

唐朝一代，头等人物，都站在佛教及文学方面，纯粹讲儒家哲学的人，不过是二三等脚色。专就儒学而论，唐代最无光彩。初唐时有名经师，如陆德明、孔颖达、贾公彦等，仍遵汉学家法。《十三经注疏》中重要之疏，皆为所作，在经学界很有名，但是实际上都不能算是他们作的，不过根据前人成绩，加以整理而已。唐人所讲各经正义及义疏，大半采自熊安生、刘炫、刘焯等著作。这一派北朝学者，对于各经的疏，考据得很有成绩，唐人把它聚集起来，加以整理，不能说是独创。其中稍值得注意的，就是因政治的南北统一，而学术上（经学）的南北混合亦随而成立。北派所宗之马融、郑玄、贾逵、服虔，与南派所宗之王弼、王肃、杜预，从前取对立的形势，至此便趋到调和的形势。

中唐以后，所谓经学家，如啖助、赵匡一流，尚能开点新局面，对于汉魏六朝以来那种烦碎支离的解经方法，认为不满，要脱去陈旧束缚，专凭自己聪明，另求新意。韩愈送卢仝的诗说道“春秋三传束高阁，独抱遗经究终始”这两句话，很可以代表当时的一般精神。

他们虽有另求新意的倾向，可惜没有把门路创出来，不如近人研究经学，这样的切实、精密。清朝像王念孙，是很革命的，在小学上、文法上，另外找根据。近人如王国维，亦是很革命的，在钟鼎上、龟甲上，另外找根据。这种精神，很合科学。啖助、赵匡等，没有好的工具，但凭主观见解，意思不合，随意删改。这样方法，容易武断，在经学上，占不到很高的位置。

汉人解经，注重训诂名物，宋人解经，专讲义理。这两派学风，截然不同，啖、赵等在中间，正好作一枢纽。一方面把从前那种沿袭的解经方法，推翻了去，一方面把后来那种独断的解经方法，开发出来。啖、赵等传授上与宋人无大关系，但见解上很有关系，承先启后，他们的功劳，亦自不可埋没啊！

唐代头等人才，都站在佛教方面。佛教在唐代，亦起很大的变迁，其变迁直接间接影响于儒学者不少，所以我们欲明白儒学嬗蜕的来历，不能不把当时的佛教略加说明。佛教的发达，在南朝从东晋末年到梁武帝时代，在北朝从苻秦、姚秦到魏、齐，都占思想界极重要地位。到隋及初唐，遂达全盛。此前的佛教，概自印度传人，用印度方法，解释佛经，很忠实，很细密，这是他们的长处。但是逐字逐句的疏释，落了熊、刘、孔、贾一派的窠臼，很拘牵，很繁琐，这又是他们的短处。

唐以前，全为印度佛教，不失本来面目。唐中叶——约在武后时代，佛教起很大的变化，渐渐离开印度佛教，创立中国佛教，主要的有三派。慧能的禅宗是一派，六朝时已具端倪，至唐始盛；澄观的华严宗是一派，华严大师并在唐代；智颤的天台宗是一派，自隋以来，业已大大发达。

1. 禅宗。从前学佛，要诵经典。现在的《大藏经》，有七千卷，在唐时，约六千卷。经典既浩繁，解释又琐碎，后来许多人，厌恶读经典，禅宗六祖慧能出，主张顿悟，不落言诠，很投合一般人的心理。据说慧能不识字，在五祖弘忍门下，充当打杂。五祖门下有许多弟子，天天讲经守律，五祖没有看重他们，独于把他的衣钵传给这个打杂的。

到底慧能识字与否，此层尚属问题，但是他主张摆脱一切语言文字，亦可成佛，这是禅宗的特色。自六朝隋唐以来，佛家经典浩如烟海，本来难读，慧能的“即心是佛”，这种主张，算是一种大革命。从前学佛，守律读经，毫无生气。禅宗学佛，不必识字，乃至不必严守戒律，佛教的门庭，大大的打开了。不过真的固然多，假的亦不少。从前还要读书，还讲说经，须得有真学问，下苦功夫。现在不必读，不必说，当头棒喝，立地觉悟，自然可容假托的余地。

因为佛教这样，儒家亦受影响，儒佛之界破了许多。在佛教方面从事研究的人，不必读经，不必守戒，所以佛教因为禅宗之起，势力大增。在儒家方面，亦沾染禅宗气息，治经方法，研究内容，完全改变。儒家在北朝时专讲注疏，中唐以后，要把春秋三传，束之高阁，这是方法的改变。儒家在北朝时，专讲训诂名物，中唐以后主张明心见性，这是内容的改变。所谓去传穷经，明心见性，与佛教禅宗，大致相同。

2. 华严宗。华严这派同禅宗那派，普通都说是自印度来，其实不对。禅宗，绝对不出自印度。华严，亦许来自于阗，不是中国所创。华严最主要的教义，就是“事理无碍”。这句话，有三面：“事理无碍，事事无碍，理理无碍。”佛教讲出世法，离开这个社会，另寻一种乐土。华严讲世法与出世法不相冲突，现象界与真如界一致。华严要想缓和儒佛之争，儒家讲世法，过现实的生活，佛教讲出世，求极乐的世界，二种主张相反，要想调和，只好讲事理无碍了。

这一派的创始者，为澄观，即清凉国师。其自著及释佛，俱引儒家的话，所谓儒佛融通。后来宗密即圭峰就是承继这派学说，而融通儒佛的色彩，更为显著。宗密著《原人论》，综合古来论性诸家，而自下心性本原的定义，可以谓之宋学根本。宋儒讲心性，皆由原人论及理事无碍观，推演而来。

3. 天台宗。这一派，在隋末，智顗即智者大师初创时，尚与儒家无大关系。唐中叶以后这派的湛然即荆溪，与华严宗的澄观，所持态度相同。大抵以儒释佛，两教才始沟通。但是天台与华严，又不一样，天台讲修养身心的方法，华严讲世法与出世无碍。一个偏于方法，一个偏于理论，这是不同的地方。

中唐有一个梁肃，他是唐代的大文学家，没有作和尚，但实际上却是天台宗的健将。数天台宗的人物，当然离不了他。可是他确未落发，表面是一个儒者，骨子里是一个佛徒。湛然以儒释佛，梁肃以佛释儒。有唐一代，这类人很多，儒佛两家，天天接近，其痕迹如此。所以我们讲儒家哲学，不能不把佛教这三宗，简单的说一下。

话说回头，再讲儒家方面。前所谓啖助、赵匡一派，算是经学家，然唐代（除初唐外）纯粹经学家实甚少，以文学家带点学者色彩，这类人多。最主要的有三位，一个是韩愈，一个是柳宗元，一个是李翱。

1. 韩愈。他是一个文学家，同时又是一个儒家。所著《原道》、《原性》诸文，都是站在儒家方面，攻击佛教，竟因谏迎佛骨，谪贬潮州。但他是纯文学家，对于佛教知识，固然很少，对于儒家道术，造诣亦不甚深。汉魏六朝的注解功夫，宋以后的修养功夫，他都没有做多少，所以对于儒家，在建设方面，说不上什么贡献。但是他离开旧时的训诂方法，想于诸经之中，另得义理，所谓“独抱遗经究终始”，这是他见解高超处。

2. 柳宗元。他亦是一个文学家，但是他在学问方面的地位，比韩愈高。除研究儒家道术以外，对于周秦诸子（自汉以后，无人注意）都看都读，有批评，有鉴别力。他所著关于讨论诸子的文章，篇篇都有价值。他对于传统的旧观念，很能努力破除，譬如封建制度，儒家向极推崇，他作《封建论》，斥以为非先王之意。

韩柳二人，对于宋学都有很大的影响。韩愈主张“因文见道”，要把先王的法言法行，放在文字里面。后来宋朝的欧阳修、王安石、苏东坡一派，都从韩愈出，同往一条路上走。柳宗元的直接影响不大，但是有胆有识，对于以前的传统观念求解放，治经方法求解放。韩是一个反对佛教论者，柳是一个调和儒佛教论者。子厚于佛教，较有心得，不特不毁，且极推崇，颇主张三教同源。直到现在，这类文字还很多。

3. 李翱。唐末，有一个很重要的人，为宋学开山祖师，就是李翱，字习之。他在文章方面，是韩愈的门生，在学问方面，确比韩愈高明多了。他的言论很彻底，很少模糊笼统的话。他于佛教，很有心得，引用佛教思想，创设自己哲学。这种事业，至宋代才成功，但是最初发动，往创作的路子上走，还是靠他。他最主要的文章，是《复性书》，分上中下三篇，很有许多独到的见解。

欲知宋学渊源，可以看这两篇文章，一篇是《原人论》，佛徒宗密所作，一篇是《复性书》，儒家李翱所作。前者有单行本，金陵刻经处可买，后者很普通，见于《唐文粹》，及其他唐人文钞。在唐时，为宋学之先驱者，这两篇最重要，宋学思想，大半由此出。这两篇的思想，相同之处颇多，最主要的，为性二元论。性善性恶，历来讨论很盛，至宋朱熹，调和孟荀学说，分为理气二元。但是这种思想，《原人论》及《复性书》早已有之，于后来影响极大。

自唐末起，历宋、金、元、明，在全国思想界最占势力，为这一派调和儒佛论。佛教方面的澄观、湛然，莫不皆然，而宗密最得菁萃。儒家方面的梁肃、柳宗元，莫不皆然，而李翱最集大成。诚然，以宋代学术同他们比较，觉得幼稚肤浅，但是宋学根源，完全在此。不懂他们的论调，就不知宋学的来源。

五代自梁太祖开平元年，至周世宗显德六年，不过五十二年的时间，天下大乱，文化销沉，无甚可述，我们可以不讲。以下讲宋代，儒家道术，很有光彩，可谓之三教融通时代，亦可谓儒学成熟时代，我们可以另作一章来讨论。

第五讲　两千五百年儒学变迁概略（下）

上次讲，研究哲学，有问题的、时代的、宗派的三种方法，各有长处，各有短处。问题的研究法固然好，但本讲演用来不方便，所以先在前论最末一章，专讲儒家哲学之重要问题，以为补充。时代的研究法，固然亦有短处，但用之讲演，最为相宜。所以本论各章，全用这个方法。唯如不先提纲挈领，不能得一个大意，现在要讲两千五百年儒学变迁概略，就是想使诸君先得一个大意。

晚唐及五代，经过长时间的内乱，军阀专横，人民不得休息。宋初，承这种丧乱凋敝之后，极力设法补救，右文轻武，引用贤才。所以各种学术，均极发达，儒家道术，尤能独放异彩。后世言学问者，总以汉学宋学并称，不入于彼，则入于此。可以见得宋学的发达，及其重要了。

《宋元学案》把孙复及胡瑗，作为宋学祖师。其实他们二人，在宋朝初叶，不过开始讲学，与宋代学风，相去甚远。真正与宋学有密切关系的人，乃是几个道士或文人，如陈抟、种放、穆修、李之才、刘牧等，后来的儒家，都受他们的影响。孙、胡二人，比较平正通达，提倡躬行实践，私人讲学之风，自他们以后而大盛。陈、种等，纯以道教《黄庭经》及练气炼丹之说，附会《易经》，太极图说即由他们而出。但是陈、种与王、何不同，王弼、何晏以先秦的道家哲学，附会儒家，陈抟、种放以晚出的道教修炼法，附会儒家。

由此看来，宋初思想界，可以说有两条路，孙复、胡瑗是一派，陈抟、种放又是一派。北宋五子，周濂溪、邵康节、张横渠、程明道、程伊川，就是混合这两派的主张，另创一种新说。宋人所谓儒学正宗，专指五子一派。宋人喜欢争正统，最是讨厌，政治上有正统偏安的争执，学问上有正统与异端的争执。儒学如此，佛教亦然。天台宗分为山内山外两派互争正统，禅宗分为临济、云门、曹洞、沩仰、法眼五宗，互争正统。

这种正统的争执，是宋人一种习气，暂且搁下不讲。单讲所谓五子，自濂溪到二程，传到后来，为南宋朱学一派。濂溪为二程的先辈，朱派谓二程出于濂溪。横渠为二程表叔，年龄相若，互相师友，朱派谓横渠为二程弟子。平心而论，五家独立，各各不同。泛泛的指为一派，替他们造出个道统来，其实不对。

“五子”这个名词，不过程朱派所标榜而已（后来亦除出邵子加上朱子，谓之五子）。北宋学术，不能以五子尽之。当时为学问复兴时代，儒佛融通以后，社会思想起很大的变迁，有新创作的要求，各自努力，不谋而合，遂发生周邵张程这些派别。此外欧阳修、王安石、司马光、苏轼那般人，虽然是政治文章之士，但是他们都在儒学思想界占有相当位置，不可忽视。

1. 欧阳修。他是宋代文学的开创者，诗文皆开一代风气。但他在思想界有很大的贡献，在勇于疑古，他不信《系辞》，对于《诗》、《书》及其他诸经，亦多所疑难。所疑难对不对，另一问题，但这种读经法，确能给后学以一种解放。他著有《本论》一篇，继承韩愈《原道》那一派辟佛论调，亦宋儒学术渊源所自。

2. 王安石。他是一个大政治家，同时又是一个大学者。所著各经《新义》，颇能破除从前汉唐人的讲经方法，自出心裁。他的文章精神酣畅，元气蓬勃。文集中，关于心性的文章很多，其见地，直影响到二程（例如

“不偏之谓中，不易之谓庸”。朱子引作程子说，其实此二语出于荆公）。

3. 司马光。温公全部精力，都用在史学方面，所著《资治通鉴》，贯串诸史，为编年体中一大创作。文集中，关于讨论哲学问题的文章很多，可见得他在儒学方面，亦是异常的努力。他著有《疑孟》一书，对孟子学说颇多不满。这也难怪，其实温公学术有点近于荀子。

4. 苏轼。苏氏父子，都是大文学家，有《战国策》纵横驰骤之风。在学问上，亦能创立门户，后来蜀学与洛学，立于对抗的地位。东坡对于佛教，不客气的承认，禅宗尤其接近，所作诗文，往往有禅宗思想。他对于道教，亦不排斥，晚年生活，完全变为道家的气味。

大抵这四家，欧阳最活泼，王最深刻，苏最博杂，司马最切实。南宋浙东一派，即由司马而出，对于哲理讲者不多，门下生徒注重躬行实践，所受他方影响，尚不算深。程朱以外的学派，其约略情形如此。

再回头说到北宋五子。

1. 周濂溪。周子《通书》，与程朱一派，有相当的关系，但极简单，可以有种种解释。《太极图说》，与程朱关系很深，在南宋时，曾因此起激烈的辩论。朱子赞成《太极图说》，且认为濂溪所作；陆子反对《太极图说》，且认为非濂溪所作。依我看来，许是周子所作，但是对于内容，我持反对论调，与象山同。象山以为《太极图说》无什道理，定非周子所作，想把这篇划开，周仍不失其为伟大。晦翁以为《太极图说》极其精微，周之所以令人崇拜，完全在此。

然则《太极图说》是怎样一个来历呢？向来研究宋学的人，不知所本，以为周子所独创。清初学者，才完全考订它由陈抟、种放而出，这原是道教的主张。周子从道教学《太极图说》，究竟对不对，那另是一个问题，但是它的影响很大，为构成宋学的主要成分。要是周子除了《太极图说》，专讲《通书》，倒看不出在学术史上，有多大关系了。朱派以为二程出于濂溪，其实不然。二程但称周子，不称先生，先后同时，差十余岁，关系异常浅薄。

2. 邵康节。康节从道教的李之才，得图书先天象数之学，探赜索隐，妙悟神契，环堵萧然，不改其乐。其治学，直欲上追汉的五行，战国的阴阳家、邹衍一派。但他所讲阴阳五行，又与汉人不同，专凭空想，构造一种独创的宇宙观。他认为宇宙万有，皆生于心，所以说："先天之学，心也；后天之学，迹也；出入有无死生者，道也。"又说："先天学，心法也，图皆从中起，万化万事生于心。"我们看邵子这种主张，实际上不是儒家，亦不是道家，自成一派。

邵子言性，亦主性善，以为仁义礼智，性中固有，所以说："性者，道之形体也。道妙而无形，性则仁义礼智具而体著矣。"但是他的主张，又与孟子不同，凡孔孟所讲治学方法，他都没有遵行。他不是和尚，亦不是道士，事事凭空创作，后来的人，没有他聪明的，抄袭他的语言，不能传他的学问，所以影响不大。邵子在学术界，是一个彗星，虽没有顶大的价值，但不失为豪杰之士而已。

3. 张横渠。横渠为宋代大师，在学术界，开辟力极强大。哲学方面，他与二程同时，互相师友，互相发明，不能说谁出于谁，朱派把他认为二程门下，是不对的。横渠不靠二程，二程不靠横渠，关洛各自发达，可以算得一时豪杰之士。他对于自然界，用力观察，想从此等处建设他的哲学的基础，但立论比二程高。二程为主观的冥想，很带玄学色彩；他是客观的观察，很富于科学精神。他主张气一元论，由虚空即气的作用，解释宇宙的本体及现象，与周子的《太极图说》、邵子的先天论，皆不相同。

修养方面，他直追荀卿，专讲礼，并以礼为修养身心的唯一工具。《理窟气质》篇说："居仁由义，自然心和而体正；更要约时，但拂去旧日所为，使动作皆中礼，则气质自然全好。"宋代学者，于开发后来学派最有力的人，当推横渠及二程，其重要约略相等。横渠死得早，门弟子不多，流传未广。南宋的朱子，受其影响极大。朱自命继承二程，其实兼承横渠，朱子的居敬格物，皆从横渠的方法模仿得来。

4. 二程子。向来的人，都把二程混作一块说，其实两人学风，全不一样。明道是高明的人，秉赋纯美，不用苦功，所得甚深。伊川是沉潜的人，困知勉行，死用苦功，所得亦深。以古代的人比之，大程近孟，小程近荀，所走的路，完全不同。大程可以解释孟子，小程可以解释荀子。明道的学问，每以综合为体；伊川的学问，每以分析立说。伊川的宇宙观，是理气二元论；明道的宇宙观，是气一元论。这是他们弟兄不同的地方。

程朱自来认为一派，其实朱子学说，得之小程者深，得之大程者浅。明道言仁，尝说："学者须先识仁，仁者浑然与物同体。"言致良知，又说："良知良能，皆无所由，乃出于天，不系于人。"开后来象山一派。伊川言涵养须用敬，尝说："人敬之道始于威仪，而进于主一。"言进学在致知，又说："穷理即是格物，格物即是致知。"开后来晦翁一派。其详情，下面另有专章再讲，此处可以不说。

大概北宋学派，可以分此九家。纯粹的"苦学派"有五家，即周濂溪、邵康节、张横渠、程明道、程伊川。此外，尚有四家，即欧阳修、王安石、司马光、苏轼。最重要的为横渠及二程。横渠不寿，弟子无多，所以关系不大。二程一派，由谢上蔡、杨龟山、游廌山、吕蓝田程门四先生，传演下来，成为朱子一派。朱子学问，出于李延平，李延平学于罗豫章，罗豫章出于杨龟山。陆子学问，虽非直接出于明道，然其蹊径，很像上蔡，上蔡又是明道的得意门生。我们可以说大程传谢，谢传陆；小程传杨，杨传朱。北宋学派及其传授大概情形，约略如此。

上面说北宋最著名的学者有五家，号称北宋"五子"。南宋最著名的学者，亦有四家，号称南宋"四子"。

1. 朱熹字晦翁。

2. 张栻字南轩。

3. 陆九渊字象山。

4. 吕祖谦字东莱。

这四家中，朱陆最关重要，宋代的新的儒家哲学，他们二人集其大成。张吕皆非高寿，五十岁前后死，所以他们的门生弟子，不如朱陆之盛。南轩的学风，同朱子最相近，没有多大出入。东莱的学风，想要调和各家的异同。最有名的鹅湖之会，即由东莱发起，约好朱陆同旁的几家，在鹅湖开讲学大会，前后七天。这件事，在中国学术史上，极有光彩，极有意义。吕是主人，朱陆是客，原想彼此交换意见，化异求同，后来朱陆互驳，不肯相让，所以毫无结果。虽说没有调和成功，但两家经此一度的切磋，彼此学风都有一点改变，这次会，总算不白开了。由鹅湖之会，可以看出朱陆两家，根本反对之点，更可以看出东莱的态度及地位如何。

至于朱陆学说的详细情形，留到本论再讲，此刻不过提出两家要点，稍为解释几句。朱子学派，祖述程子——二程子中之小程，即伊川。伊川有两句很要紧的话："涵养须用敬，进学在致知。"他教人做学问的方法如此。用敬，关于人格方面，下功夫收摄精神，收摄身体，一切言语动作，都持谨严态度，坚苦卓绝，可以把德性涵养起来，什么叫"用敬"？就是主一无适之谓。以今语释之，即精神集中，凡作一件事，专心致志，没有作完时，不往旁的想。致知，关于知识方面，不单要人格健全，还要知识丰富。什么叫"致知"？朱子释为穷理，《补大学格致传》说："所谓致知在格物者，言欲致吾之知，在即物而穷其理也。盖人心之灵，莫不有知，而天下之物，莫不有理。唯于理有未穷，故其知有不尽也。是以《大学》始教，必使学者，即凡天下之物，莫不因其已知之理，而益穷之，以求致乎其极。"朱子学问具见于文集、语录及《性理大全》，不过简单的说，可以把上面这两句话概括之。

陆子学派，有点像大程，即明道。最主要的，就是立大、义利之辩和发明本心。孟子说："先立乎其大者，则其小者不能夺也。"陆子将此二语极力发挥。何谓立大？就是眼光大的人，把小事看不起，譬如两个小孩，争夺半边苹果，大打一架，大哭一场。在我们绝对不会如此，因为我们至少还看见比苹果大的东西，就不为小物而争夺了。明人尝说："尧舜事业，不过空中半点浮云。"就是因为他能立大。所以汉高祖、唐太宗的事业，从孔子、释迦、基督看来，亦不过半边苹果而已。立大，是陆学根本。至于他用功的方法，第一是义利之辩。何谓义利之辩？就是董仲舒所谓："正其谊不谋其利，明其道不计其功。"这个话，从前人目为迂阔，其实不然。做学问就是为学问，为自己人格的扩大崇高，不是为稿费，不是为名誉，更不为旁人的恭维。譬如说捐躯爱国，要是为高爵，为厚禄，为名誉，那全不对，一定要专为国家才行。朱子知南康军事时，修复白鹿书院，请陆子讲演，陆子为讲"君子喻于义，小人喻于利"一章。那天天气微暖，听众异常感动，遂不觉汗流浃背。于此可见陆学的门径了。第二是发明本心。何谓发明本心？就是孟子所说"不失其赤子之心"。陆子亦相信人性皆善，只要恢复本心，自然是义不是利，自然能够立大。做学问的方法无他，"求其放心而已"。本心放失，精神便衰颓，本心提起，志气立刻振作。好像一座大火炉，纵然飞下几块雪片，绝不能减其热烈。陆子这个话，从大程子出，大程子的"识得仁体"，就是陆子的"发明本心"。以现在的话来说，又叫着认识自我。人的本心，极其纯洁，只要认识他，恢复他，一切零碎坏事，俱不能摇动。人看事理不明，因本心为利害所蒙蔽了。

知识方面，朱子以为"天下之物，莫不有理"。而其精蕴，则已具于圣贤之书，故必由是以求之。陆子以为学问在书本上找，没有多大用处，如果神气清明，观察外界事物自然能够清楚。修养方面，朱子教人用敬，谨严拘束，随时随事检点。陆子教人立大，不须仔细考察，只要人格提高，事物即难摇动。所以朱谓陆为空疏，陆谓朱为支离，二家异同，其要点如此。陆不重书本，本身学问虽博，而门弟子多束书不观，袖手清谈，空疏之弊，在所难免。朱子重书本，并且要"即凡天下之物，莫不因其已知之理，而益穷之，以求至乎其极”。但天下事物，如此之多，几十年精力，一件都不能穷，又安能即凡物而穷之呢？

两家主张不同，彼此辩论，互不相服。后来有许多人，专讲调和，或引朱入陆，或引陆入朱，而两家门下则彼此对抗。引陆入朱的人，以为自经鹅湖之会以后，象山领悟朱子，子寿尤为敬服。引朱入陆的人，如王阳明，作《朱子晚年定论》，李穆堂又作《朱子晚年全论》，证明朱子晚年，与陆子同走一条路。然站在朱子方面的人，则目王、李为荒唐。平心而论，两派各走各路，各有好处，都不失为治学的一种好方法，互相攻击，异常的无聊。最好各随性之所近，择一条路走去，不必合而为一，更不必援引那个，依附这个。

南宋学派，主要的是朱陆两家，历元明清三代，两派互为消长，直至现在，仍然分立。两派之外，还有两个人应当注意。一个是张南轩，可以说他是朱学的附庸，死得很早，没有多大成就，与朱子并为一派无妨。南轩生在湖南，湖湘学派，与朱子学派，实在没有什么区别。

一个是吕东莱。吕家世代都是有学问的人，所以吕家所传中原文献之学，一面讲身心修养，一面讲经世致用，就是我们前次所说内圣外王的学问。朱陆偏于内圣，东莱偏于外王。东莱自己，家学渊源，很好很有名，虽然早死，而门弟子甚多，后来变为永嘉学派。永嘉学派，最主要的有这几个。（1）薛季宣号艮斋。（2）陈傅良号止斋。（3）陈亮号同甫。（4）叶适号水心。他们都是温州一带的人。艮斋止斋，专讲学以致用，对于北宋周程一派，很多不满的批评。以为只是内心修养，拘谨呆板，变为迂腐，应当极力提倡学以致用，才不会偏。同甫气魄更大，颇有游侠之风。他的旗号是“王霸杂用，义利双行”。对于朱子的穷理格物，固然反对，对于陆子的利义之辩，亦很反对。论年代，薛稍早，与朱陆差不多，二陈稍晚。论主张，艮斋和止斋相同，同甫走到极端。东莱本来是浙人，浙江学者大半属东莱门下。东莱死，兄弟子侄门生，全走一条路，就是薛陈所走这条路，以后成为浙派。

朱子自信甚坚，对于旁的学派，辩得很起劲。朱子在学问上的两大敌，一派是金溪（即象山），一派是永嘉（即薛、叶、二陈）。朱子很痛心，本来东莱门下，全都和他要好，后来都跑到永嘉一派去了。文集中，与象山和止斋辩论的信很多，语录中，批评陆派和永嘉的话亦很多。朱陆在当时都很盛，朱子门下最得意的是黄勉斋、蔡元定，没有多大气魄，不能够把他的学问开拓出来。其后一变再变，成为考证之学。朱子涵养用敬的工作，以后没有多大发展，进学致知的工作，开后来考证一派。朱派最有光彩的是黄震（东发）、王应麟（伯厚）二人，黄的《黄氏日抄》，王的《困学纪闻》，为朱派最有价值之书。清代考证学者，就走他们这一条路。

象山门下，气象比朱派大。朱子对于象山虽不满，而谓其门下光明俊伟，为自己门下所不及。象山是江西人，在本地讲学最久，但是几个大弟子，都是浙东人，所谓甬上（宁波）四先生，即杨简、袁燮、舒磷、沈焕，得象山的正统。江浙二省，在学术上有密切关系。象山是江西人，其学不传于江西而传于浙东，阳明是浙东人，其学不传于浙东而传于江西。杨、袁、舒、沈是浙东，吕、薛、陈、叶亦是浙东，后来陆派同永嘉结合，清代的黄梨洲、万季野、邵念鲁、章实斋，他们就是两派结合的表现。

南宋四子，实际上只有三派，即朱派、陆派及永嘉派，这三派在当时尚未合一。南宋末年，几乎握手，可惜没有成功。元明以后，朱学自为一派，陆永合为一派，其势力直笼照到现在。

南宋时代，南方的情形如此，北方的情形，又怎么样呢？北方自金人入主后，中原残破，衣冠之属，相继南迁。所以在宋金对峙时，南方的文化，比北方高。但金至世宗一朝——约与孝宗同时，四五十年间，太平安乐，极力模仿汉化，文运大昌。金方所流行者，为三苏一派，因为模仿东坡父子的文章，连带模仿他们的学术。所以那政治上宋金对峙，学术上洛蜀对峙。北方的人，事事幼稚，文学不振，哲学更差。唯有一人，应当注意，即李纯甫号屏山。宋儒无论哪一家，与佛都有因缘，但是表面排斥。宋儒道学，非纯儒学，亦非纯佛学，乃儒佛混合后，另创的新学派。屏山是宋人，自然要带点佛学气味，不过他很爽快，所著的《鸣道集》，直接承认是由佛学出来，对洛派二程异常反对，指为阳儒阴佛，表里不一。他所讲的内容，好像李翱的《复性书》，发挥得更透彻明白。

朱子到晚年，一方面学派日昌，弟子遍于天下，一方面抵触当道，颇干朝廷厉禁。其中如宋宁宗的宰相韩侂胄执政时，在朝的朱子，及在野的同党，俱持反对态度。侂胄亦指朱子为伪学，排斥不遗余力。北宋的元祐党人、南宋的庆元党人，俱以正士为朝廷所不容。朱子死后，弟子不敢会葬，可见当时朱学所受压迫的程度了。又经几十年，到理宗中叶及度宗初叶，伪学之禁既开，而当时讲学大师，朱陆两家门下（陆派亦在伪学禁中），俱在社会上很有声誉，朝野两方，对宋学异常尊崇，其势复振。不久，宋室灭亡，蒙古代兴。

元朝以外族入主中国，文化不高，时间又短，在学术史上，占不了重要位置。内中只有戏曲的文学差可撑持，天文数学亦放异彩，至于哲学方面则衰微已极。元朝学者，唯许衡（鲁斋）、刘因（静修）、吴澄（草庐）三人，稍露头角。这几位在元朝为大师，在全部学术史上，比前比后，俱算不了什么。固然朱学在元朝很发达，但朱学在宋末已为社会上所公认，元人不过保守权威，敷衍门面，无功可述，现在只好略去不讲。

明太祖初年，规模全属草创，对于文化，未能十分提倡。到永乐时，始渐注意，《性理大全》即于是时修成，以五子（周、程、张、朱）学术为主。此书编得很坏，纯属官书，专供科举取士之用，使学者考八股时，辨黑白而定一尊，除五子外，旁的俱所排斥。明人编修《性理大全》，用以取士，号尊宋学，尤其是程朱一派；实则把宋学精神，完全丧失，宋学注重修养，何尝计及功名呢！

中间有几个著名大师，为明学启蒙期的代表，如方孝孺（正学）、吴与弼（康斋）、薛瑄（敬轩）、曹端（月川）、胡居仁（敬斋），俱在科举盛行时代，一心研究学问，不图猎取功名。这种精神，极可佩服，而方孝孺风烈尤著，仗义不屈，为成祖诛其十族。他们几个人的学问，都出于程朱。薛胡诸人，比较平正通达。吴康斋的学问，由朱到陆，明代陆学之盛，自康斋起。

明代中叶，新学派起，气象异常光大。有两个大师，可以代表，一个是陈献章（白沙），一个是王守仁（阳明）。陈白沙是广东新会的学者，离吾家不过十余里。他是吴康斋的弟子，他的学问，在宋代几位大师中，有点像大程子，又有点像邵康节。那种萧然自得的景象，与其谓之为学者，毋宁谓之为文学家。古代的陶渊明，与之类似，文章相仿佛，学问亦相仿佛。再远一点，道家与之类似——老、庄之道，非陈、种之道，他的学风很像庄子。孔门弟子中，曾点与之类似。“暮春者，春服既成，冠者五六人，童子六七人，浴乎沂，风乎舞雩，咏而归。”这种恬淡精神，两人一样。

白沙叫人用功的方法，就在“静中养出端倪”一句话。端倪二字太玄妙，我们知道他的下手功夫在用静就得了。白沙方法，与程朱不同，与象山亦不同。程朱努力收敛身心，象山努力发扬志气，俱要努力；白沙心境与自然契合，一点不费劲。端倪二字实在不易解，或者可以说是老庄的明自然，常常脱离尘俗，与大自然一致。其自处永远是一种鸢飞鱼跃、光风霁月的景象，人格是高尚极了，感化力伟大极了，可惜不易效法，不易捉摸。所以一时虽很光明，后来终不如阳明学派的发达。

白沙在家时多，出外时少。总计生平，只到过北京两次，旁的地方，都未曾去，交游总算简单。他有一个弟子湛若水，号甘泉，亦是广东人，与他齐名。当时称陈湛之学，或称湛王之学。甘泉做的官很大（礼部尚书），去的地方亦很多，所到之处，就修白沙书院，陈学的光大，算是靠他。甘泉比阳明稍长，甘泉三十余岁，阳明二十余岁，同在北京做小京官，一块研究学问。阳明很受甘泉的影响，亦可以说很受白沙的影响。

王阳明，浙江余姚人，他在近代学术界中，极其伟大；军事上政治上，亦有很大的勋业。以他的事功而论，若换给别个人，只这一点，已经可以在历史占很重要地位了；阳明这么大的事功，完全为他的学术所掩，变成附属品，其伟大可想而知。阳明的学问，得力于龙场一悟。刘瑾当国，阳明弹劾他，位卑言高，谪贬龙场驿丞。在驿三年，备受艰难困苦，回想到从前所读的书，所做的事，切实体验一番，于是恍然大悟。这种悟法，是否与禅宗参禅有点相类，我们也不必强为辩护，但是他的方法，确能应时代的需要。其时《性理大全》一派，变为迂腐凋敝，把人心弄得暮气沉沉的，大多数士大夫尽管读宋代五子的著作，然不过以为猎取声名利禄的工具，其实心口是不一致的。阳明起来，大刀阔斧的矫正他们，所以能起衰救敝，风靡全国。

阳明的主要学说，即“致良知”与“知行合一”二事。前者为对于《大学》格物致知的问题。朱子讲格物，教人“即凡天下之物，莫不因其已知之理而益穷之，以求至乎其极”这种办法。朱子认为：《大学》所谓“明明德”的张本，从“大学之道”起至“未之有也”止，是经，以下是传。“诚意、正心、修身、齐家、治国、平天下”都有传，唯有“格物致知”无传，文有颠倒断节。朱子替他补上，其学说的要点，即由此出。阳明以为：读古人书，有些地方加添，有些地方补正，这种方法，固有价值，但是《大学》这篇，绝对不应如此解释。所以他发表古本，不从朱子改订本。主张格物致知，即是诚意，因为原文说：“欲诚其意者，先致其知。”下面又说：“故君子必慎其独也。”慎独，即是致知，致知的解释，不是客观的知识，乃孟子所谓“人之所不学而知者其良知也”的良知。致的意思，是扩充它，诚意功夫如此。拿现在的话解释，就是服从良心的第一命令，很有点像康德的学说，事到临头，良知自能判断。如像杀人，头一念叫你不要作，又像职分上的牺牲，头一念叫你尽管作去，这就是良知；第二念、第三念，便又坏了。或者打算作好事，头一念叫你作去，第二念觉得辛苦，第三念又怕危险，于是歇手不作。这种就是致良知没有透彻。为人做学问，入手第一关键在此。

阳明既然主张致良知，更不能不主张知行合一。如恶恶臭，如好好色；见恶臭是知，恶恶臭是行；见好色是知，好好色是行。知、行两个字，原是一件东西，事到临头，良知自有主宰，善使知善，恶使知恶，丝毫瞒他不得。世未有知而不行的，知而不行，不是真知。如小孩看见火，伸手去摸，成人决不会摸，因为成人知道烫人，小孩不知道烫人。又如桌上放好臭鸭蛋、臭豆腐，不恶恶臭的人吃，恶恶臭的人就不吃。只需你一知道，要吃或不吃，立刻可以决定，这便是知行合一。朱子以为先要致知，然后实行，把做学问的功夫，分成两橛。阳明主张，方说一个知，已自有行在，方说一个行，已自有知在，只是一件，决不可分。阳明教人下手方法，与朱子教人下手方法不同。

阳明寿虽不长，但是一面作事，一面讲学，虽当军事倥偬，弦诵仍不绝声，所以门生弟子遍于天下。明中叶后，全国学术界，让阳明一人支配了。王学的昌大，可分两处。一是浙江，是他生长的地方；一是江西，是他宦游的地方。所以阳明门下，可分为浙江及江西两派。前次讲象山生在江西而其学盛于浙江，阳明生在浙江而其学却盛于江西，赣浙文化有密切的关系。传阳明的正统，为江西几位大师，如邹守益号东廓，罗洪先号念庵，欧阳德号南野，颇能代表江西王学。阳明死后，就是这几个人，最得阳明真谛。但是王学的扩充光大，仍靠家乡浙派几位大师，有早年的，有晚年的。最初是徐爱号曰仁，钱德洪号绪山，他们二人，得阳明正宗。徐早死，《传习录》有一部分是他作的。钱寿较长，其传颇盛。稍后是王畿号龙溪，他是阳明的老门生，年寿最长，阳明的学派的光大自他起，阳明学派的变态，亦自他起。当初阳明教人，有四句话：无善无恶心之体，有善有恶意之动，知善知恶是良知，为善去恶是格物。钱绪山以为这四句是阳明教人定本，王龙溪以为这四句是阳明教人权法，归根结底，性无善无恶，意无善无恶，知无善无恶，物无善无恶。阳明的话，没有多大玄学气味；龙溪的话，玄味很深，无下手处。所以王学末流，与禅宗末流混在一起，读他们的书，可以看出来，并不是阳明真面目。

阳明学派，另有几个重要人物，一个是罗汝芳号近溪，一个是王艮号心斋，都于王学有莫大的功劳。世或以王艮与王畿并称二王，或以近溪与龙溪并称二溪。心斋是一个倜傥不羁之士，本传称阳明做巡抚时，会徒讲学，心斋那时三十八岁，跑去见他，分庭抗礼辩难几点钟后，始大折服，执弟子礼。回去想想，似乎尚有不妥处，跑去收回门生帖子，彼此又辩，又折服了，才做阳明的门人。阳明说："吾曩擒宸濠，一无所动，乃为斯人所动，是真学圣人者。"心斋言动奇矫，时戴古冠，穿异服，传达先生之道，阳明很骂他几回，但是他始终不改。心斋才气极高，门下尤多奇怪特出之士。何心隐就是一个，本姓梁，改姓何，以一个布衣用种种的方法，把严嵩弄倒了，我们不能不佩服他有真本事。阳明死后，最接近的是二王或二溪，但是他们所走的路，与阳明很不一样。结果江西学派虽得正统，但是一传再传，渐渐衰微下去了。

最有力推行王学的，还是浙派（龙溪）和泰州派（心斋）。在晚明时候，有这样几个人，周汝登号海门，陶望龄号石篑，李贽号卓吾。周陶变为禅宗，李更狂肆，他们主张的"酒色财气，不碍菩提路"，阳明学派愈变愈狂妄。到晚明时，本身起很大的变化，又可分为两派：第一派，参酌程朱学说，纠正末流的偏激，东林二大师，顾宪成（泾阳）、高攀龙（景逸）就是代表。他们觉得周、李、陶一派，太放肆了，须以朱学补充之，他们的学问，仍从王出，带点调和色彩。第二派，根据王学的本身，恢复阳明的真相，刘宗周（蕺山）就是代表。他排斥二王二溪甚力，专提慎独，代替良知，以为做慎独的功夫，可以去不善而继于至善。顾高以程朱修正王学，蕺山以王学本身恢复王学，主张虽有出入，都不失为阳明的忠臣。

此外因王学末流的离奇，社会上起一种很大的反动，亦可分为两派。第一派，以程朱攻击阳明，与顾、高等不同，陈建（清澜）就是代表。他著一部《学蔀通辩》，一味谩骂，甚觉无聊，自称程朱，实于程朱没有什么研究。有时捏造事实，攻击人身，看去令人讨厌，然在学术史上不能不讲。因为明目张胆攻击王学，总算他有魄力。清初假程朱一派侈言道学，随声附和，用陈建的口吻攻击王学者颇多。第二派，主张读书，带点考证气味，焦竑、王世贞、杨慎，就是代表。他们不唯攻击王学，连宋学根本推翻，周程张朱，皆所反对，攻击程朱的话，恐怕比阳明还多。几个人学问都很渊博。唯杨升庵较不忠实，造假书，造假话骗人。这一派，因为对于宋元明以来的道学，下总攻击，在晚明时，虽看不出有多大力量，但有清初至乾隆中叶，极其盛行，旧学风的推翻，新学风的建设，都由他们导引出来。

清代学术，是宋元明以后，一大转关，性质和前几代俱不相同。汉唐学者，偏于声音训诂的追求，马、郑、服、杜、陆、孔、贾以后没有多大发展的余地；宋儒嫌他们太琐碎了，另往新方面进行。宋明学者，偏于理气心性的讨论，程、朱、陆、王以后，也没有多大发展的余地；清儒嫌他们太空虚了，另往新方面开拓。清代学者，承性理学烂熟的反动，以“汉学”相标榜，至乾嘉中叶，而汉学号称全盛。清代学风，固然偏在考证，对于儒家哲学，亦有很大影响，可分建设及破坏两面观察。前者对于整理国故，用力最勤，与儒学只有间接关系；后者对于推翻宋学，成效颇大，与儒学有直接关系。

甲 破坏方面

先从破坏方面观察。清代学者，对于宋元明以来，七百年间所成就的学派，认为已到过度成熟、发生流弊的时期，非用革命手段摧陷廓清，不能有新的建设。这种破坏的工作，不自清始，晚明已然。焦竑、王世贞、杨慎，都是反动派的健将，不过革命的气焰，至清代而极盛罢了。分开来讲，又分两种。一种是破坏王学，阳明这派，时代最晚，发达最盛，有些人专门与他为难。一种是破坏宋学，不单反对阳明，连周、程、张、朱，一律在所排斥。这两种中，破坏的工作及程度，亦有种种的不同，大概可以举出五派人作为代表。

1. 用程朱作后盾，破坏陆王，可以陆陇其（稼书）作为代表。他同上次所讲做《学蔀通辩》的陈建，一样的主张，认程朱为正统，陆王为异端，所以破坏王学，完全为拥护朱学。这一派范围最狭窄，理由最浅薄，然在社会上最有力量。不是因为系统学者多，乃是倚仗八股文人多，拿朱注作考试的工具，自然拥护朱学。有学问的人，尽管瞧不起他们，但是一般流俗，非常羡慕他们，不知不觉的，势力便大起来了。

2. 有一种博杂而无系统的学问，利用好奇心，打倒前人，猎取名誉，可以毛奇龄（西河）作为代表。这派的话，尖酸刻薄，挑剔附会，舞文弄墨的地方很多，其所攻击，不单是王学，乃在宋学全部。（西河比较的尚拥护王学，但也不是王学真相）西河学问渊博，方面多，寿命长，后来许多人跟他学，在学术界很占势力，大致都带一点轻薄口吻，学问博杂，颇为后来考证学派，辟出一种新路径。考证家不直接出自西河，但是他们所受西河的影响，很是不小。

上面两种破坏法，都不算十分正当：前者范围过于狭隘，门户之见太重；后者手段不对，专门骂人，自己亦无所得。不过他们这两派，在社会上势力确是不小，一般俗儒随声附和，非常崇拜他们。

3. 没有成见，并不是以程朱作后盾，比较对于朱学稍为接近，对于王学末流加以攻击，可以顾炎武（亭林）、朱之瑜（舜水）二人作为代表。朱舜水当明亡以后，不愿受清朝的辖治，亡走日本，在中国影响不大，而在日本影响极大。明治维新以前，德川氏二百年，真以儒学致太平，这完全受舜水之赐，所以他在本国无地位，而在全局中地位极高，可与顾亭林并列。顾氏为清代学术的开创者，其学问的大部分，俱在建设方面，下节再讲。至于破坏方面，见地极其高明，他不唯不满意王学末流，且不满意阳明本身，赞成阳明人格，反对他的学风。陆稼书一派，所讲朱学，其实是“八股家言”，算不得什么学问。顾、朱不是墨守朱学，另外自有心得，比较起来，对王破坏，对朱敬礼。不能说是以朱攻王，然于破坏王学，很有力量。

4. 对于宋学全部，不管程、朱、陆、王，根本认为不对，施行猛烈的总攻击，可以费密（燕峰）、颜元（习斋）二人作代表。这两人，在从前，大家都不十分注意，一向讲清代学术的人，都没有提到他们。颜氏近二三十年来，渐渐复活，费氏著作从前没有刻出，人不知道，近几年作品出版，了解的人比较多了。费燕峰，四川人，晚年侨寓扬州，从前人只知他会作诗，《池北偶谈》称他，极为王渔洋所推服。他的哲学思想，具载他的遗著中，新近才刻出来，但是在建设方面没有什么贡献。颜习斋，直隶杨村人，以前没有铁路，很少人知道这个地方，他终身亦未同士大夫接触过。但是他比费燕峰强，费氏几个儿子，虽亦能作诗，活动力很小，颜氏的门生李塨（刚主）活动力异常之大，到处宣传他老师的学说，所以早几十年复活了。

费颜二人，对于宋元明七百年来的学说，根本上不承认，下总攻击，斥为与孔孟门庭不同。攻击之点有三。头一件，是不赞成宋儒主静。他们以为做学问要动，主静不是做学问的方法，根本与儒家道术相反。第二件，不赞成宋儒以道统自居。程朱本人，还没有说什么，他们的门下，常说得不传之学。《原道》所谓尧传舜，舜传禹，禹传汤，汤传文武周公，文武周公传孔子，孔子传孟轲，轲之死，未得其传。何以隔一千多年，传到河南程夫子，这岂不是造谣。第三件，偏于内圣，不讲外王，把政治社会都抛弃了。程、朱、阳明，虽非抛去外王不问，但是偏重内圣一些，末流愈走极端，知其一不知其二，颇足授人口实。这种话搔得着痒处，对于宋学末流攻击得很对。不过在社会上没有多大势力，远不如前述三派的受人注意，直到近二三十年，才渐渐发扬光大起来。前三派，带这一派，都在道术本身上着眼，或专破王学，或兼破宋明，辩争之点，不离道术，可谓主流，为造成破坏势力的中坚。

5. 还有一派，不在道术本身下手，而在著作及解经方面挑剔，可以惠栋（定宇）作为代表。惠氏年代较迟，而力量很大。他攻击不到陆王，陆王对于各经，都不曾作注，他攻击的主要对象，就是程朱。前回讲，朱学启蒙时代，专门做注疏的功夫，到全盛时代，所有各经，都重新另注一回。他们注经的方法，与汉唐学者迥异，汉唐注重训诂，他们注重义理。自南宋末年起，至明洪武的《性理大全》出版止，几百年间，解经俱以朱注为主，汉唐注疏，完全束之高阁了。惠栋一派出，朱注渐衰，而汉唐注疏复活。

清初学者，一面反对宋儒道术本身，一面反对宋儒解经方法。结果，宋人的总不对，汉人的总对，愈古愈好，愈近愈不行。乾嘉的考证学，以这派为先导，毛西河如此主张，陈启源亦如此主张，但是认真打旗号，拥戴汉学，推翻宋学，还是要算惠定宇。上面所述五种学派，联合起来，努力破坏，所以清代学术，对于宋元明学术，起很大的变化。最近三百年，在学术史上划一新纪元，秦汉学术复兴，宋明学术几乎全部销沉下去了。

乙 建设方面

次从建设方面观察。清代学者的建设事业，大部分在考证方面，以现在的话来解释，就叫作整理国故。这种工作，于儒家道术，只有间接关系，直接关系很少，可以略去不讲，我们且要知道这种工作很勤劳、威信也很伟大就是了。考证以外，对于儒家道术，有直接关系的建设事业，可以分好几派，一方面根据王学朱学，加以修正或发明，他方面更能一空依傍，自树一帜。他们所处的时间，先先后后不同，他们所在的地方，南北东西各异。现在我们举出六个人，简单的说明一下。

1. 继承王学，加以修正，当推孙奇逢（夏峰）。王学末流，变得很多，处处受社会上的非难。要想维持王学，不能不加以修正，孙夏峰、李二曲都是如此主张，而夏峰推衍流派较盛。夏峰生于晚明，人格高尚，豪侠好义，最能济朋友之难，寿命又很长，直活到九十三岁才死。清师入关，他的家乡，让满人圈去了，跑到河南苏门躬耕讲学，门弟子从之游者极多，所以他这一派，在清初算是很盛。他是王派，但并不墨守王学，对程朱都不攻击，有人把他编入调和派。清初学者，以朱攻王者有之，以王攻朱者觉少，顶多为阳明作辩护而已，夏峰即是如此。他在河南，躬行力践，用工坚苦，其学问虽得力于阳明，然对于王学末流禅宗顿悟的学风，深所不取。后来汤斌（潜庵）的学问，就得力于夏峰。他们二人的工作，专在恢复王学本来面目，对于二溪以后的王学，予以相当的排斥，以恢复阳明真相，使得有保存的价值，可谓王学的修正派。

2. 发明王学，使之愈益光大，当推黄宗羲（梨洲）。明末王学后殿，就是刘蕺山。他生于浙东，浙东王学很盛，但是变相，非本来面目，他因为末流太猖狂了，设法校正他们。清初浙中王学，分为两派。二溪一派，以姚江书院为中心。蕺山一派，以证人书院为中心。《明儒学案》称明代大师二人，前有阳明，后有蕺山。梨洲是蕺山的门生，学问上，继续的修正王学，修养上，亦全本蕺山遗绪。但他另向一方面发展，即史学及经世之学。阳明本有六经皆史之说，而且本身事功极盛，梨洲循着这一点发挥光大，颇能改正王学末流空疏置悟之弊。梨洲一方面承蕺山遗绪，发明王学，于清代学风上，其开辟的功劳，与顾亭林等；一方面建设新学派，努力史学，后来万季野、邵念鲁、全谢山、章实斋这一般人，都完全受他的影响。关于史学方面，这是后话，且不用讲。专讲他在儒家道术方面，真不愧王学大师，二百多年来，感化力的宏大，规模的深远，还没有超过他的啊！

承继孙夏峰学说的，是汤潜庵；承继黄梨洲学说的，是李穆堂。两位都是乾隆时人，为陆王学派的结束者。汤作巡抚，李作侍郎，皆光明俊伟，规模宏大。汤纯为实行家，纸面上的学问不多；李为著作家，有全集行于世。他们都是结束陆王学派的人，做的事业，算是结束。同时不能不算是一种建设，令陆王学派，经时代变迁，仍能立脚得住，有价值，有光彩，这是他们的功劳。

在王学方面，有这几个人，支持残垒，遗绪尚可不坠。在朱学方面，人才就很难得。大抵有清一代，学者态度，阳奉阴违，表面是宋学，骨子里是汉学，对于朱子，直接攻击者少，敷衍面子者多。其间拥护程朱的，多半是阔老，一面骂陆王派为狂禅，一面骂汉学家为破碎，反抗程朱，便是大逆不道。"宁说周孔错，不说程朱非"。这类人，多从八股出身，在学者社会中，没有多大势力；在普通社会，很能耸动视听。可以略去不讲。勉强要在程朱派，找出一个人来，只好还数陆稼书，清代最初从祀孔庙的是他。他于程朱学术的全体无多大发明，只能说他持身甚严，卫道甚力而已。清代程朱派人数虽多，人才很少，与其求之于陆稼书一派，不如求之于汉学家。汉学家训诂之学，实际上是从厚斋东发一派衍生出来。章实斋说过戴东原尽管骂朱子，实际上走的是朱子那条路。这个话，两方都不承认，但是事实，给我们一种很好的证明。

3. 尊敬程朱，而能建设新学说，当推顾炎武（亭林）。顾氏大家公认为清学开山祖师，然绝不像宋学派之以道统自任。他对程朱，表示相当敬意，在山西时，曾修朱子祠堂，可谓之准朱学派。然而亭林对于朱学的修正，比梨洲对于王学的修正还多。黄氏根本上以王学为主；顾氏对朱学，不过敬礼而已。亭林方面很多，经世之学，有《天下郡国利病书》；考证之学，有《日知录》。好几个清代的学派，都由他开发出来。他治学自立门庭，反对讲空话，不轻言义理性命，专从实际的方面下手。他对于儒家道术，不单讲内圣，兼讲外王。宋明学者，都只一偏，并非儒家真相，他想恢复儒家本来面目，专提《论语》所谓“行己有耻，博学于文”两句话，用来涵盖一切。修养的方法很多，最扼要是行己有耻，即自律甚严之谓，对于晚明放侈颓废的学风，根本上施以校正。一个人要方正，要廉隅，不要像球那样滚，日夜自己检束，归根结底是“知耻”二字。不耻恶衣恶食，而耻匹夫之不被其泽；不耻地位不如人，而耻品格不清。他专在廉隅、名节、出处、进退、辞受、取予方面注意，以为要如此才可以完成人格。这种有耻之教，比蕺山慎独之教还要鞭辟近里些。治学的方法很多，最扼要是博学于文。文有几种解释，书本知识是文，自然现象是文，社会现象亦是文，要随时观察研究。所以说他的学问，不单是内圣方面，而且兼外王方面。至于要明白他对于耻及文的详细解释，可以在他的《日知录》及文集里边找去。他本人人格崇高，才气伟大，为明代忠贞不二的遗老，很得力于他母亲（非亲生母）的教训。他的父亲早死，母亲未婚守节，十七岁到顾家，过继他作养子，慢慢地抚育成人。满洲入关，义不事二姓，绝食二十七日而死。这样的节妇，真是难能可贵了！顾母死时，嘱咐亭林，不得在清朝作官。他平时所受教育很深，临终又有这样大的刺激，所以他一身行为，完全受顾母的支配。亭林初非明室官吏，然念念不忘恢复，到处观察形势，预为地步。到事功绝望时，乃另创一种学风，直影响到现在，其成就不在恢复明室之下。他人格高尚，无论哪派，不能不佩服。他学问渊博，开出来的门庭很多，说到清学的建设，自然不能不数他了。

4. 非朱非王，独立自成一派，当推王夫之（船山）。船山是湖南人，他这一派，叫作湖湘学派。在北宋时为周濂溪，在南宋时为张南轩，中间很销沉，至船山而复盛。他独居讲学，并无师承，居在乡间，很少出来，生平只到过武昌一次，北京一次，可以说是个乡下人。清师入关，他抵死不肯剃头，所以怕人看见，藏在山洞里，穷到没有纸笔，然仍好学不厌。他的学风，与程朱比较接近，不过谓之程朱，毋宁谓之横渠。横渠作《正蒙》，船山的中心著作，为《正蒙注》。横渠于书本外，注重观察自然界现象，船山也受他的影响，其精神比较近于科学的。张学自南宋断后几百年，至清初又算继续起来了。船山坚苦卓绝，人格感化极强，学问尤为渊博。他的《读通鉴论》、《宋论》，不愧为一史评家，对于历史上事实，另用新的眼光观察。所以他除自己身体力行外，学问方面，在史学界贡献甚大。这两部史论，专作翻案，为后来读史的人，思想开放许多。船山对于佛学，很有研究，而且学的是法相宗，作有《相宗络索》。近二十年法相宗复活，研究的人很多，并不算稀奇；但是在那时，佛教方面，完全为禅宗及净土宗所占领，没有人作学理的研究，他独在二百年前，祖述玄奘以后中断了的坠绪，可谓有独到的见解了。并且当时儒学末流，养成狂禅，分明是学佛教，抵死不肯承认与佛教有关；他独明目张胆，研究儒学，同时又研究佛教，一点不掩饰，这是何等的爽快！船山在清初湮没不彰，咸同以后，因为刊行遗书，其学渐广。近世的曾文正、胡文忠都受他的熏陶，最近的谭嗣同、黄兴，亦都受他的影响。清末民初之际，智识阶级没有不知道王船山的人，并且有许多青年，作很热烈的研究，亦可谓潜德幽光，久而愈昌了。

5. 尊崇程朱，传其学于海外，当推朱之瑜（舜水）。舜水在本国没有什么影响，史家多不能举其名，他后半生都在日本过活，日本最近二百年的学风，完全由他开出。明亡后，他屡屡欲作光复的事业，初到日本，后到安南、暹罗，在海外密谋起义，赤手空拳的经过多少艰难困苦，到底毫无成就。后来郑成功、张苍水大举北伐，攻下镇江，几乎克复南京，他在苍水军中，规划一切，曾经走到芜湖，结果，还是失败了。自是之后，光复事业完全绝望，他便打定主意，在满清统治之下，绝对不回中国。那时日本人还抱闭关主义，外国人只能在长崎租界停顿些时，旁的地方，一律不让住。所以他很困难，住些时走了，走了又来，往返许多次。长崎的日本人，知道他学问渊博，人格高尚，异常敬礼。后来让大将军德川氏听见了，请到东京去，待以宾师之礼。他亦以师道自居，德川光国的儿子，亦作他的门生，他于是住在东京，又几十年才死。因为德川氏的敬礼，全国靡然从风，对于他的起居言动，都很恭敬。他在日本学术界，算是很有势力。日本从前受中国文化最深是唐代，派遣学生、学僧，来唐留学，唐时佛教甚盛，儒学衰微，学去的都是佛教。宋明儒学复兴，但其时中日关系浅薄，所以日本对于儒学，根本上不明瞭。舜水是程朱派的健将，自他去后，朱学大昌。朱子之学，在国内靠陆稼书一般人的提倡，不过成绩很有限；在国外靠朱舜水一个人的传播，真是效力大极了。自然舜水是程朱一派的人，但是本事很大，书本上的知识很好，实际上的事情，一点亦不放松。他在日本，学风上很有贡献，诗（各家的诗）同画（小李将军的山水）亦很有影响，他带去的东两，至今还归日本帝国博物院保存。他又懂建筑，日本之有孔庙，即由他起，孔庙中的房屋栋宇、衣服器具，完全摹仿中国，都由他打图样，起稿子。连他自己的棺材，亦属亲手造成，要能耐久不坏，清朝之后，好运回中国。辛亥革命时，还在日本保存，我们可以设法交涉，运回国来。固然他们尊重朱夫子，不愿运走，但本人的志愿，死后非运回来不可，应以尊重本人志愿为是。日本博物院，还有朱舜水手造模型，确是当年遗物。由此可以知道，他不单讲身心性命，还讲各种技术。他又教日本人读《资治通鉴》，以为最有益人神智。他在日本，前后十几年，人格感化力大，方面又多，可以说自遣唐留学以后，与中国文化真正接触，就是这一回。德川氏二百多年，以文治国，就是继承他的遗绪；维新以前，一般元老，都很受影响。他是朱学，中国王学亦输入，到维新时，两派都有了。维新时一切改革，王派力量很多，朱派力量亦不少，把朱学由中国传到日本，就是靠他。

6. 反朱反王，而能独立自成一派，要算颜元（习斋）。习斋的学说，很有点像实验派的杜威。他完全是一个乡下佬，境遇非常可怜。他的父亲在崇祯十二年，满洲人大掠直隶、山东，掳去为奴去了，后来死在那里。习斋伶仃孤苦，父亡母嫁，成为一个无依无靠的孤儿，由旁人把他抚育长大。所以意志坚苦卓绝，虽然无师无友，而能独立自成一家。他反对宋学，主张根本推翻，以为孔孟都是动的，宋学独是静的，与孔孟相反。他尤其厌恶的是谈玄，儒家本不谈玄，宋以来，玄味日趋浓厚，大非古意。他想复古，复到孔门所学，只谈礼、乐、射、御、书、数，不谈身、心、性、命。知识由何而来？由于做。譬如我们想到南京，不知怎样走法，问路径，买地图，可以知道大概；但要知道实在情形，还得亲身走去。他说宋以后的学问，只是问路径买地图，不曾亲身走路；真的儒家道术，不应如此。习斋对于周程以下，原想根本推翻，另外建设新的学派。那时虽未成功，其思想行事，很带科学精神，若使生于今日，必定是一个纯粹的科学家。他立志做书本以外的学问，礼、乐、射、御、书、数，样样都去实行，自己打靶，自己赶车，乐要学古乐，礼要依《仪礼》。但是所做这些事还是离不开书本，很难说是成功，不过精神可取就是了。他的话，很有许多合于科学，前两年科玄战争，就有许多人引用其中一部分，到现在看来，还是对的。这些地方，很可以令人佩服。他因为太古板，没有开辟什么。他的门生李恕谷，活动力很大，文章好，学问又渊博，常到北京。那时北京士大夫喜欢讲学，有一次，请万季野主讲，大家去听，季野见恕谷，异常佩服，就介绍恕谷讲。以季野的声名学问，很能震动一时，达官贵人，拜倒门下者不少，但是对于这个无声无臭而且又年轻的李恕谷，居然客气谦逊起来，不能不说是异样的举动。由此北京人才知道有李塨，又才知道有颜元。恕谷极其活动，曾到陕西，又到江南，到处宣传他老师的学说，所以这派学问，在当时很有力量。戴东原的见解，与颜李相同之点颇多，虽不敢说直接发生关系，然间接总受影响。恕谷死后，汉学派盛行，对于他的学问，大不谓然；而假程朱一派，尤为恨入骨髓。在两种势力压迫之下，颜李这派自然日就销沉了。道光末，戴望子高，很提倡颜氏学说。近二三十年来，颇有复活的趋势，大家都承认颜氏为一个大师，很佩服他的不说空话，专讲实行的精神。但是他的学问究竟能复活与否，我尚怀疑，因为太刻苦了，很难做到。他最反对以孔门的话作为口头禅，我们但学他的话，不能实行他的主张，算不得真颜李派。往后青年，果能用极坚苦的精神去实行，自然可以复活。

清代初叶，在建设方面，可以这六派作为代表。虽然他们的学说各有短长，然俱能自树一帜，而且持之有故，言之成理，有的于当时影响很大，有的于后代影响很大。而且这几个大师，方面都很多，不像宋儒，单讲身心性命，所以开辟力格外来得强大。后来各种学说，都由他们启个端绪，由后人集其大成。清代学术所以能大放异彩，大部分靠他们。

丙　清中叶以后四大潮流

上面所说破坏方面的五派，建设方面的六派，都是清代初叶同中叶的事情。中叶以后，到乾嘉之间，这许多学说，暂时各归沉寂，另有四大潮流出现，而考证学不在内。在前面已经说过了，考证学与儒家道术无大关系，可以不讲，有关系的，就是这四大潮流。

1. 皖南学派，以戴震（东原）为代表。东原本来受他乡先辈江永（慎修）的影响（有人说他是慎修学生，这个话靠不住，恐怕是私淑弟子）。慎修的学问，有点像顾亭林，对于经学及音韵学很有研究，对于程朱的学问亦能实行。他的《近思录续考》，可谓朱门正传。朱派自王厚斋、黄东发以后，就是顾亭林；亭林以后，就是江慎修。东原自幼便受慎修的影响。清代考证学，东原集其大成，本人著作很多，段玉裁、王念孙皆出其门下。在当时惠戴齐名，但是定宇成就小，东原开辟多，在清代中，他算第一流的学者。与他同时的人，推重他的训诂考证。其实东原所得，尚不止此，他之所以伟大，还是在儒家道术方面，《孟子字义疏证》及《原善》、《原性》，俱有独到的见解。他死后，门生洪榜为作行状，以他所作《与彭进士书》嵌入，亲友哗然。结果，戴家所发行状，把那一段删去，而洪榜文集中，则将原文留下。旁的为他作传作行状的人，都没有提到他的儒学，这是很不对的。《孟子字义疏证》将原书一字一字的解释，把儒家道术，大部分放在里边，可算得孟氏功臣。他一方面发挥性善之说，一方面反对宋儒分性为天理气质二种，认定宋儒矫正性欲，全属过分，与颜习斋、费燕峰相呼应。他对于费书，绝对没有看见，对于颜的学说，或者间接受李恕谷、程绵庄的影响。他这一派，对于宋儒谈玄一部分，如无极、太极之说，根本上攻击，对于宋儒谈性一部分，如存天理，去人欲之说，亦很反对。空空洞洞，专凭主观的理，不能有好结果，必定要根据客观的事实。东原自命为孟子功臣，我们看来，与其说他是孟子的功臣，毋宁说他是荀子的功臣。他的学说，与孟不同，与荀相近。他虽反对程朱，实际上，得力于程朱者很多，与程朱走的是一条路（看《文史通义·朱陆》篇）。帮助孟子，然而不像孟子；反对朱子，然而近似朱子。清代程朱学派，陆稼书不算正统，戴东原才是正统；最少他对于朱学修正补充，使有光彩，有价值，功劳还在稼书之上。因为他生的北方，在皖之南，可以称为皖南学派。《四库全书》，大部分由他编定，他在清代中叶，算是一个中坚人物。门生多传他的考订、训诂、校勘之学，但他关于儒学道术的话，亦有很大的影响，凌廷堪（次仲）、焦循（理堂）、阮元（芸台），都是一方面研究考订，一方面研究儒术。焦循作《孟子正义》，对于儒学，有相当的发明。阮元为焦循内弟，同在一块研究学问，著述中关系儒学的话尤多。到阮元时，清代汉学，已达全盛，自然有流弊发生，所以他自己就提倡汉宋并重，以图挽救。阮作官很大，到的地方亦很多，学问不如东原，而推广力过之。即如广东，他经手创学海堂，只取四十个学生，大多积学之士，在学问上贡献极大；广东近百年的学风，由他一手开出。广东近代几位大师，都主张调和汉宋，可以陈兰甫、朱九江作为代表。兰甫比九江声名更大，考证学亦很好，他作《东塾读书记》，《孟子》一卷，《诸子》一卷，《程朱》一卷，联合贯通发明处颇多。又作《汉儒通义》，以为宋儒并不是不讲考据，汉儒并不是不讲义理。这种学风，也可以说是清末“粤学”的特色。即以我自己而论，对于各家都很尊重，朱程的儒学固然喜欢，考据学亦有兴趣，就是受陈朱两先生的教训。更由陈朱推到阮，由阮推到戴，可见戴派影响之大。

2. 浙东学派，以章学诚（实斋）为代表。自宋以来，浙东学术很发达，吕东莱而后是陈同甫、叶水心，再后是甬上四先生杨、袁、舒、沈，又后是王阳明、刘蕺山，都是浙东人，浙东在学术界，占很高的地位。陈、叶的文献经世之学，与阳明的身心性命之学，混合起来，头一个承受的人，便是黄梨洲。前面讲他对于阳明学派的建设，只算一部分；还有一部分——最重大的部分，是文献之学，即史学。梨洲是清初大师，他的门生，为万充宗及万季野。季野较渊博伟大，《明史稿》由其一手作成。二万是直接的门生，还有一个私淑弟子，即邵廷采（念鲁）。念鲁的祖父，为阳明门生，属姚江书院派，与证人书院派相对抗，到念鲁又受业梨洲之门，对于史学，异常注重。浙东最有名的学者，都是史学大师，万、邵为史学界开山鼻祖。稍晚一点，为全祖望（谢山），学问方面很多，但是主要工作，仍在文献方面。由黄梨洲而万季野、邵念鲁，由万邵而全谢山，渐渐成为一种特有的学风。致用方面，远绍宋代吕东莱一派文献之学，修养方面，仍主阳明。到乾隆末，出一位大师，曰章实斋，集浙东学派之大成。实斋全部工作，皆在史学；然单以史学，看不出整个的章实斋，好像单以经学，看不出整个的戴东原一样。二人于本行之外，在儒家道术上，亦有相当地位。二人交情不好，彼此相轻，学风则有一点相同，俱不主张空谈性命，对于带玄学的心性论，异常反对，要往实际方面下死功夫。实斋讲道外无器，器外无道，此二语出自《易经》。《易经》说："形而上者谓之道，形而下者谓之器。"东原主张相同，亦有近似这类的话。实斋讲六经皆史，要求儒家道术，顶好在历史上求去，道起三人居室，在古代为书本学问，在近代为社会事物。所以他自己用力的工作，全在史学上。实斋这一派虽为第二大潮流，然在当时不很显著；他看不起东原，东原门下又看不起他，而东原声气广远，他的势力抵抗不过，自然在当时难于风行。他的价值，最近二三十年，才被人认出来。

3. 桐城学派，以方东树（植之）为代表。我讲桐城人物，不举方苞，不举姚鼐，因为他们仅能作点文章，没有真实学问，所谓桐城文学，不过纸上谈兵而已。自明末以来，桐城很出人才，最初是方以智，明清之间的第二流学者。其次是方苞（望溪）、戴名世（南山），康雍之间，颇负盛名。南山以文章出名，所谓因文见道，自他起，后遭文字狱死，大家引以为戒。望溪属于程朱派，其地位远在稼书之下，稼书尚不过尔尔，他的学问更不必说。桐城学派，以前实无可讲。嘉庆末年，出了一个伟大人物，即方植之。他生当惠戴学派最盛行的时候，而能自出主张，不随流俗所尚，可谓特出之士了。汉学全盛之后，渐渐支离破碎，轻薄地攻击程朱，自己毫无卓见。方承这种流弊，起一极大反动，作《汉学商兑》、《书林扬觯》，对汉学为猛烈的攻击，主张恢复程朱。他对于程朱，究竟有多少心得，我不敢说，但在汉学全盛时代，作反抗运动，流弊深了，与他们一副清凉散吃，在思想界应有重要的地位。他很穷，跟随阮元，充当幕府。阮开学海堂，其中学长，初用外省人，本堂有成就后，才用本省人，他便作了第一任的学长。广东学风，采调和态度，不攻宋学，是受他的影响；此犹其小焉者。还有更大的影响，就是曾文正一派。曾文正很尊敬他，为他刻文集，曾一面提倡桐城文学，一面研究朱学，有《圣哲画像赞》，自伏羲、文王、周公、孔子起，一直传到姚姬传止，姚为方的先生，因为尊敬方，才尊敬姚。曾派及其朋友门下，靠儒学作根底，居然能作出如许的功业，人格亦极其伟大，在学术界很增光彩。而他们与桐城派关系极深，渊源有自，所以我们不能不认桐城为很大的学派。

4. 常州派，可以庄存与（方耕）、刘逢禄（申受）为代表。常州在有清一代，无论哪一门学问，都有与人不同的地方。古文有阳湖派，词有阳湖派，诗亦有阳湖派，尤其在学问上，另外成为一潮流，有极大的光彩。这一派在经学方面，主张今文学。今古文的争执，东汉以后，已渐消灭。直到清代中叶，又将旧案重提，提案的人，就是庄刘。他们反对东汉以后的古文，恢复西汉以前的今文，研究《公羊传》，专求微言大义。以为东汉以后，解经的人，都在训诂名物上作功夫，忘却了主要的部分。这派的主张，牵连到孔子的政治论，都说孔子作《春秋》的来意，就是内圣外王。自他们专提今文以后，今文在学术界，很有极大的势力。继他们而起的，有两种人，籍贯虽然不是常州，然不能不说是常州一派。一个是魏源（默深），著有《海国图志》、《皇朝经世文编》，颇努力于经世致用之学。一个是龚自珍（定庵），著有《定庵文集》，关于政治上的论调极多。反抗专制政体的话，创自黄梨洲、王夫之，至龚、魏更为明显。他们一面讲今文，一面讲经世，对于新学家，刺激力极大。我们年轻时，读他二人的著作，往往发烧。南海康先生的学风，纯是从这一派衍出。我们一方面赞成今文家的政治论，一方面反对旧有的传统思想，就是受常州派的影响。我年轻时，认为他们的主张，便是孔子的真相。近来才觉得那种话，不过一种手段，乃是令思想变化的桥梁。上述四派，为乾、嘉、道、咸之间，学术上四个大潮流。主张都很精彩，能集前人所已成，能开前人所未发，所有重要的学者和主张，都让他们包括尽净了。还有一派，附带要讲的，就是佛学。自宋学兴起以后，儒者对于佛学，骨子里受用；口内不敢说。前清中叶以后，有一派人，不客气的讲佛，由阳明转一转手，最主要的是罗有高（台山）、彭绍升（尺木）、汪缙（大绅）。他们对于净土宗很实行，对于禅宗很排斥。虽然留着辫子，实际上是几个未受戒的和尚，文章很好，儒学亦好；他们的地位，很像唐代的李翱和梁肃。自从他们把真面目揭开以后，大家才觉得讲佛不是一件对不起人的事情，用不着藏藏躲躲。魏默深、龚定庵都很讲佛，不过没有实行；罗、彭、汪等，有纯洁的信仰，言行又能一致，所以在社会上，很能站得住脚。龚、魏等虽是佛徒，但没有他们的纯粹，不能编入此派。清末常佛两派，结合得很坚固。我的朋友中，如戊戌死难的谭嗣同，即由常州派及佛派的结合，再加上一点王船山的思想，以自成其学问。清代主要的学派及潮流，大致如此。

第六讲　儒家哲学的重要问题

真讲儒家道术，实在没有多少问题。因为儒家精神不重知识——问题多属于知识方面的。儒家精神重在力行，最忌讳说空话。提出几个问题，彼此互相辩论，这是后来的事；孔子时代原始的儒家根本没有这种东西。近人批评西洋哲学说："哲学这门学问不过播弄名词而已。"语虽过火，但事实确是如此。哲学书籍虽多，要之仅是解释名词的不同。标出几个名词来，甲看见这部分，乙看见那部分；甲如此解释，乙如彼解释，所以搅作一团无法分辨。专就这一点看，问题固不必多，多之徒乱人意。许多过去大师都不愿讨论问题，即如陆象山、顾亭林，乃至颜习斋，大概少谈此类事，以为彼此争辩，究竟有什么用处呢？颜习斋有个很好的譬喻：譬如事父母曰孝，应该研究如何去冬温、夏清、昏定、晨省，才算是孝。乃历代谈孝的人，都不如此研究，以为细谨小节。反而追问男女如何媾精，母亲如何怀胎，离去孝道不知几万里。像这类问题，不但无益，而且妨害实行的功夫。

从前讲研究法有三种：时代的研究法、宗派的研究法、问题的研究法。本讲义以时代为主，一时代中讲可以代表全部学术的人物同潮流。但是问题散在各处，一个一个的讲去，几千年重要学说的变迁，重要问题的讨论，先后的时代完全隔开了，很不容易看清楚。添这一章，说明儒家道术究竟有多少问题，各家对于某问题抱定何种主张，某个问题讨论到什么程度，还有讨论的余地没有，先得一个简明的概念，往后要容易懂些。以后各家，对于某问题讨论得详细的，特别提出来讲；讨论得略的，可以省掉了去。

真讲儒家道术，实在没有多少问题。因为儒家精神不重知识——问题多属于知识方面的。儒家精神重在力行，最忌讳说空话。提出几个问题，彼此互相辩论，这是后来的事；孔子时代原始的儒家根本没有这种东西。近人批评西洋哲学说："哲学这门学问不过播弄名词而已。"语虽过火，但事实确是如此。哲学书籍虽多，要之仅是解释名词的不同。标出几个名词来，甲看见这部分，乙看见那部分；甲如此解释，乙如彼解释，所以搅作一团无法分辨。专就这一点看，问题固不必多，多之徒乱人意。许多过去大师都不愿讨论问题，即如陆象山、顾亭林，乃至颜习斋，大概少谈此类事，以为彼此争辩，究竟有什么用处呢？颜习斋有个很好的譬喻：譬如事父母曰孝，应该研究如何去冬温、夏清、昏定、晨省，才算是孝。乃历代谈孝的人，都不如此研究，以为细谨小节。反而追问男女如何媾精，母亲如何怀胎，离去孝道不知几万里。像这类问题，不但无益，而且妨害实行的功夫。

理论上虽以不谈问题为佳，实际上，大凡建立一门学说，总有根本所在。为什么会发生这种学说？如何才有存在的价值？当然有多少原理藏在里边。所以不讨论学说则已，讨论学说，便有问题。无论何国，无论何派，都是一样。中国儒家哲学，所讨论的问题虽然很少，但比外国的古代或近代，乃至本国的道家或墨家，都不相同。即如希腊哲学由于爱智，由于好奇心，如何解释宇宙，如何说明万象，完全为是一种高尚娱乐，为满足自己的欲望。至于实际上有益无益，在所不管。西洋哲学，大抵同实际发生关系很少。古代如此，近代亦复如此。中国的道家和墨家，认为现实的事物都很粗俗，没有研究的价值；要离开社会，找一个超现实的地方，以为安身立命之所。虽比专求知识较切近些，但离日常生活还是去得很远。唯有儒家，或为自己修养的应用，或为改良社会的应用，对于处世接物的方法，要在学理上求出一个根据来。研究问题，已陷于空；不过比各国及各家终归要切实点。儒家问题与其他哲学问题不同就在于此。儒家的问题别家也许不注重，别家的问题儒家或不注重，或研究而未精。看明了这一点，才能认识它的价值。

现在把几个重要问题分别来讲。

一　性善恶的问题

“性”字在孔子以前，乃至孔子本身，都讲得很少。孔子以前的，在《书经》上除伪古文讲得很多可以不管外，真的只有两处。《西伯戡黎》有“不虞天性，不迪率典”。《召诰》有“节性唯日其迈”。“不虞天性”的“虞”字，郑康成释为“审度”。说纣王不审度天性，即不节制天性之谓。我们看“节性唯日其迈”，意思就很清楚。依郑氏的说法，虞字当作节字解；那末《书经》上所说的性，都不是一个好东西，应当节制它才不会生出乱子来。

《诗经·卷阿》篇“岂弟君子，俾尔弥尔性”。语凡三见。朱《诗集传》根据郑《笺》说：“弥，终也；性，犹命也。”然则性即生命，可以勉强作为性善解。其实“性”字，造字的本意原来如此，性即“生”加“忄”，表示生命的心理。照这样讲，《诗经》所说性字，绝对不含好坏的意思。《书经》所说“性”字，亦属中性，比较偏恶一点。

孔子以前对于性字的观念如此，至于孔子本身亦讲得很少。子贡尝说：“夫子之言性与天道，不可得而闻也。”《论语》算是可靠了，里面有很简的两句：“性相近也，习相远也。”下面紧跟着是：“唯上智与下愚不移。”分开来讲，各皆成理，可以说得通。补上去讲，就是说中人之性，可以往上往下；上智下愚生出来便固定的，亦可以说得通。贾谊《陈政事疏》引孔子语，“少成若天性，习惯成自然”。这两句话好像性相近习相远的注脚。贾谊用汉人语，翻译出来的，意味稍为不同一点。

假使《周易》的《系辞》、《文言》是孔子作，里面讲性的地方到很多。《乾彖传》说：“乾道变化，各尽性命。”《乾卦·文言传》说：“乾元者，始而亨者也。利贞者，性情也。”《系辞·上传》说：“一阴一阳之谓道，继之者善也，成之者性也。”又说：“成性存存，道义之门。”《说卦传》说：“和顺于道德而理于义，穷理尽性以至于命。”诸如此类很多，但是《系辞》里边互相冲突的地方亦不少。第三句与第四句冲突，第四句与第五句亦不一样，我们只能用作参考。假使拿他们当根据，反把性相近习相远的本义，弄不清楚了。

子贡说：“性与天道，不可得而闻。”可见得孔子乃至孔子以前，谈性的很少。以后为什么特别重要了呢？因为性的问题，偏于教育方面。为什么要教育？为的是人性可以受教育；如何实施教育？以人性善恶作标准。无论教人或教自己，非先把人性问题解决，教育问题没有法子进行。一个人意志自由的有无，以及为善为恶的责任，是否自己担负，都与性有关系。性的问题解决，旁的就好办了。孔子教人以身作则，门弟子把他当作模范人格，一言一动都依他的榜样。但是孔子死后，没有人及得他的伟大教育的规范，不能不在性字方面下手。性的问题因此发生。我看发生的时候，一定去孔子之死不久。

王充《论衡》的本性篇说：“……周人世硕以为人性有善有恶。举人之善性，养而致之，则善长；性恶，养而致之，则恶长。如此性各有阴阳善恶，在所养焉。故世子作《养性书》一篇。宓子贱、漆雕开、公孙尼子之徒，亦论情性，与世子相出入，皆言性有善有恶。……”世子，王充以为周人，《汉书·艺文志》以为孔子再传弟子。主张性有善恶，有阴阳，要去养他，所以作《养性书》。可惜现在没有了。宓子贱、漆雕开、公孙尼子俱仲尼弟子，其著作具载于《汉书·艺文志》，王充曾看见过。

宓子贱、漆雕开以后，释性的著作有《中庸》。《中庸》这篇东西，究竟在孟子之前，还是在孟子之后，尚未十分决定。崔东壁认为出在孟子之后，而向来学者都认为子思所作。子思是孔子之孙，曾子弟子，属于七十子后学者。如《中庸》真为子思所作，应在宓漆之后，孟子之前。而性善一说，《中庸》实开其端。《中庸》起首几句，便说："天命之谓性，率性之谓道，修道之谓教。"率性，另有旁的解法。若专从字面看，朱子释为：率，循也。率与节不同，节讲抑制，含有性恶的意味。率讲顺从，含有性善的意味。又说："唯天下至诚，为能尽其性；能尽其性，则能尽人之性；能尽人之性，则能尽物之性；能尽物之性，则可以赞天地之化育；可以赞天地之化育，则可以与天地参矣。"这段话，可以作"率性之谓道"的解释。"率性"，为孟子性善说的导端。"尽性"，成为孟子扩充说的根据。就是依照我们本来的性，放大之，充满之。《中庸》思想很有点同孟子相近。《荀子·非十二子篇》，把子思、孟子一块骂。说道，"略法先王，而不知其统。犹然而材剧志大，闻见杂博。……子思唱之，孟子和之，世俗之沟犹瞀儒，讙讙然不知其所非也"。这个话，不为无因。孟子学说，造端于《中庸》地方总不会少。

一面看《中庸》的主张，颇有趋于性善说的倾向；一面看《系辞》、《说卦》说，"一阴一阳之谓道，继之者善也，成之者性也"，"穷理尽性，以至于命"。亦是近于性善说的话。如《系辞》为七十子后学者所作，至少当为子思一派。或者子思的学说，与孟子确有很大的影响。《系辞》、《文言》非孔子所作，因为里面称"子曰"的地方很多，前回已经说过了。《彖辞》、《象辞》，先儒以为孔子所作，更无异论。其中所谓"乾道变化，各尽性命"，与《系辞》中所讲性，很有点不同，不过生之谓性的意思。此外《彖辞》、《象辞》不知道还有论性的地方没有，应该聚起来，细细加以研究。

大概孔子死后，弟子及再传弟子，俱讨论性的问题。主张有善有恶，在于所养，拿来解释孔子的“性相近，习相远”两句话。自孔子以后，至孟子以前，儒家的见解都是如此。到孟子时代，性的问题，愈见重要。与孟子同时，比较稍早一点的有告子。《告子》上下篇，记告孟辩论的话很多。告子生在孟前，孟子书中有“告子先我不动心”的话。墨子书中，亦有告子。不知只是一人抑是二人。勉强凑合，可以说上见墨子，下见孟子。

这种考据的话，暂且不讲。单讲告子论性，主张颇与宓子贱及世子相同。告子说：“生之谓性。”造字的本义，性就是人所以生者。既承认生之谓性，那末，善恶都说不上，不过人所以生而已。又说：“食色性也。”这个性完全讲人，专从血气身体上看性，更没有多少玄妙的地方。赤裸裸的，一点不带色彩。他的结论是：“性无善无不善也。”由告子看来，性完全属于中性，这是一说。

同时公都子所问还有两说。或曰：“性可以为善，可以为不善。”或曰：“有性善，有性不善。”第一说同告子之说，可以会通。因为性无善无不善，所以性可以为善，可以为不善。再切实一点讲，因为性有善有不善，所以可以为善，可以为不善。第二说，有性善有性不善，与性有善有不善不同。前者为人的差异，后者为同在一人身中，部分的差异。所以说“文武兴则民好善，幽厉兴则民好暴”。只要有人领着群众往善方面走，全社会都跟着往善走。又说“以尧为君而有象，以瞽瞍为父而有舜”。瞽瞍的性恶不碍于舜的性善。这三说都可以谓之离孔子原意最近。拿去解释性相近习相远的话，都可以说得通。

孔子所说的话极概括，极含浑。后来偏到两极端，是孟子与荀子。孟子极力主张性善。公都子说他“今日性善，然则彼皆非欤”。孟子所主的性善，乃是说：“君子所性仁、义、礼、智，根于心。”这句话如何解释呢？《公孙丑上》说：“恻隐之心，仁之端也；羞恶之心，义之端也；辞让之心，礼之端也；是非之心，智之端也。人之有是四端也，犹其有四体也。”这几种心都是随着有生以后来的。《告子上》又说：“口之于味也，有同耆焉；耳之于声也，有同听焉；目之于色也，有同美焉。至于心，独无所同然乎？心之所同然者何也？谓礼也，义也。圣人先得我心之所同然耳。故理义之悦我心，犹刍豢之悦我口。”这类话讲得很多。他说仁义礼智，或说性是随着有生就来的。人的善性，本来就有好像口之于美味，目之于美色一样，尧舜与吾同耳。

人性本善，然则恶是如何来的呢？孟子说是习惯，是人为，不是原来面目。凡儒家总有解释孔子的话，“心之所同然”，“圣人与我同类”。这是善，是性相近；为什么有恶，是习相远。《告子上》又说，“牛山之木尝美矣，以其郊于大国也，斧斤伐之，可以为美乎？是其日夜之所息，雨露之所润，非无萌蘖之生焉，牛羊又从而牧之，是以若彼濯濯也。人见其濯濯也，以为未尝有材焉，此岂山之性也哉？虽存乎人者，岂无仁义之心哉？其所以放其良心者，亦犹斧斤之于木也，旦旦而伐之，可以为美乎？其日夜之所息，平旦之气，其好恶与人相近也者几希，则其旦昼之所为有梏亡之矣。梏之反覆则其夜气不足以存，夜气不足以存，则其违禽兽不远矣。人见其禽兽也，而以为未尝有才焉者，是岂人之情也哉”？这是用树林譬喻到人。树林所以濯濯，因为斩伐过甚。人所以恶，因为失其本性。所以说“若夫为不善，非才之罪也”。人性，本是善的；失去本性，为习染所误，才会作恶。好像水本是清的，流人许多泥沙，这才逐渐转浊。水把泥沙淘净，便清了；人把坏习惯去掉，便好了。自己修养的功夫以此为极点，教育旁人的方法，亦以此为极点。

孟子本身对于性字，没有简单的定义。从全部看来，绝对主张性善。性善的本原只在人身上，有仁义礼智四端，而且四端亦就是四本。《公孙丑上》讲：“无恻隐之心非人也。无羞恶之心非人也。无辞让之心非人也。无是非之心非人也。”说明人皆有恻隐之心。以乍见孺子将入于井为例，下面说，“非所以内交于孺子之父母也，非所以要誉于乡党朋友也，非恶其声而然也”。赤裸裸的只是恻隐，不杂一点私见。这个例确是引得好，令我们不能不承认，恻隐之心，人皆有之。可惜羞恶之心、恭敬之心、是非之心，就没有举出例来。我们觉得有些地方，即如辞让之心，便很难解答。若能起孟子而问之，倒是一件很有趣的事情。孟子专看见善的方面，没有看见恶的方面，似乎不大圆满。荀子主张与之相反。要说争夺之心，人皆有之，倒还对些。那时的人如此，现在的人亦然。后来王充《本性篇》所引如商纣羊舌食我一般人，仿佛生来就是恶的，不能不承认他们有一部分的理由。孟子主张无论什么人，生来都是善的；要靠这种绝对的性善论作后盾，才树得起这派普遍广大的教育原理。不过单作为教育手段，那是对的。离开教育方面，旁的地方，有的说不通，无论何人亦不能为他作辩护。

因为孟子太高调，太极端，引起反动，所以有荀子出来主张性恶。《性恶篇》起头一句便说：“人之性恶，其善者伪也。”要是不通训诂，这两句话很有点骇人听闻。后人攻击他，就因为这两句。荀子比孟子晚百多年，学风变得很厉害。讲性不能笼统地发议论，要根据论理学，先把名词的定义弄清楚。在这个定义的范围内，再讨论其性质若何。“性恶”是荀子的结论。为什么得这个结论，必先分析“性”是什么东西，再分析“伪”是什么东西；“性”、“伪”都弄明白了，自然结论也就明白了。什么是性？《正名篇》说：“生之所以然者谓之性。”与告子“生之谓性”含义正同。底下一句说：“性之和所生，精合感应，不事而自然谓之性。”便是说自然而然如此。一点不加人力。性之外，还讲情。紧跟着说：“性之好恶喜怒哀乐谓之情。”这是说情是性之发动出来的，不是另外一个东西，即性中所含的喜怒哀乐，往外发泄出来的一种表现。什么是伪？下面又说：“情然而心为之择，谓之虑；心虑而能为之动，谓之伪。”能字荀子用作态字，由思想表现到耳目手足。紧跟着说：“虑积焉能习焉而后成，谓之伪。”这几段话，简单的说，就是天生之谓性，人为之谓伪。天生本质是恶的，人为陶冶，逐渐变善。所以他的结论是：“人之性恶，其善者伪也。”

荀子对于性解释的方法与孟子相同，唯意义正相反。《性恶篇》说：“今人之性生而有好利焉，顺是故争夺生而辞让亡焉；生而有疾恶焉，顺是故残贼生而忠信亡焉；生而有耳目之欲，有好声色焉，顺是故淫乱生而礼义文理亡焉。然则从人之性，顺人之情，必出于争夺，合于犯分乱理而归于毕。故必将有师法之化，礼义之道，然后出于辞让，合于文理，而归于治。用此观之，然则人之性恶明矣，其善者伪也。故枸木必将待隐括蒸矫然后直，钝金必将待砻厉然后利，人之性恶必将待师法然后正，得礼义然后治。”这段话是说顺着人的本性，只有争夺、残贼、淫乱，应当用师法礼义去矫正他。犹之乎以树木作器具，要经过一番人力一样。《性恶篇》还有两句说：“不可学不可事之在天者，谓之性。可学而能，可事而成之在人者，谓之伪。是性伪之分也。”这两句话，说得好极了。性、伪所以不同之点，讲得清清楚楚的。《礼论篇》还有两句说：“性者，本始材朴也；伪者，文理隆盛也。无性则伪之无所加，无伪则性不能自美。”这是说专靠原来的样子，一定是恶的，要经过人为，才变得好。

荀子为什么主张性恶？亦是拿来作教育的手段。孟子讲教育之可能，荀子讲教育之必要。对于人性若不施以教育，听其自由，一定堕落。好像枸木钝金，若不施以蒸矫砻厉，一定变坏。因为提倡教育之必要，所以主张性恶说。一方面如孟子的极端性善论，我们不能认为真理；一方面如荀子的极端性恶论，我们亦不完全满意。不过他们二人，都从教育方面着眼：或主性善，或主性恶，都是拿来作教育的手段，所以都是对的。孟子以水为喻，荀子以矿为喻。采得一种矿苗，如果不淘、不炼、不铸，断不能成为美的金器。要认性是善的，不须教育，好像认矿是纯粹的，不须锻炼。这个话，一定说不通。对于矿要加功夫，对于人亦要加功夫；非但加功夫，而且要常常加功夫。这种主张，在教育上有极大的价值。但是离开教育，专门讲性，不见得全是真理。我们开矿的时候，本来是金矿，才可以得金，本来是锡矿，绝对不能成金。

孟荀以前，论性的意义，大概包括情性并讲，把情认为性的一部分。孟子主性善。《告子上》论情说："乃若其情，则可以为善矣，乃所谓善也。"性善所包括的情亦善。荀子主性恶。《正名篇》论情说："不事而自然谓之性，性之好恶喜怒哀乐谓之情。"性恶所包括的情亦恶。笼统地兼言性情，把情作为性的附属品，汉以前学者如此。

至汉，学者主张分析较为精密。一面讲性的善恶，一面讲情的善恶。头一个是董仲舒，最先提出情性问题。《春秋繁露·深察名号篇》说："……天地之所生，谓之性情。性情相与，为一瞑，情亦性也。谓性已善，奈其情何？故圣人莫谓性善，累其名也；身之有性情也，若天之有阴阳也。言人之质而无其情，犹言天之阳而无其阴也。"董子于性以外，专提情讲。虽未把情撇在性外，然渐定性情对立的趋势。王充《论衡·本性篇》说："董仲舒览孙孟之书，作《性情》之说曰：'天之大经，一阴一阳；人之大经，一情一性。性生于阳，情生于阴。阴气鄙，阳气仁。曰性善者，是见其阳也；谓恶者，是见其阴者也……'"人有性同情，与天地的阴阳相配，颇近于玄学的色彩。而谓情是不好的东西，这几句话，《春秋繁露》上没有，想系节其大意。董子虽以阴阳对举，而阳可包阴；好像易以乾坤对举，而乾可包坤一样。《春秋繁露》的话，情不离性而独立。《论衡》加以解释，便截然离为二事了。大概董子论性有善有恶。《深察名号篇》说："人之诚，有贪有仁。仁贪之气，两在一身。"这个话，比较近于真相。孟子见仁而不见贪，谓之善。荀子见贪不见仁，谓之恶。董子调和两说谓："仁贪之气，两在一身。"所以有善有恶。王充批评董子，说他"览孙孟之书，作性情之说"。这个话有语病。他并不是祖述哪一个的学说，不过他的结论，与荀子大致相同。《深察名号篇》说："天生民性，有善质而未能善。”“今万民之性，待外教然后能善”。《实性篇》又说：“名性者，中民之性。中民之性，如茧如卵。卵待覆二十日而后能为雏，茧待缫以涫汤而后能为丝，性待渐于教训而后能为善。善教训之所然也。”孟子主张性无有不善，他不赞成。荀子主张人之性恶，他亦不赞成。但是他的结论，偏于荀子方面居多。董子虽主情包括于性中，说：“情亦性也”，但情性二者，几乎立于对等的地位。后来情性分阴阳，阴阳分善恶，逐渐变为善恶二元论了。汉朝一代的学者，大概都如此主张。《白虎通》乃东汉聚集许多学者，讨论经典问题，将其结果编撰而成一部书。其中许多话，可以代表当时大部分人的思想。《白虎通·情性篇》说：“情性者，何谓也？性者阳之施，情者阴之化也。人禀阴阳气而生，故内怀五性六情。情者静也，性者生也。此人所禀天气以生者也。故《钩命决》曰：‘情生于阴，欲以时念也。性生于阳，以理也。阳气者仁，阴气者贪。故情有利欲，性有仁也。’”这些话，祖述董仲舒之说，董未划分，《白虎通》已分为二。王充时，已全部对立了。许慎《说文》说：“性，人之阳气性善者也。”“情，人之阴气有欲者”。此书成于东汉中叶，以阴阳分配性情。性是善的，情是恶的。此种见地，在当时已成定论。王充罗列各家学说，归纳到情性二元，善恶对立，为论性者树立一种新见解。

情性分家，东汉如此，到了三国讨论得更为热烈。前回讲儒学变迁，说钟会作《四本论》，讨论才性同，才性异；才性合，才性离的问题。才大概即所谓情。孟子说：“乃若其情，则可以为善矣，乃所谓善也。若夫为不善，非才之罪也。”情才有密切关系，情指喜怒哀乐，才指耳目心思，都是人的器官。《四本论》这部书，可惜丧失了。内中所说的才是否即情，尚是问题。亦许才即是情。董尚以为附属，东汉时，已对立。三国时，更有同异离合之辩。后来程朱颜戴所讲，亦许他们早说过了。大家对于情的观念，认为才是好东西。这种思想的发生，与道家有关系，与佛教亦有关系。何晏著《圣人无喜怒哀乐论》主张把情去干净了，便可以成圣人，这完全受汉儒以阴阳善恶分性情的影响。

到唐朝，韩昌黎出，又重新恢复到董仲舒原性说：“性也者，与生俱生者也；情也者，接于物而生也。性之品有三，而其所以为性者五。情之品有三，而其所以为情者七。……性之品有上中下三……其所以为性者有五：曰仁，曰礼，曰信，曰义，曰智。性之于情视其品。情之品有上中下三，其所以为情者七：曰喜，曰怒，曰哀，曰惧，曰爱，曰恶，曰欲。……情之于性视其品。”这是性有善中恶的区别，情亦有善中恶的区别。韩愈的意思，亦想调和孟荀，能直接追到董仲舒；只是发挥未透，在学界上地位不高。他的学生李翱就比他说得透彻多了。李翱这个人，与其谓之为儒家，毋宁谓之为佛徒。他用佛教教义，拿来解释儒书，并且明目张胆的把情划在性之外，认情是绝对恶的。《复性书》上说：“人之所以为圣人者，性也。人之所以感其性者，情也。喜、怒、哀、乐、爱、恶、欲七者，皆情之所为也。情既昏，性斯匿矣，非性之过也。七者循环而交来，故性不能充也。……性之动静弗息，则不能复其性。”这是说要保持本性，须得把情去掉了。若让情尽量发挥，本性便要丧失。《复性书》中紧跟着说：“将复其性者，必有渐也。敢问其方，曰：‘弗虑弗思，情则不生，情即不生，乃为正思。正思者，无虑无思也。’”照习之的说法，完全成为圣人，要没有喜、怒、哀、乐、爱、恶、欲，真是同槁木死灰一样。他所主张的复性，是把情欲铲除干净，恢复性的本原。可谓儒家情性论的一种大革命。从前讲节性、率性、尽性，是把性的本身抑制他，顺从他，或者扩充他。没有人讲复性，复性含有光复之意。如像打倒清朝，恢复汉人的天下，这就叫复。假使没有李翱这篇，一般人论性，都让情字占领了去，反为失却原样。如何恢复？就是去情。习之这派话，不是孔子，不是孟子，不是荀子，不是董子，更不是汉代各家学说，完全用佛教的思想和方法，拿来解释儒家的问题。自从《复性书》起，后来许多宋儒的主张，无形之中受了此篇的暗示。所以宋儒的论性，起一种很大的变化，与从前的性论，完全不同。

宋儒论性，最初的是王荆公。他不是周、程、朱、张一派，理学家将他排斥在外。荆公讲性，见于本集性情论中。他说："性情一也。七情之未发于外，而存于心者，性也；七情之发于外者，情也。性者，情之本；情者，性之用。情而当于理，则圣贤；不当于理，则小人。"此说在古代中，颇有点像告子。告子讲"生之谓性"，"食色性也"，"性，可以为善，可以为不善"。与"当于理则君子，不当于理则小人"之说相同。荆公在宋儒中，最为特别，极力反对李翱一派的学说。

以下就到周濂溪、张载、程颢、程颐、朱熹，算是一个系统。他们几个人，虽然根本的主张，出自李翱，不过亦有多少变化。其始甚粗，其后甚精。自孔子至李翱，论性的人，都没有用玄学作根据。中间只有董仲舒以天的阴阳，配人的性情讲，颇带玄学气味。到周、程、张、朱一派，玄学气味更浓。濂溪的话，简单而费解。《通书·诚几德章》说："诚无为，几善恶。"这是解性的话。他主张人性二元，有善有恶。《太极图说》又云："无极而太极，太极动而生阳。动极而静，静而生阴。"他以为有一个超绝的东西，无善无恶，即诚无为。动而生阴，即几善恶。几者，动之微也。动了过后，由超绝的一元，变为阴阳善恶的二元。董子所谓天，即周子所谓太极。周子这种诚无为、几善恶的话，很简单。究竟对不对，另是一个问题。我们应知道的，就是二程、张、朱，后来都走的这条路。张横渠的《正蒙·诚明篇》说："形而后有气质之性，善反之则天地之性存焉。故气质之性，君子有弗性者。"形状尚未显著以前，为天理之性。形状显著以后，成为气质之性。天理之性，是一个超绝的东西。气质之性，便有着落，有边际。李翱以前，情性对举是两个分别的东西；横渠知道割开来说不通，要把喜怒哀乐去掉，万难自圆其说。所以在性的本身分成两种，一善一恶，并且承认气质之性是恶的。比李翱又进一步了。

明道亦是个善恶二元论者。《二程全书·卷二》说："论性不论气，不备；论气不论性，不明。”他所谓气，到底与孟子所谓情和才，是全相合，或小有不同，应当另外研究。他所谓性，大概即董子所谓情，论情要带着气讲。又说：“生之谓性，性即气，气即性。人生气禀，理有善恶，然不是性中元有此；两两相对而生，有自幼而善，有自幼而恶，气禀有然也。善，固性也；然恶亦不可不谓之性。”他一面主张孟子的性善说——宋儒多自命为孟子之徒——一面又主张告子的性有善有恶说。生之谓性一语，即出自告子。最少他是承认人之性善恶混，如像董仲舒、扬雄一样。后来觉得不能自圆其说了，所以发为遁词。又说：“人生而静以上不容说，才说性时，便已不是性也。”这好像禅宗的派头，才一开口，即便喝住。从前儒家论性，极其平实，到明道时，变成不可捉摸，持论异常玄妙，结果生之谓性是善，不用说，有了形体以后，到底怎么样，他又不曾说清楚，弄得莫名其妙了。伊川的论调，又自不同，虽亦主张二元，但比周、张、大程都具体得多。《近思录·道体类》说：“性出于天，才出于气。气清则才清，气浊则才浊。气则有善有不善，才则无善无不善。”这种话与横渠所谓天理之性，气质之性，立论的根据很相接近。全书卷十九又说：“性无不善，而有善有不善者才也。性即是理，理则自尧舜至于途人一也。才，禀于气，气有清浊，清者为贤，浊者为愚。”名义上说是宗法孟子，实际上同孟子不一样。孟子说：“若夫为不善，非才之罪也。”主张性、情、才全是善的。伊川说：“有善有不善者，才也。”两人对于才的见解，相差多了。伊川看见绝对一元论讲不通，所以主张二元。但他同习之不一样。习之很极端，完全认定情为恶的。他认定性全善，情有善有不善。才，即孟荀所谓性，性才并举，性即是理，理是形而上物，这是言性的一大革命。人生而近于善，在娘胎的时候，未有形式之前，为性，那是善的，一落到形而下，为才，便有善有不善。二程对于性的见解，实主性有善有不善，不过在上面，加上一顶帽子，叫做性之理，他们所谓性，与汉代以前所谓性不同，另外是一个超绝的东西。

朱熹的学问完全出于伊川、横渠，他论性，即由伊川、横渠的性论引申出来。《学》的上篇说："论天地之性，则专主理；论气质之性，则以理与气离而言之。"这完全是解释张横渠的话。《语类一》又说："性者，人之所得于天之理；生者，人之所得于天之气。"他把性同生分为两件事，与从前生之谓性的论调不一样。从大体看，晦翁与二程主张相似，一面讲天之理，一面讲天之气。单就气质看，则又微有不同。二程谓气质之性，有善有不善，属于董子一派。晦翁以为纯粹是恶的，属于荀子一派。因为天地之性是超绝的，另外是一件事，可以不讲。气质之性是恶的，所以主张变化气质。朱子与李翱差不多，朱主变化气质，李主消灭情欲。朱子与张载差不多，张分天地之性、气质之性，朱亦分天地之性、气质之性。气质是不好的，要设法变化他，以复本来之性。《大学章句》说："明德者，人之所得乎天而虚灵不昧，以具众理，而应万事者也。但为气禀所拘，人欲所蔽，则有时而昏。然本体之明，则有未尝息者。故学者当因其所发而遂明之，以复其初也。"恢复从前的样子，这完全是李翱的话，亦即荀子的话。周、程、张、朱这派，其主张都从李翱脱胎出来，不过理论更较完善精密而已。

与朱熹同时的陆象山就不大十分讲性，《象山语录》及文集，讲性的地方很少。《朱子语录》有这样一段："问子静不喜人论性，曰，怕只是自己理会不曾分晓，怕人问难，又长大了，不肯与人商量，故一截截断。然学而不论性，不知所学何事？"朱子以为陆子不讲这个问题，只是学问空疏。陆子以为朱子常讲这个问题，只是方法支离。不单训诂、考据，认为支离；形而上学，亦认为支离。朱陆辩《太极图说》，朱子抵死说是真的，陆子绝对指为伪的，可见九渊生平不喜谈玄。平常人说陆派谈玄，近于狂禅，这个话很冤枉。其实朱派才谈玄，才近于狂禅。性的问题，陆子以为根本上用不着讲。这种主张，固然有相当的理由，不过我们认为还有商酌的余地。如像大程子所谓"才说性时，便已不是性"，那真不必讨论。但是孟荀的性善性恶说，确有讨论的必要，在教育方面，其他方面，俱有必要。总之，宋代的人性论是程朱一派的问题，陆派不大理会，永嘉派亦不大理会。

明人论性，不如宋人热闹。阳明虽不像子静绝对不讲，但所讲并不甚多，最简单的，是他的四句之教："无善无恶性之体，有善有恶意之动，知善知恶是良知，为善去恶是格物。"据我们看，阳明这个话说得很对。从前讲性善性恶都没有定范围，所以说来说去莫衷一是。认真说，所讨论的那么多，只能以"无善无恶性之体"七字了之。程朱讲性，形而上是善，形而下是恶。阳明讲性，只是中性，无善无恶；其他才、情、气都是一样，本身没有善恶。用功的方法，在末后二句。孟荀论性很平易切实，不带玄味。程朱论性，说得玄妙超脱，令人糊涂。陆王这派，根本上不大十分讲性，所以明朝关于这个问题的论调很少，可以从略。

清代学者对于程朱起反动，以为人性的解释要恢复到董仲舒以前，更进一步，要恢复到孟荀以前。最大胆、最爽快的推倒程朱自立一说，要算颜习斋了。习斋以为宋儒论性，分义理气质二种，义理之性与人无关，气质之性又全是恶，这种讲法在道理上说不通。他在《颜氏学记》中主张："不唯气质非吾性之累，而且舍气质无以存养心性。"他不唯反对程朱，而且连孟子杞柳杯棬之喻亦认为不对，又说："孔孟以前责之习，使人去其所本无。程朱以后责之气，使人憎其所本有。"他以为历来论性都不对，特别是程朱尤其不对。程子分性气为二，朱子主气恶，都是受佛氏六贼之说的影响。《颜氏学记》卷二说："……若谓气恶，则理亦恶；若谓理善，则气亦善。盖气即理之气，理即气之理，乌得谓理纯一善，而气质偏有恶哉？譬之目矣，眶疱睛气质也，其中光明，能见物者性也。将谓光明之理，专视正色，眶疱睛乃视邪色乎？余谓光明之理，固是天命，眶疱睛皆是天命，更不必分何者是天命之性，何者是气质之性，只宜言天命人以目之性光明。能视即目之性善，其视之也，则情之善，其视之详略远近，则才之强弱，皆不可以恶言。盖详且远者固善，即略且近亦善，第不精耳，恶于何加？唯因有邪色引动，障蔽其明，然后有淫视而恶始名焉。然其为之引动者，性之咎乎？气质之咎乎？若归咎于气质，是必无此目而后可全目之性矣，非佛氏六贼之说而何？”他极力攻击李习之的话亦很多，不过没有攻击程朱的话那样明显，以为依李之说，要不发动，才算是性；依程朱之说，非挝目不可了。这种攻击法，未免过火，但是程朱末流流弊所及，最少有这种可能性。他根本反对程朱把性分为两橛，想恢复到孟子的原样，这是他中心的主张，所有议论俱不过反复阐明此理而已。

戴东原受颜氏的影响很深，他的议论与颜氏多相吻合，最攻击宋儒的理欲二元说，以为理是条理，即存于欲中，无欲也就无由见理。他说："理者，察之而几微，必区以别之名也，是故谓之‘分理’。在物之质曰‘肌理’，曰‘腠理’，曰‘文理’，得其分有条而不紊，谓之‘条理’。”理存于欲，宋儒虽开人生，渺渺茫茫的另找一个超绝的理，把人性变成超绝的东西，这是一大错误。东原所谓性，根据《乐记》几句话："人生而静，天之性也；感于物而动，性之欲也；不能反躬，天理灭矣。”由这几句话，引申出来，以成立他的理欲一元、性气一元说。《孟子字义疏证》说："人之精爽，能进于神明，岂求诸气禀之外哉？”又说："理也者，情之不爽失者也。无过情，无不及情，谓之性。”《答彭进士书》又说："情欲未动，湛然无失，是为天性。非天性自天性，情欲自情欲，天理自天理也。”大概东原论性，一部分是心理，一部分是血气。吾人做学问要把这两部分同时发展，所谓存性尽性，不外乎此。习斋、东原都替孟子作辩护，打倒程朱。习斋已经很爽快了，而东原更为完密。

中国几千年来，关于性的讨论，其前后变迁，大致如此。以前没有拿生性学、心理学作根据，不免有悬空肤泛的毛病。东原以后，多少受了心理学的影响，主张又自不同。往后再研究这个问题必定更要精密得多，变迁一定是很大的，这就在后人的努力了。

参考书目：

1. 孟子《告子》、《尽心》两篇
2. 荀子《性恶》、《正名》、《劝学》三篇
3. 董仲舒《春秋繁露》“深察名号”及“实性”两篇
4. 王充《论衡》“率性”“不性”两篇
5. 韩愈《原性》一篇
6. 《白虎通义·情性》篇
7. 李翱《复性书》
8. 《朱子语录》讲“性”的一章
9. 《近思录·心性》两条
10. 颜习斋《存性》篇
11. 戴东原《孟子字义疏证》
12. 孙星衍《原性》一篇

二 天命的问题

前次所讲，不过把研究的方法，说一个大概。认真说儒家哲学到底有多少问题，每个问题的始末何如，要详细讲，话就长了。一则讲义体，不能适用，再则养病中，预备很难充分，所以只得从略。不过这种方法，我认为很好，大家来着手研究，一定更有心得。要不研究，专门批评亦可以。现在接续着讲几个问题，因时间关系，不能十分详细，仅略引端绪而已。

今天讲天同命的问题。这两个问题有密切的关系，为便利起见，略分先后，先讲天，后讲命。天之一字，见于《书经》、《诗经》中者颇多，如果一一细加考察，觉得孔子以前的人对于天的观念，与孔子以后的人对于

天的观念不同。古代的天，纯为“有意识的人格神”，直接监督一切政治，如《商书·汤誓》：“非台小子，敢行称乱，有夏多罪，天命殛之。”《盘庚》“先王有命，恪谨天服”，“予迓续乃命于天”。《高宗肜日》：“唯天监下民，典厥义，降年有永有不永，非天夭民，民中绝命。”《西伯戡黎》：“天即讫我殷命……故天弃我不有康食。不虞天命，不迪率典。”《微子》：“天毒降灾荒殷邦。”这几处，都讲天是超越的，另为主宰，有知觉情感与人同，但是只有一个。大致愈古这种观念愈发达，稍近则渐变为抽象的。

《夏书》几篇，大致不能信为很古。其中讲天的，譬如《尧典》“乃命羲和，钦若昊天……敬授民时”，“钦哉唯时亮天功”。《皋陶谟》：“天工人其代之？天叙有典，敕我五典五惇哉。天秩有礼，自我五礼有庸哉。……天命有德，五服五章哉。天讨有罪，五刑五用哉。……”《益稷》：“唯动王应徯志，以昭受上帝，天其申命用休。”假使这几篇是唐虞时代所作，则那时对于天的观念，与孔子很接近了。我们认为周代作品在孔子之前不多，可以与孔子衔接。其中的话虽然比较抽象，但仍认为有主宰，能视听言动，与基督教所谓上帝相同。

周初见于《书经》的，有《康诰》：“我西土唯时怙冒，闻于上帝，帝休，天乃大命文王，殪戎殷。”《酒诰》：“唯天降命，肇我民。”《梓材》：“皇天既付中国民，越厥疆土于先王。”《洛诰》：“王如弗敢及天，基命定命……公不敢不敬天之休。”《君奭》：“在昔上帝割，申劝宁王之德，其集大命于厥功。……乃唯时昭文王，迪见冒闻于上帝，唯时受有殷命哉。”见于《诗经》的有《节南山》：“昊天不佣，降此鞠凶。”“昊天不惠，降此大戾。”《小明》：“明明上天，照临下土。”《文王》：“上天之载，无声无臭。仪刑文王，万邦作孚。”“文王在上，于昭于天”。《维天之命》：“维天之命，于穆不已。于乎丕显，文王之德之纯。”这个时代的天道观念，已经很抽象，不像基督教所谓全知全能的上帝了。天命是有的，不过不具体而已。把天叙、天秩、天命、天讨那种超自然观念，变为于穆不已、无声无臭的自然法则，在周初已经成熟，至孔子而大进步，离开了拟人的观念，而为自然的观念。

孔子少有说天。子贡说："夫子之言性与天道，不可得而闻也。"但是孔子曾经讲过这个话："天何言哉？四时行焉，百物生焉，天何言哉？"这是把天认为自然界一种运动流行，并不是超人以外，另有主宰。不唯如此，《易经》、《彖辞》、《象辞》也有。《乾卦彖》说："大哉乾元，万物资始，乃统天。……"《象》曰："天行健，君子以自强不息。"乾元，是行健自强的体，这个东西可以统天，天在其下。《文言》是否孔子所作，虽说尚有疑问，但不失为孔门重要的著作。乾卦的《文言》说："……先天而天弗违，后天而奉天时，而况于人乎？而况于鬼神乎？"能自强不息，便可以统天，可见得孔子时代对于天的观念，已不认为超绝万物的人。按照《易经》的解释，不过是自然界的运动流行，人可以主宰自然界。

这种观念，后来儒家发挥得最透彻的要算荀子。《荀子·天论》篇说："天行有常，不为尧存，不为桀亡。"天按照一定的自然法则运行，没有知觉感情，我们人对于天的态度应当拿作万物之一，设法制他，所以《天论》篇又说："大天而思之，孰与物畜而制之？从天而颂之，孰与制天命而用之？"荀子认天不是另有主宰，不过一种自然现象，而且人能左右他。这些话，从"乾元统天"、"先天而天弗违"推衍出来的，但是比较更说得透彻些。儒家对于天的正统思想，本来如此。中间有墨子一派，比儒家后起，而与儒家相对抗，对于天道，另外是一种主张。

《墨子》的《天志》篇主张天有意志知觉，能观察人的行为，是万物的主宰。当时儒家的话一部分太玄妙，对于一般人的刺激不如墨家之深，所以墨家旧观念大大的发挥，在社会上很有势力。此外还有阴阳家，为儒家的别派，深感觉自然界力量的伟大，人类无如之何。他们专讲阴阳五行，终始五德之运，在社会上亦有相当的势力，虽不如墨家之大，亦能左右人心。此两种思想，后来互相结合，在社会上根深蒂固，一般学者很受影响。汉代大儒董仲舒，他就是受影响极深的一个人。《春秋繁露》中以天名篇的，有《天容》、《天辨》、《循天之道》、《天地之行》、《如天之为》、《天地阴阳》、《天地施共》七处。《为人者天》第四十一说："为生不能为人，为人者天也。人之人，本于天。天亦人之曾祖父也。此人之所以乃上类天也。人之形体，化天数而成。人之血气，化天志而行。人之德行，化天理而义。人之好恶，化天之暖清。人之喜怒，化天之寒暑。人之受命，化天之四时。人生有喜怒哀乐之答，春秋冬夏之类也。"这种主张，说人是本于天而生，与《旧约·创世记》所称上帝于七天之中造就万物，最后一天造人一样。推就其来源，确是受墨家的影响。董子是西汉时代的学者，他的学说影响到全部分，全部分的思想亦影响到他。可见汉人的天道观念退化到周秦以上。董子讲天人之道，《贤良对》说："……春秋之中，视前世已行之事，以观天人相与之际，甚可畏也。"又讲五行灾异，《汉书·本传》称："……以春秋灾异之变，推阴阳所以错行，故求雨闭诸阳纵诸阴，其止雨，则反是。"汉儒讲灾异的人很多，朝野上下，都异常重视，固不仅仲舒为然。刘向是鲁派正宗，亦讲五行灾异。《洪范·五行传》差不多全部都是。董子《天人三策》，句句像墨家的话。《春秋繁露》所讲更多。其他汉儒大半如此。孔子讲天道，即自然界，是一个抽象的东西；董子讲天道，有主宰，一切都由他命令出来。《天人三策》说："道之大原出于天，天不变，道亦不变。"这种说法同基督所谓上帝一样了。

真正的儒家，不是董子这种说法。儒家讲"人能弘道，非道弘人"。此类主张，就是乾元统天，先天而天弗违的思想。道之大原出于天，那另外是一种思想。汉人很失掉儒家的本意，宋代以后渐渐恢复到原样，唯太支离玄妙一些。如濂溪的太极图说，横渠的气一元论，明道的乾元一气论，伊川的天地化育论，晦翁的理气二元论，大概以天为自然法则，与孔子的见解尚不十分悖谬。明代王阳明所讲更为机械，先讲心物一元，天不过物中之一，一切万物，皆由心造，各种自然法则，全由心出，可谓纯粹的唯心论。阳明对天的观念恢复到荀子孔子，他说："天若是没有我，谁去仰他的高？地若是没有我，谁去看他的深？"这无异说是没有我就没有天，天地存在，依我而存在。王学末流，扩充得更厉害。王心斋说："天我亦不做他，地我亦不做他，圣人我亦不做他。"把自我看得清洁，一切事物都没有到我的观念下面。宋元明对于儒家的观念，大概是恢复到孔门思想，比较上，宋儒稍为支离，明儒稍为简切。几千年来，对于天的主张和学说，大概如此。

现在再讲命的问题。命之一字，最早见于《书经》的，有《高宗肜日》："降年有永有不永，非天夭民，民中绝命。"《西伯戡黎》："天既讫我殷命。……王曰：我生不有命在天。"《召诰》："天既遐终大邦殷之命，兹殷多先哲王在天。""若生子，罔不在厥初生，自贻哲命。……王其德之用，祈天永命"。《洛诰》："王如弗敢及天，基命定命。"见于《诗经》的有《文王》："周虽旧邦，其命维新。有周不显，帝命不时。"《荡》："疾威上帝，其命多辟。天生烝民，其命匪谌。"《维天之命》："维天之命，于穆不已。"《思文》："贻我来牟，帝命率育。"《敬之》："敬之敬之，天维显思，命不易哉。"其他散见于各处的还很多，大致都说天有命，人民国家亦都有命。因古代人信天，自然不能不联带的信命了。

孔子很少说命。门弟子尝说："子罕言利与命与仁。"不过《论语》中亦有几处，如"五十而知天命"，"不知命，无以为君子也"。命是儒家主要观念，不易知，但又不可不知。墨子在在与儒家立于反对的地位，所以非命。依我们看来，儒家不信天，应亦不信命；墨家讲天志，应亦讲命定，可是结果适得其反，这是一件很有趣的事情。孔子既然不多讲命，要五十然后能知，那末他心目中所谓的命是怎样一种东西，没有法子了解。不过他曾说："道之将行也欤，命也。道之将废也欤，亦命也。"这样看来，人仿佛要受命的支配，命一定了，无如之何。孔子以后，《易·彖辞》讲："乾道变化各正性命。"《系辞》讲："穷理尽性，以至于命。"《中庸》

讲："君子居易以俟命。"《孟子》尤其讲得多："莫非命也，顺受其正。""夭寿不贰，修身以俟之，所以立命也"。"知命者，不立乎岩墙之下"。历来儒家都主张俟命，即站在合理的地位，等命来，却不是白白的坐着等，要修身以俟之，最后是立命，即造出新命来。俟命是静的，立命便是动的了。

《孟子》有一章书，向来难解："孟子曰，口之于味也，目之于色也，耳之于声也，鼻之于臭也，四肢之于安佚也，性也。有命焉，君子不谓性也。仁之于父子也，义之于君臣也，礼之于宾主也，智之于贤者也，圣人之于天道也，命也。有性焉，君子不谓命也。"这段话各家的解法不同，最后戴东原出，把"不谓"作为"不藉口"讲。他说："君子不藉口于性以逞欲，不藉口于命之限而不尽其材。"《孟子》这章书，头一段的意思，是一个人想吃好的，看好的，听好的，这是性，不过有分际，没有力做不到，只好听天安命，并不是非吃大菜，非坐汽车不可。肉体的欲望，人世的虚荣，谁都愿意，但切不要藉口于性，以纵其欲。第二段的意思，是说有些人生而有父母，有些人生而无父母；从前有君臣，现在无君臣；颜子闻一知十，子贡闻一知二；我们闻二才知一，或闻十才知一，这都是命，天生来就如此。不过有性，人应该求知识，向上进，不可藉口聪明才力不如人，就不往前做。这两段话，很可以解释儒家使命立命之说。

命是儒家的重要观念，这个观念不大好，墨家很非难之。假使命由前定，人类就无向上心了。八字生来如此，又何必往前努力？这个话，于人类进步上很有妨害，并且使为恶的人有所假托。吾人生来如此，行为受命运的支配，很可以不负责任。儒家言命的毛病在此，墨家所以非之亦在此。一个人虽尽管不信命，但是遗传及环境无论如何摆脱不开，譬如许多同学中，有的身体强，有的身体弱，生来便是如此；身体弱的人，虽不一概放下，仍然讲求卫生，但是只能稍好一点，旁人生来身体好的，没有法子赶上。

荀子讲命，又是一种解释，他说："节遇谓之命。"他虽然不多言命，但是讲得很好。偶然碰上，就叫节遇，就叫命。遗传是节遇，环境亦是节遇。生来身体弱不如旁人，生在中国不如外国，无论如何没有法子改变。庄子讲命很有点像儒家，他说："知其不可奈何，而安之若命。"天下无可奈何的事情很多，身体是一种，教育也是一种。许多人同我们一般年龄，因为没有钱念书，早晚在街上拉洋车，又有什么法子呢？儒家看遗传及环境很能支配人，但是没有办法，只好逆来顺受，听天安命。身体不好，天天骂老太爷老太太无用；没有钱念书，天天骂社会骂国家，亦没有用。坏遗传环境，亦只好安之。人们受遗传及环境的支配，无可如何的事情很多。好有好的无可如何，坏有坏的无可如何；贫有贫的无可如何，富有富的无可如何。自己贫，不要羡慕人家富；自己坏，不要羡慕人家好。定命说虽有许多毛病，安命说却有很大的价值。个人的修养，社会的发达，国家的安宁，都有密切关系。若是大家不安命，对于已得限制绝对不安，自己固然不舒服，而社会亦日趋纷乱。

安命这种思想，儒家很看重。不仅如此，儒家还讲立命，自己创造出新命来。孟子讲："夭寿不贰，修身以俟之，所以立命也。"这是说要死只得死，阎王要你三更死，谁肯留人到五更？但不去寻死。知命者，不立乎岩墙之下。身体有病，就去就医，自己又讲卫生，好一分，算一分，不求重病，更不求速死。小之一人一家如此，大之国家社会亦复如此。譬如万一彗星要与地球相碰，任你有多少英雄豪杰，亦只得坐而待毙。但是如果可以想法避去，还是要想法子，做一分算一分，做不到没法子，只好安之，不把努力工作停了。孔子所谓"知其不可为而为之"，就是这个意思。孔子知命，所以很快乐。"发愤忘食，乐以忘忧，不知老之将至云耳"。一面要安命，君子不怨天，不尤人；一面要立命，知其不可为而为之，这是吾人处世应当取的态度。普通讲征服自然，其实并没有征服多少。日本自明治维新以后，几十年的经营努力，所造成的光华灿烂的东京，前年地震，几分钟的功夫，便给毁掉了。所谓文明，所谓征服，又在哪里？不过人的力量虽小，终不能不工作。地震没有法子止住，然有法可以预防，防一分算一分。儒家言命的真谛就是如此。

宋儒明儒都很虚无缥缈，说话不落实际，可以略去不讲。清代学者言命的人颇多，只有两家最说得好。一个是戴东原《孟子字义疏证》卷中解释："口之于味也……"一段说："……'谓'犹云藉口耳，君子不藉口于性以逞其欲，不藉口于命之限而不尽其材。'不谓性'，非不谓之为性；'不谓命'，非不谓之为命。"这几句话把安命立命的道理说得异常透彻，而且异常恰当。一个是李穆堂。《穆堂初稿》卷十之八说："是故有定之命，则居易以俟之，所以息怨尤；无定之命，则修身以立之，所以扶人极也。"这是讲安命说、立命说的功用。又说："有定之命有四：曰天下之命，曰一国之命，曰一家之命，曰一身之命。……无定之命亦有四……"这是讲小至一身一家，大至国家天下，其理都是一样。数千年来言命，孟荀得其精粹，戴李集其大成，此外无可说，此后亦无可说了。

三　心体问题

这个问题，孔子时代不十分讲。孔子教人，根本上就很少离开耳目手足专讲心。本来心理作用很有许多起于外界的刺激，离开耳目手足专讲心，事实上不可能。孔子教人"非礼勿视，非礼勿听，非礼勿言，非礼勿动"。视听言动还是起于五官的感觉，没有五官，又从哪里视听言动起？《论语》称颜子"其心三月不违仁"，为儒家后来讲心的起点。仁为儒家旧说，心为后起新说，心仁合一，颜子实开端绪。

因为《论语》有这个话，引起道家的形神论。除开体魄以外，另有所谓灵魂。而附会道家解释儒家的人，渐渐发生一种离五官专讲心的学说。《庄子·人间世》称颜子讲心斋，他说："回之家贫，唯不饮酒不茹荤者数月矣。若此则可以为斋乎？”孔子说：“是祭祀之斋，非心斋也。”颜子问道：“敢问心斋。”孔子说：“若一志，无听之以耳而听之以心；无听之以心而听之以气。听止于耳，心止于符。气也者，虚而待物者也。唯道集虚，虚者，心斋也。”这类话都是由于“其心三月不违仁”而起，离开耳目口鼻之官，专门讲心。

孔子之后，孟子之前，有《系辞》及《大学》。《系辞》究竟是否孔子作，《大学》是否在孟子前，尚是问题，现在姑且作为中间的过渡学说。《系辞》说：“寂然不动，感而遂通天下之故。”《大学》说：“欲修其身者，先正其心。欲正其心者，先诚其意。欲诚其意者，先致其知，致知在格物。”这还单注重动机，没有讲到心的作用。

至孟子便大讲其心学了。孟子有一段话说：“耳目之官不思而蔽于物。物交物，则引之而已矣。心之官则思，思则得之，不思则不得也。”这几句话从心理学上看，不甚通。他离开耳目之官，专门讲心，谓耳目不好，受外界的引诱，因为耳目不能思；心是好的，能够辨别是非，因心能思。孔子没有这类的话，虽孔子亦曾说“学而不思则罔，思而不学则殆”，但非把心同耳目离开来讲，与孟子大不相同。我们觉得既然肉体的耳目不能思，难道肉体的心脏又能思吗？佛家讲六识，眼识，耳识，心识……心所以能识，还是靠有肉体的器官呀。

上面那段话，从科学眼光看是不对的。但孟子在性善说中立了一个系统，自然会有这种推论。孟子既经主张性善，不能不于四肢五官以外，另求一种超然的东西，所以他说四肢五官冥顽不灵，或者是恶，或者是可善可恶，唯中间一点心，虚灵不昧，超然而善。《告子》章说：“口之于味也，有同嗜焉。耳之于声也，有同听焉。目之于色也，有同美焉。至于心，独无所同然乎？心之所同然者，何也？谓理也、义也。圣人先得我心之所同然耳。……”又说：“君子所性，仁义礼智根于心。”这都是在肉体的四肢五官以外，另有一种超然的善的心。人与动物不同就在这种地方。

所以他说："人之所以异于禽兽者几希，庶民去之，君子存之。"大概的意思是说四肢五官人与动物所同，唯心灵为人所独有，所以人性是善的。何以有恶？由于物交物，则引之而已矣。

因为物交物的引诱，所以人性一天天的变恶。孟子名之为失其本心。他说："……是亦不可以已乎？此之谓失其本心。"并以牛山之木为喻，说道："虽存乎人者，岂无仁义之心哉？其所以放其良心者，亦犹斧斤之于木也，旦旦而伐之，可以为美乎？"结果，他教人用功下手的方法，就是求其放心。他说："学问之道无他，求其放心而已矣。"人类的心，本来是良的，一经放出去，就不好了，做学问的方法要把为物交物所引出的心收回来，并且时时操存他。孟子引孔子的话说："'操则存，舍则亡；出入无时，莫知其乡。'唯心之谓与？"专从心一方面拿来作学问的基础，从孟子起。

后来陆象山讲"圣贤之学，心学而已"。这个话指孟子学说是对的，谓孟本于孔亦对的。不过孔子那个时代，原始儒家不是这个样子。孟子除讲放心操心以外，还讲养心。他说："养心莫善于寡欲。"又讲存心，他说："君子以仁存心，以礼存心。"以养存的功夫，扩大自己人格，这是儒家得力处。《孟子》全书，讲心的地方极多，可谓心学鼻祖。陆象山解释孟子以为只是"求放心"一句话。后来宋儒大谈心学，都是宗法孟子。

荀子虽主性恶，反对孟子学说，然亦注重心学，唯两家所走的道路不同而已。《荀子》全书讲心学的有好几篇，最前《修身》篇讲治气养心之术，他说："血气刚强，则柔之以调和。知虑渐深，则一之以易良。勇胆猛戾，则辅之以道顺。齐给便利，则节之以动止。狭隘褊小，则廓之以广大。卑湿重迟贪利，则抗之以高志。庸众驽散，则劫之以师友。怠慢僄弃，则照之以祸灾。愚款端悫，则合之以礼乐。凡治气养心之术，莫径由礼，莫要得师，莫神一好。夫是之谓治气养心之术也。"这一套完全是变化气质，校正各人的弱点，与孟子所谓将良心存养起来，再下扩大功夫不同。孟子主性善，故要“求其放心”，荀子主性恶，故要“化性起伪”。

上面所说，还不是荀子最重要的话。重要的话，在《解蔽》及《正名》两篇中。荀子的主张比孟子毛病少点。孟子把心与耳目之官分为二，荀子则把它们连合起来。《正名》篇说：“然则何缘而以同异？曰缘天官。凡同类同情者，其天官之意物也同，故比方之，疑似而通，是所以共其约名以相期也。”一个人为什么能分别客观事物，由于天与我们的五官。下面紧跟着说：“形体色理以目异，声音清浊调竽奇声以耳异，甘苦咸淡辛酸奇味以口异，香臭芬郁腥臊洒酸奇臭以鼻异，疾痒疮然滑铍轻重以形体异，说故喜怒哀乐爱恶欲以心异。”他把目、耳、口、鼻、形体加上心为六官，不曾把心提在外面，与佛家六根、六尘正同。但是心亦有点特别的地方：“心有征知，征知则缘耳而知声可也，缘目而知形可也。”心与其他五官稍不同，除自外界得来感觉分别之外，自己能动，可以征求东西。下面一大段讲心的作用，比孟子稍为合理。孟子注重内发，对于知识不十分讲。荀子注重外范，对于知识十分注重，但是要得健全知识，又须在养心上用功夫。

《解蔽》篇说得更透彻，他问：“人何以知道？曰心。心何以知？曰虚壹而静。”这是讲人类就靠这虚一而静的心可以知道，可以周察一切事物。底下解释心的性质，他说：“心未尝不臧也，然而有所谓虚。心未尝不两也，然而有所谓一。心未尝不动也，然而有所谓静。”这是讲心之为物，极有伸缩余地，尽管收藏，尽管复杂，尽管活动，仍无害于其虚一而静的本来面目。又精密，又周到，中国最早讲心理学的人，没有及得上他的了。下面说：“人生而有知，知而有志。志也者臧也，然而有所谓虚。不以所已臧害所将受，谓之虚。”这是讲养心的目的，要做到虚一而静，而用功的方法，在不以所已臧，害所将受。紧跟着又说：“心生而有知，知而有异。异也者，同时兼知之。同时兼知之两也，然有所谓一。不以夫一害此一，谓之壹。”这是讲人类的心同时发几种感想，有几种动作，但养心求一。只要不以夫一害此一，纵然一面听讲，一心以为鸿鹄将至，亦无不可。又说："心卧则梦，偷则自行，使之则谋，故心未尝不动也。然而有所谓静，不以梦剧乱知，谓之静。"这是讲心之为物，变化万端，不可端倪，但治心求静。只要能静，就是梦亦好，行亦好，谋亦好，都没有妨碍。荀子的养心治心，其目的大半为求得知识。不虚，不一，不静，便不能求得知识。孟子专重内部的修养，求其放心，操之则存，只须一点便醒；荀子专重外部的陶冶，养心治心，非下刻苦功夫不可。两家不同之点在此。然两家俱注重心体的研究，认为做学问的主要阶级。最初儒家两大师皆讲心，后来一派的宋学，以为圣学即心学，此话确有一部分真理，我们也相当的承认他。

汉以后的儒者，对于这类问题不大讲，就讲亦不十分清楚。董仲舒《深察名号》篇说："栣众恶于内，弗使得发于外者，心也。故心之为名栣也。"董子全部学说，虽调和孟荀，实则偏于荀。他对于心的解释至少与孟子不同。六朝时徐遵明主张"本心是我师"，上面追到孟荀，下面开出陆王。可以说陆王这派的主要点，六朝时已经有了，不过董仲舒、徐遵明的主张不十分精深光大而已。

隋唐以后，禅宗大盛。禅宗有一句很有名的口号"即心是佛"，可谓对于心学发挥得透彻极了。禅宗论心，与唯识宗论不同。唯识宗主张"三界唯心，万法唯识"，这类话不承认心是好的。所谓八识：（1）眼识，（2）耳识，（3）鼻识，（4）舌识，（5）身识，（6）意识，（7）末那识，（8）阿赖耶识。末那即意根，阿赖耶即心亡，两样都不好，佛家要消灭他。唯识宗认为世界种种罪恶都由七八两识而出，所以主张转识成智，完全不把心当作好东西。禅宗主张"即心是佛"，这都是承认心是好的，一点醒立刻与旁人不同，与孟子所谓"万物皆备于我，反身而诚，乐莫大焉"立论的根据相同。

禅宗的思想影响到儒家，后来宋儒即根据"即心是佛"的主张解释孔孟的话。研究的对象就是身体状况，修养的功夫，首在弄明白心的本体。心明白了，什么都明白了。宋儒喜欢拿佛家的话解释《系辞》、《大学》及《孟子》。程子《定性书》说："所谓定者，动亦定，静亦定，无将近乎内外。……故君子学莫若廓然大公，物来顺应。"这类话与禅宗同一鼻孔出气。禅宗五祖弘忍传衣钵时叫门下把各人见解写出来，神秀上座提笔在墙上写道："身是菩提树，心如明镜台。时时勤拂拭，莫使惹尘埃。"大家都称赞不绝，不敢再写。六祖慧能不识字，请旁人念给他听，听罢作偈和之曰："菩提本无树，心镜亦非台。本来无一物，何处有尘埃？"晚上五祖把他叫进去，就把衣钵传给他了。这类神话真否可以不管，但实开后来心学的路径。我们把他内容分拆起来，已非孟荀之旧了。程子讲"物来顺应"，禅宗讲"心如明镜"，这岂不是一鼻孔出气吗？

朱陆两家都受禅宗影响。朱子释"明德"说："明德者，人之所得乎天，而虚灵不昧，以具众理而应万事者也。"所谓虚灵不昧，以应万事，即明镜拂拭之说。陆子称"圣贤之学，心学而已矣"，又即禅宗"即心是佛"之说。据我看来，禅宗气味，陆子免不了，不过朱子更多。陆子尝说"心即理"、"明本心"、"立其大者"，大部分还是祖述孟子"求其本心"、"放其良心"的话。所以说孟子同孔子相近，象山是孟子嫡传。象山不谈玄，讲实行，没有多少哲学上的根据。

阳明路数同象山一样，而哲学上的根据比较多些。阳阴"知行合一"之说在心理学上很有根据。他解释《大学》根本和朱子不同。《大学》的讲格物、致知、诚意、正心、修身五事，朱子以为古人为学次第，先格物，再致知，三诚意，四正心，五修身，循序渐进；阳明以为这些都是一件事，内容虽有区别，实际确不可分。阳明最主要的解释见《语录》卷二。他说："只要知身心意知物是一件。九川疑曰：'物在外，如何与身心意知是一件？'先生曰：'耳目口鼻四肢'亦不能，故无心则无身，无身则无心。但指其充塞处言之，谓之身；指其主宰处言之，谓之心；指心之发动处，谓之意；指意之灵明处，谓之知；指意之涉着处，谓之物。只是一件。意未有悬空的，必着事物。”这是绝对的唯心论。心物相对，物若无心不可以，外心求物，物又在那里哩？

《阳明文集·答罗整庵书》又说：“……理一而已。以其理之凝聚而言，则谓之性；以其凝聚之主宰而言，而谓之心；以其主宰之发动而言，则谓之意；以其发动之明觉而言，则谓之知；以其明觉之感应而言，则谓之物。”阳明一生最讲心外无理，心外无事，心外无物，物外无心。他的知行合一说即由心物合一说而出。致良知就是孟子所谓良心，不过要把心应用到事物上去。阳明这种主张确是心学。他下手的功夫同象山差不多，主要之点不外诚意，不外服从良心的第一命令。下手的功夫既然平易切实，不涉玄妙，又有哲学上的心物合一说以为根据，所以阳明的知行合一说能够成立，能够实行。而知行合一说又是阳明学说的中心点。他思想接近原始儒家，比程朱好；他根据十分踏实圆满，比象山素朴，但只讲方法而已，后面缺少哲学的根据。

心体问题，到王阳明真到发挥透彻，成一家言，可谓集大成的学者。以前的议论，没有他精辟，以后的议论，没有他中肯。清代学者，不是无聊攻击，便是委靡敷衍。大师中如颜习斋、戴东原，旁的问题虽有极妥洽的地方，这个问题则没有特殊见解，可以略去不讲。几千年来对于心体问题主张大致如此。

梁启超

国学要籍研读法四种

目录

古书真伪及其年代

目录

读书分月课程

国学入门书要目及其读法

目录

要籍解题及其读法

目录

目录

古书真伪及其年代

总　论

本讲演预备半年的时间，题目是《古书真伪及其年代》，全部分《总论》、《分论》二篇。《分论》是分别辩论古书的真伪和年代问题，一部书一部书挨次序讲下去；《总论》共有五章：第一章讲辨伪及考证年代的必要，第二章讲伪书的种类及作伪的来历，附带讲年代错乱的原因，第三章讲辨伪学的发达，第四章讲辨伪及考证年代的方法，第五章讲伪书的分别评价。现在就先讲《总论》。

第一章　辨伪及考证年代的必要

书籍有假，各国所同，不只中国为然。文化发达愈久，好古的心事愈强。代远年湮，自然有许多后人伪造古书以应当时的需要。这也许是人类的通性，免不了的。不过中国人造伪的本事特别大，而且发现得特别早，无论哪门学问都有许多伪书：经学有经学的伪书，史学有史学的伪书，佛学有佛学的伪书，文学有文学的伪书，到处都可以遇见。

因为有许多伪书，足令从事研究的人扰乱迷惑，许多好古深思之士往往为伪书所误。研究的基础先不稳固，往后的推论、结论更不用说了。即如研究历史，当然凭借事实考求他的原因结果。假使根本没有这回事实，考求的工夫岂非枉用？或者事实是有的，而真相则不然，考求的工夫亦属枉用。几千年来，许多学问都在模糊影响之中。不能得忠实的科学根据，固然旁的另有关系；而为伪书所误，实为最大原因。所以，要先讲辨伪及考证年代之必要。约可分三方面观察。

甲　史迹方面

研究历史，最主要的对象专在史迹方面。因为书籍参杂，遂令史迹发生下列四种不良现象，很难一一改正，把研究的人弄得头昏。

一、进化系统紊乱。我们打开马骕《绎史》一看，里面讲远古的事迹很多，材料亦搜得异常丰富。假使马骕所根据那些无穷资料全是真的，那末，中国在盘古时代，业已有文明的曙光，下至天皇、地皇、人皇、伏羲、神农、轩辕，典章文物，灿然大备；衣服器物，应有尽有。文化真是发达极了，许比别的古代文明，还高得多。

不说《绎史》，就打开最可靠的《汉书·艺文志》，里面载神农、黄帝时代的著作，不知道有多少，至于伊尹、太公的著作，更是指不胜屈。要是那些书都是真的，则中国文明与世界文明的进化原则，刚刚相反。所谓“黄金时代”，他人在近世，我们在远古：中国文明，万年前是黄金，千年前是银，以后是铜，渐渐地变成为白铁。若相信神农、黄帝许多著作，则殷墟甲骨，全属假造。不然，就是中国文明，特别的往后退化。否则，为什么神农、黄帝时代已经典章文物灿然大备，到商朝乃如彼简陋低下呢？

《绎史》所根据各书，与《汉志》所载神农、黄帝著作，皆本无其书，由后人伪造假托。诸君在小学、中学所念中国历史教科书，里面所载神农、黄帝的事很多（最近出版的教科书许改变了）。其时程度极高，世界所有文物，大体俱已齐备，我们觉得真可以自豪了。不过，古代那样发达，为什么老不长进？旁人天天进步，自己天天退步，我们又觉得非常惭愧。其实原本不是这回事，是书籍参杂，把进化系统紊乱了。

姑且放下古书不讲，稍近点的如《周礼》，向来的人，都说是周公所作。不过，其中所讲地理民情，全为战国时秦汉间的事物。如果相信《周礼》，则周朝声教所及，与战国及秦汉差不多。然事实不如此，民族是慢慢地涨，起初占据一小部分，后来扩充得很宽。造《周礼》的人，看见当时文化如此，依榜现实的社会，构成理想的社会。所以把一千年后的战国或秦汉同一千年前的周公时代，弄成一样。如果《周礼》是真，周朝八百年，可谓毫无进步，自春秋经战国及秦到西汉，中间一千多年，一点亦没有进步。然事实不如此，因书籍年代不分明，历史进化系统全给扰乱了。我们读史的人，得这种不正确的观念，对于民族的努力上，大有妨害。

二、社会背景混淆。这一条与前一条所讲，内容差不多，稍微有点不同。我们读古书，不单看人看事，还要看时代背景、一般的社会状况究竟是怎么样。因为书籍是假的，读书的人，往往把社会背景弄错了。即如《西京杂记》，分明是晋人葛洪所作，后人误认为西汉时刘歆所作。葛洪同刘歆，相距三百多年。葛讲东晋时事，刘讲西汉时事。若以《西京杂记》作为东晋时的资料，那就非常正确；若以此书作为西汉时的资料，说西京即是长安，那便大错特错了。

又有一部小品小说，名为《杂事秘辛》，此书疑即晚明时杨慎用修所作。杨老先生文章很好，手脚有点不干净，喜欢造假。据他说，由一处旧书摊中得来，内容讲东汉时梁冀家事，其时皇帝选妃，看中了梁大将军的小姐，由皇太后派一个保姆，去检查梁小姐的身体。文章描写得异常优美，但是全非事实，系杨老先生自掩笔墨，假托为汉人作品。

假如杨用修坦白地承认是自己作的，明人小说已曾能够有此著作，在文学界，价值不小。但是他不肯吐露真相，偏要说是汉人作的。后来的人，不知底细，把他当作宝贝，以为研究汉代风俗、典礼、衣服、首饰的绝好资料，那就错了。我自己许多年前，曾上这个当，把他当作汉代野史看待。其中有讲缠脚的地方，本是作者自不检点所留下来的破绽。明时缠脚，因而想到汉人缠脚，若相信这部书是汉人作品，因而断定缠脚起自汉朝，不起自五代，岂非笑话。

三、事实是非倒置。现存的有两部书，因为其中有假，很足以淆乱是非。一部是《涑水记闻》，一部是《幸存录》，都是野史。《涑水记闻》，向称宋时司马光作。原书虽是真的，许是未定稿。后代的人，因为司马光声名大，易于欺世骇俗，于是抽些出来，加些进去，以为攻击造谣的工具。其中对王安石，造谣特别多，攻击得特别利害。平常人骂王安石无足重轻，若是司马光骂王安石，那就很有力量了。实则光书虽有，已非原物。光之孙司马伋，曾上奏书，称非其祖父所作，其故可以想见。现存的

《涑水记闻》，攻击阴私之处颇多，司马光与王安石政见虽不相合，最少他的人格，不会攻人阴私，这是我们可以当保的。后人利用他的声名，把攻人阴私的话，硬派到他身上。这就是因为造假，使得是非错乱。

《幸存录》，一向都说是明末夏允彝作。夏是东林党人，人格极其高尚，我们看他不会作《幸存录》那种作品。书中一面骂魏忠贤，一面骂东林党。造伪的人，手段很好，使人看去，觉得公道：忠贤固非，东林亦未必是。还是自家人，出来说公道话，黄宗羲曾讲过，《幸存录》真是“不幸存录”，并且说原书非夏允彝作，夏不会说那种话。虽然如此，《幸存录》至今尚在。我们要研究明末政治，不能不以此书作为参考。假使是栽赃，并不是夏作，亦许早佚，亦许无人过问。因为尊重这个人，遂保存了这部书。这是史迹上最可痛恨的事情。

四、由事实影响于道德及政治。有许多史迹，本无其事。因为伪托的人物伟大，遂留下很多不良的影响。譬如孔子诛少正卯，何尝有这回事，但是《孔子家语》言之綦详。《家语》以前的著作及周秦诸子，亦有一部分讲这件事，称孔子与少正卯，同时招生讲学。二人相距不远，好像燕大和清华一样。孔子的学生都跑到少正卯那儿去了，孔子异常生气，得政后三天，就把少正卯捉来杀了。后来儒家津津乐道，以为孔子有手段，通权达变，还有许多人想去学他。

我们看诛少正卯的罪名，是“言伪而辩，行僻而坚，润泽而非，记丑而博”四句话。这分明出于战国末年刻薄寡恩的法家。他们想厉行专制政体，就替孔子捏造事实，以为不只法家刻薄，儒家的老祖宗，早就如此呢。其实孔子生在春秋时代，完全是贵族政治，杀一贵族，很不容易。孔子是大夫，少正卯亦大夫，又安能以大夫杀大夫？最妙是那个时代前后三事，完全一样：最早是齐太公杀华士；其次是郑子产杀邓析；又后才是鲁孔子诛少正卯。都是执政后三天杀人，同一题目，同一罪名，同一手段，天下万无几百年间，同样事实，前后三见，一点不改之理。这分明是战国末年的法家，依附孔子，捏造事实。后代佩服孔子的人，以为有手腕；攻击孔子的人，以为太专制。其实真相不然。若冒昧相信，岂不误事。

《家语》是伪书，且不用说。《论语》算是最可靠了，但依崔东壁的考证，真的占十之八九，最后几篇还是有假。《阳货》第十七说："公山弗扰以费叛，召，子欲往。子路不悦，曰：'末之也已，何必公山氏之之也？'子曰：'夫召我者，而岂徒哉？如有用我者，吾其为东周乎！'"下面一段，又说："佛肸召，子欲往。子路曰：'昔者由也闻诸夫子曰："亲于其身为不善者，君子不入也。"佛肸以中牟叛，子之往也，如之何？'子曰：'然，有是言也。不曰坚乎，磨而不磷；不曰白乎，涅而不缁。'"公山弗扰、佛肸两人先后造反，都请孔子去帮忙，孔子都欣然欲往，卒以门人之谏而止。恭维孔子的人，以为通权达变，爱国忧民；骂孔子的人，就说他官迷，出处不慎。其实公山弗扰，乃季氏手下家臣，费又是季氏采邑。孔子当时作鲁司寇，公山弗扰好像北京的大兴县知事一样，孔子好比司法总长，岂有大兴县知事造反，司法总长跑去帮忙的道理？这个话，无论如何说不通。关于公山弗扰以费叛的事迹，《左传》中言之极详，可以不辩。至于佛肸以中牟叛时，孔子已经死了十余年，佛肸虽愚，万不会请死人帮忙。孔子纵想做官，亦不会从坟墓中跳起来。"亲于其身为不善"这件事，《说苑》中考证得很清楚，亦用不着辩。上面两段话，因为在《论语》中，大家不敢怀疑，一般腐儒故意曲为辩护，尤为可笑。事情的真相紊乱了，使研究历史的人头痛眼花，无从索解，还是小事；乃至大家尊重孔子，就从而模仿他的行为，或做了坏事，用他作护符，于世道人心，关系极大。

这种捏造的事实，不仅影响于道德而已，于政治亦有极大影响。譬如《周礼》职官，名目繁琐，邦畿千里之内，平均起来，不到十里，即有一个官。好像学校之内，不到十个学生，即有一个教员，岂非一件极可笑的事情。后代冗官之多，全由于此。又如太监制度，在历史上，劣迹甚多。但是因为《周礼》都有太监，后世人有所借口，明知其坏，仍然一代一代的实行。汉代的王莽、宋代的王安石，都是相信《周礼》，把政治弄得一塌糊涂。从好的方面说来，只是过信；从坏的方面说来，便是利用。本来没有那种制度，自欺欺人，结果个人固然上当，全国政治亦糟到不可收拾了。

乙 思想方面

书籍是古代先哲遗留下来的东西，我们靠他以研究思想之发展及进步。如果有伪书参杂在里边，一则可以使时代思想紊乱，再则可以把学术源流混淆，三则令个人主张矛盾，四则害学者枉费精神。

一、时代思想紊乱。管仲是春秋初年的人，《管子》是战国时代的作品。《管子》之中有批评兼爱、非攻、息兵的话，这分明是战国初年墨家兴起之后，才会成为问题。若认为《管子》是管仲作的，则春秋初年即有人讲兼爱、非攻等问题，时代岂非紊乱？又如《老子》，大家以为是老聃所作。老聃乃孔子先辈，其思想学说应在孔子之前，但《老子》中批评“仁”同“仁义”的地方很多。“仁”是孔子的口号，“仁”、“义”并讲，是孟子的口号，以前还无人道及。《老子》说：“失德而后仁，失仁而后义。”又说：“大道废，有仁义。”这全是为孔孟而发，从思想系统看来，应当在孔孟之后。

黑格尔（Hagel）论哲学的发达，要一正、一反、一和，思想然后进步。一人作正面的主张，如《墨子》的非攻、兼爱。一人作反面的攻击，如《管子》对于非攻、兼爱批评得很利害。一人提出几个问题，如儒家的“仁”和“仁义”。一人根本不赞成“仁”和“仁义”的价值。然后后代的人，又从而折冲调和之，学术自然一天天的发达了。没有墨家的主张，《管子》的意见无所附丽；没有儒家的见解，《老子》的批评也就是无的放矢。如果说《管子》在墨家之前，《老子》在儒家之前，是反乎思想进步的常轨。

二、学术源流混淆。前面讲《管子》、《老子》，虽非全伪，但是时代不同，稍为颠倒，便可以发生毛病。有一种书，完全是假的，其毛病更大，学术源流都给弄乱了。譬如《列子》，乃东晋时张湛——即《列子注》的作者——采集道家之言，凑合而成。真《列子》有八篇，《汉书·艺文志》尚存其目，后佚。张湛依八篇之目，假造成书，并载刘向一序。大家以为刘向曾经见过，当然不会错了。按理，列御寇是庄周的前辈，其学说当然不带后代色彩。但《列子》中多讲两晋间之佛教思想，并杂以许多佛家神话，显系后人伪托无疑。可是后人不知底细，以为佛家思想，何足为奇，中国两千多年，早有人说过了。夸大狂是人类共同的弱点，我们自己亦然，有可以吹牛的地方，乐得瞎吹一顿。张湛生当两晋，遍读佛教经典，所以能融化佛家思想，连神话一并用上。若不知其然，误以为真属列御寇所作，而且根据他来讲庄、列异同，说《列子》比《庄子》更精深，这个笑话可就大了。

《列子》尚有可说，时代较早，文章亦很优美，比旁的伪书都强。还有《关尹子》，时代更近，中间所讲，全是佛教思想。即名词亦全取自佛经，如受想行识、眼耳鼻舌心意，都不是中国固有的话。文章则四字一句，同《楞严经》一样。《史记》称关尹子名喜，守函谷，是老子后辈，老子出关，他请老子作书。《庄子·天下篇》亦把老聃、关尹并列，说他们是古之博大真人。这样看来，关尹这个人生得很早。但是《关尹子》这部书，则出得很晚，看其文章，纯似唐人翻译佛经的笔墨，至少当在唐代以后。

这类的书是怎样一个来历呢？大致六朝隋唐以后，道教与佛教争风，故意造出许多假书，以为自己装门面；一面又抬出老子，作为教主，尊称之曰“太上老君”。又说老聃除作《老子》以外，还作了许多书，其中有一部叫《老子化胡经》，尤为荒诞，现尚存《道藏》中。因为《史记》有老子西出函谷的话，后人附会起来，说他到印度传教去了，教出来的弟子，就是释迦牟尼，佛教之所以发生，还很沾我们中国人的光呢。老子与释迦，本来没有一点关系，这样辗转附会，岂不把思想源流混淆？

三、个人主张矛盾。单就一个学者讲，因为有伪书的关系，可以使思想前后错乱矛盾。譬如《易经·系词》，究系何人所著，我们不敢确说。前人称为孔子所作，我始终不敢相信，因为里边有许多与《论语》冲突的话，孰为真孔，颇不易知。依《论语》所谓“未能事人，焉能事鬼”、“未知生，焉知死”，孔子是个现实主义者，不带宗教色彩。依《系词》所谓“精气为物，游魂为变，是故知鬼神之情状”，孔子又是一个宗教家。到底哪几句才真是孔子说的？这就成问题了。如果两书皆真，岂不是孔子自相矛盾？

《系词》又说：“寂然不动，感而遂通。”这个话，从哲学的意义看来，虽然很好，可是确因受道家的影响以后才发生的，《论语》中就没有这类话。若两书全信，则是自相矛盾；如单信一种，又不知何者为是，何者为非。依我看来，《论语》言辞简朴，来历分明，当然最为可靠。《系词》言辞玄妙，来历较晦，最多只能认为儒家后学，或进步，或分化的，推演而出。说儒家有此思想可以，若认为全属孔作，则不可。

又如《墨子》，大部分是真的，然起首七篇，辞义闪烁可疑。墨子根本反对儒家，处处与儒家立于对抗的地位。然《墨经》前七篇，有许多儒家的话，当然不是墨家真相，许多人都怀疑他。《墨子间诂》的作者孙仲容，以为是当时儒家势大，墨家很受压迫，为保护此书起见，故意在前几章说些迎合儒家的话。好像偷关瞒税的人，故意在私运货物上盖上许多稻草，同一用意。因为如此，使得研究《墨子》的人迷惑，看他起初是一种口吻，后来又换一种态度，错认为《墨子》首鼠两端，反而失了他的真相。

四、学者枉费精神。佛教有一部最通行最有名的书，叫做《楞严经》。

此书历宋元明清，直到现在，在佛学中势力还是很大。其中论佛理精辟之处，固不少，但是与佛理矛盾冲突的地方，亦是很多。如神仙之说，是道家的主张，佛教本主无神论。然《楞严经》中不少谈及神仙的话，遂令道佛界线弄得不清楚了。

《楞严经》到现在还没有人根本否认他，说他是后人假造的。我想作一篇《辨伪考》，材料倒搜集得不少了，可惜还没有作成。认真研究佛教，应当用辨伪书的方法，考求此书的真伪。如果属伪，就可以把他烧了。全书文章极美，四字一句，可惜思想混淆，把粗浅卑劣的道家言和片段支离的宋儒学说参杂下去，便弄糟了。若不辨别清楚，作为佛教宝典，仔细研究，或混合儒释道三种思想，冶为一炉，还说佛家真相如此，岂不枉费气力？

丙　文学方面

大凡读一种书籍，除研究义理外，还要诵读文章。至于文学的书，可以供我们的欣赏，更不用说。若对于书的真假，或相传的时代，不弄清楚，亦有前面所述时代思想紊乱、进化源流混淆、个人价值矛盾、学者枉费精神几种毛病。

一、时代思想紊乱，进化源流混淆。现在所唱的国歌："卿云烂兮，纠缦缦兮，日月光华，旦复旦兮，日月光华，旦复旦兮。"相传为帝尧或帝舜时所作，好歹另是一个问题，但是唐虞时代，便有此种作品，而《诗经》三百篇，应该是春秋时代的诗歌，亦不过尔尔。则夏商周三代的人，皆应当打板子，为什么几百年乃至千年之间，老不长进呢？所以按进化公例看来，《卿云歌》不会是唐虞时代所作。

又如《伪古文尚书》有一篇《五子之歌》，说是太康有五弟，太康被灭，其五个兄弟因思大禹之戒，感而作此。开首几句说："皇祖有训，民可近，不可下，民惟邦本，本固邦宁……”以下全篇文体大略都是如此。我们看这首歌，文从字顺，此刻虽令小孩子读之，亦能看懂，可见当时文章明显极了。但是我们试读读周诰殷盘看，便觉得诘屈聱牙，异常难读。何以夏朝在前容易明白，殷周在后反为难晓呢？不惟周诰殷盘难懂，就是殷墟所发现的文字，亦复难以索解。如果《五了之歌》属真，则中国文学演进的步骤，真是奇怪极了。

《古诗十九首》，如：“行行重行行，与君生别离。相去万余里，各在天一涯。道路阻且长，会面安可知？胡马依北风，越鸟巢南枝。相去日已远，衣带日已缓。浮云蔽白日，游子不顾返。思君令人老，岁月忽已晚。弃捐勿复道，努力加餐饭。”（录一，余从略。）我们看，何等风华典雅，真可以说一字千金。据《玉台新咏》所说，《十九首》中有八首为枚乘所作。枚乘是汉景帝、武帝间的人，已经作有如此好诗，他死后百余年间，何以无人能作，直到东汉时，才有几篇五言诗？有一篇为大文学家班固所作，音韵既不调和，词旨亦很平淡。直到东汉末出了一个蔡文姬，三国时出了一个曹子建，他们的诗倒与《十九首》差不多。如《十九首》真有些是枚乘所作，则西汉至三国，中间毫无进步，实在无法解释。在年代未考清楚以前，文学史无从作起。

再如词人之祖，相传为李太白。太白有两首词，据说是后代词曲的起源：一首《菩萨蛮》：“平林漠漠烟如织，寒山一带伤心碧。暝色入高楼，有人楼上愁。玉阶空伫立，宿鸟归飞急；何处是归程，长亭连短亭。”还有一首《忆秦娥》：“箫声咽，秦娥梦断秦楼月。秦楼月，年年柳色，霸陵伤别。乐游原上清秋节，咸阳古道音尘绝。音尘绝，西风残照，汉家陵阙。”这两首词，神气高迈，大家以为非太白不能作此。但是太白词最初只有两首，后来《樽前集》增至十余首，旁的选本，又多至几十首。唐时的词，已经如此好了，为什么五代的《花间集》，亦不过尔尔？再说《花间集》中，双调的词很少，纵有之，字句亦一样。但李白的词，都是双调，而且字句一样，这亦可疑。盛唐有词，中唐百余年间，无人作词，直到晚唐，才有一个温庭筠。按进化原理看来，不当如此。若太白之词为真，则文学史很难作。若由各方面考证其伪，则文学史的局面，又当大大不同。

二、个人价值矛盾，学者枉费精神。再就个人言，有名人的作品，赝品很多，名气愈大，假得愈厉害。即如《李太白集》，严格考起来，其中有四分之一是假的。有一首题目叫做《笑矣乎》，内容恶劣，文格亦卑下，显非太白所作。此外类此者尚多，留心研究太白的人，不可不加以辨正。若不辨正，真令人"笑矣乎"了。为什么假？盛名之下，最易盗窃，传抄的人，辗转加入，于是愈假愈多，愈多愈假了。

晚唐时，有一个李赤，处处模仿李白，自称为李白之兄，并且说他的诗文，比李白还作得好，《唐文粹》中还有他的传，天天吃酒赋诗，后来发疯，堕在茅厕里淹死了。一个"白化"，一个"赤化"，一个死在水中，一个死在茅坑里，无独有偶，倒是一件很有趣的事情。这件事情究竟真否，虽不可知，但是他想学李白，而作了许多如"笑矣乎"一类的诗，许是有的。若没有考清楚，则李白本人自相矛盾，词作得那么好，诗作得这么丑。若拿"笑矣乎"来考试，简直是不及格，而且该打。

《东坡集》，其中亦有假，据清代纪昀所考订，假的有好几十首。作假的原因，与《太白集》中假诗正同。因为慕名而混入的，造出假诗，诬蔑作家，真是可恨。若从作品研究作者人格，李白、李赤相去何啻天渊？以李赤的诗，断定太白人格，以后人假诗，断定东坡人格，一则误事，而且白费功夫。

再要举例，还有许多可讲，不过已经可以说明大意，用不着辞费了。总之，中国书籍，许多全是假的，有些一部分假，一部分真，有些年代弄错。研究中国学问，尤其是研究历史，先要考订资料，后再辨别时代，有了标准，功夫才不枉用。我所以把古书真伪及其年代作为一门功课讲，其用意在此。好在前人考订出来了的已经很多，尚有蹊径可寻，不大费事。诸君旁的功课忙，不能每一部书都作考证，但是研究学问，又不能不把资料弄清楚，最好有这样一种讲演，把前人已经定案了的，或前人未定案而可疑的，一一搜集考核出来，随后研究本国书籍，才不会走错，不会上当。

第二章 伪书的种类及作伪的来历

（附论年代错乱的原因）

伪书的种类很多，各家的分类法亦不同。按照性质，用不十分科学的方法，大概讲起来，可以分为十种。现在依次讨论如下：

一、全部伪。此类书，子部很多，如《鬼谷子》、《关尹子》之类皆是。经部书亦不少，如《尚书孔氏传》、《子贡诗传》、《孔子家语》皆是。

二、部分伪。这类书，古籍中多极了，几乎每部都有可疑的地方，如《管子》、《庄子》之类。其中一部分为后人窜附，先辈多已论及了。即极真之书，如《论语》，如《左传》，如《史记》，尚不免有一部分非其原本，他更何论。有的同在一书，若干篇真，若干篇伪。有的同在一篇，大部分真，参几句伪。

三、本无其书而伪。如《亢仓子》、《子华子》之类。《亢仓子》一书，《汉书·艺文志》及《隋书·经籍志》皆不著录，因《史记·老子韩非列传》称其为书，谓"《畏累虚》《亢桑子》皆空语无事实"，故后人据以作假。《子华子》，前世史志及诸家书目并无此书，因《家语》有孔子遇程子倾盖之事，《庄子》亦载子华子见昭僖侯，后人从此附会出来。

四、曾有其书，因佚而伪。如《列子》，昔称列御寇撰，刘向所校定，共分八篇，《汉志》曾有其目，早亡。今本为魏晋间张湛所伪托，全非刘向、班固之旧。如《竹书纪年》，晋时出河南汲冢，当系战国时人所撰，至唐中叶而没。今通行本为宋后人所假造，惟王国维所辑则真，可以证通行本之伪。

五、内容不尽伪，而书名伪。如《左传》，原名《左氏春秋》，与《吕氏春秋》、《晏子春秋》相同，本为创作，今名《春秋左氏传》，与《公羊传》、《穀梁传》相同，不过《春秋经》三注解之一而已。原书本真，经刘歆之改窜，大非本来面目。名字改，内容改，体例亦改，其中内容百分之九十可靠，然因书名假，精神亦全变了。

六、内容不尽伪，而书名人名皆伪。《管子》及《商君书》，皆先秦作品，非后人伪造者可比，很可以用作研究春秋战国时事的资料。惟两书皆非原名，《管子》为无名氏的丛抄，《商君书》亦战国时的法家杂著，其中讲管仲、商鞅死后之事甚多，当然非管仲、商鞅所作。

七、内容及书名皆不伪而人名伪。如《孙子》十三篇，为战国时书，非汉人撰。《史记》称孙武、孙膑皆作书，则此书也许为孙膑作，或另一个姓孙的人所作，今本称孙武所作，非是。又如《西京杂记》，分明为晋时葛洪所撰，述东晋时事甚详，然后人以为刘歆所作，则大谬。

八、盗袭割裂旧书而伪。如郭象《庄子注》，偷自向秀；王鸿绪《明史稿》，偷自万斯同。此种偷书贼，最可恶。《庄子注》十之八九为向秀作，十之一二为郭象作，然研究时，颇难分别，虽知其有伪，而无可如何。《明史稿》为一代大事迹，万斯同为二千年大史家，内容极可宝贵，王为明史馆总裁，盗窃万稿，大加改窜，题曰横云山人所著书，这无异杀人灭尸，令后人毫无根据，居心尤为险毒。

九、伪后出伪。如《今文尚书》本只二十八篇，汉武帝时，孔壁《古文尚书》多出十六篇，后人已疑其伪，不久旋佚。东晋时，重出十六篇，又非孔壁《尚书》之旧，当然没有可信的价值。又如《孟子》，《汉志》

有十一篇，七内篇，四外篇。武帝时，赵岐作《孟子注》，判定外篇为伪，不久遂佚，本无可惜，明人姚士璘又假造《孟子外书》四篇，更非武帝时旧物，这真是画蛇添足了。再如《慎子》，《汉志》有之，后佚。《百子全书》本乃宋以后人零凑而成，其中一部分伪托，一部分由古书中辑出。近《四部丛刊》有足本《慎子》，系缪荃荪家藏书，说是明人慎懋赏传下的，显系慎懋赏伪造，为同姓人张目。缪氏是专门目录学者，居然相信这种伪书，我们看见之后，大大失望。

十、伪中益伪。此类书，谶纬最多。如《乾凿度》，本战国阴阳家及西汉方士所作，恐后人不置信，伪托为孔子于删定群经之后为之，当然全部皆假。然今本《乾凿度》又非汉时旧物，乃后人陆续增加补缀而成，这岂不是伪中益伪吗？如果研究此书，应以辨别《左传》的方法，下一番爬梳剔校的工夫。

由上面看来，中国的伪书，真是多极了。为什么有这么多的伪书，其来历怎样，依我看来，约有下列四种：

一、好古。好古本为人类通性，中国人因为受儒家的影响，好古性质尤为发达。孔子尝说："述而不作，信而好古……"又说："多闻阙疑……多见阙殆……"孔子如此，其门下亦复如此，所以好古成为儒家的特别精神。儒家在中国思想界影响极其伟大，儒家好古，因此后来的人每看见一部古书，都是非常珍重。书愈古，愈宝贵，若是后人所作，反为没有价值。有许多书，年代不确，想抬高他的价值，只得往上推，有许多书，分明是后人所作，又往往假托古人名字以自重。

二、含有秘密性。从前印刷术尚未发明，读书专靠抄写，抄写是极费事的；中国地方又大，交通不便，流通很感困难；又没有公共藏书机关，如今日之图书馆，可以公开阅览。因此每得一种佳本，不肯轻以示人，书籍变成为含有秘密性的东西了。要是印刷发明，流通容易，收藏方便，书籍人人能见，不易随便造假。即造假，亦会让人发见的。凡事愈公开，愈是本来面目；愈秘密，愈有造假的余地。书籍亦当然不能独外。

三、散乱及购求。中国内乱太多，而藏书的人太少，所有书籍大半聚在京城，或者藏之天府，古书的收藏和传播，靠皇帝之力为多。既然好书都在天府，每经一次的内乱，焚毁散失，一扫而空，再要收集恢复，异常费事。隋牛弘请开献书表，称书有五厄："……秦皇驭宇……始下焚书之令……一厄也……王莽之末，长安起兵，宫室图书，并从焚毁……二厄也……孝献移都，西京大乱，一时燔荡……三厄也……刘石凭陵，京华覆灭，朝章国典，从而失坠……四厄也……萧绎据有江陵……江表图书，因斯尽萃于绎矣。及周师入郢，绎悉焚之于外城……五厄也……"在隋以前，书已有此五厄，牛弘以后，为厄更多。隋炀帝在江都，把内府藏书携去，炀帝死，书亦散失无遗，这可以算是一厄。安史之乱，长安残破，唐代藏书，焚毁一空，这可以算是一厄。及黄巢作乱，到处焚杀，所过之处，几于寸草不留，天下文献，丧失大半，这亦算是一厄。以下历宋元明到清，每代都有内乱，而且每经一次内乱，天府藏书，必遭一次浩劫，费了许多工夫所聚集的抄本孤本，扫荡得干干净净。

在每次内乱书籍散亡之后，就有稽古右文的君主或宰相，设法恢复补充，愿出高价，收买私家书籍，实之天府。把历史打开，大致翻一翻，这类事情不少。如汉武帝，广开献书之路，置写书之官，一面找人搜集，一面找人抄写。汉成帝时，使谒者陈农，广求遗书于天下。隋开皇时，因宰相牛弘的条陈，分头使人访求异本，每书一卷，赏绢一匹。唐贞观中，魏征及令狐德棻请购募亡逸书籍，酬报从厚。肃宗、代宗，当安史乱后，皆相继购求典籍。诸如此类，不胜枚举。大乱之后，书籍失佚得很多，政府急于补充，因之不能严格，从重赏赐，从宽取录，以广招徕，遂与人以作伪的机会。有的改头换面，有的割裂杂凑，有的伪造重抄，许多人出来作这种投机事业，以图弋取厚利。伪书所以重见叠出以此，一方面因为散亡太多，真本失传；一方面因为购求太急，赝品充斥。四个原因之中，要算这个最重。

四、因秘本偶然发现而附会。古代书籍，中经散佚，时常有偶然的意外发现。如晋太康三年，河南汲郡地方，有人偷掘古冢，得着许多竹简。经后人的考证，知道古冢是魏襄王（从前人以为安厘王）的葬地，竹简是战国时的东西，襄王死时，以书殉葬，《竹书纪年》、《穆天子传》，皆从其中得来。古冢中发现书籍，本来是可能的，因此后代有许多人假造附会，所以历史上记载某处老房子、某处古冢发现古书的事情很多。或者发现是真的，书却是假的，或者发现是假的，书亦是假的，于是伪籍流传，日甚一日了。又如前清光绪末年，在河南殷墟发现许多甲骨，其上刻有文字，那都是孔子以前的东西，孔子所不曾见过的。本来极可宝贵，不过发现以后，二十年来至于今，琉璃厂的假甲骨就很多。因为从前不贵，现在很贵，小者数元，大者数十元，自然有人伪造牟利了。书契典籍，亡佚后有再出的可能，开后人作伪之路，伪书之多，这亦是一个原因，不过没有第三个原因重要而已。

前面讲伪书的种类，以书的性质分，大概有十种。若以作伪的动机分，又可另外别为二类，这种分类法，比头一种分类法还重要些。

甲　有意作伪

有意作伪，其动机可归纳成六项：

一、托古。这项动机，比较上最纯洁，我们还可以相当的原谅。为什么要托古？因为中国人喜欢古董，以古为贵，所以有许多人，虽然有很好的见解，但恐旁人不相信他，只得引古人以为重，要说古人如此主张，才可以博得一般人的信仰。作者的心理，不为名，不为利，为的是拥护自己的见解。依附古人，以便推行，手段虽然不对，动机尚为清白。这种现象，春秋战国时最多。如《史记·五帝本纪》赞称：“百家言黄帝，其文不雅驯。”可见春秋战国时人皆笃信文化甚古说，以为黄帝时代各种学术思想已经很发达了。

《孟子·滕文公上》说：“有为神农之言者许行……”许行是无政府党，与马克思派的唯物主义气味有点相近，他因为理想特别，恐大家不相信，所以托为神农以自重。神农去得很远，其时社会如何，不得而知。亦许许行理想中的神农时代，真是自耕而食，自织而衣，所以他才去模仿。不特诸子百家托古，即孔孟亦复托古。孔子说：“大哉，尧之为君也。”又说：“巍巍乎，舜禹之有天下也。”孟子更厉害，《滕文公上》说：“孟子道性善，言必称尧舜。”儒家如此，墨家亦然，《尚贤》中说：“尧舜禹汤文武之王天下、正诸侯者，此亦其法已。”而尤崇拜大禹，《庄子·天下篇》说：“墨子称道曰，昔者禹之湮洪水……亲自操橐耜……禹，大圣也，而形势天下如此。”

大凡春秋战国的开宗大师，莫不挟古人以为重。《韩非子·显学篇》批评他们道：“孔子墨子，俱道尧舜而取舍不同，皆自谓真尧舜，尧舜不复生，将谁使定儒墨之诚乎？”这真痛快极了！尧舜死了，没有生口对证，谁知你是真是假呢？孟子可以说“有为神农之言者许行”，许行又可以说“有为尧舜之言者孟轲”，儒家可以说“有为大禹之言者墨翟”，墨家亦可以说“有为黄帝之言者老聃”，每一家引一个古代著名的人物，以自重其学说，动机本不甚坏，不过先生一种主张，学生变本加厉的鼓吹之，所谓“其父杀人报仇，其子必且行劫”，则流弊就不堪设想了。

即如许行并耕之说，本来是他自创的唯物主义、无政府主义，偏要说神农时代如此，后来愈说愈像，便就弄假成真了。《汉书·艺文志》中有《神农》二十篇，《神农教田相土耕种》十四卷，《神农黄帝食禁》七卷，全部是附会的。最著名的《神农本草》一书，相传为神农口尝百草，辨别苦辛，然后编著成书。其实此书与神农丝毫无关，乃汉末以后渐渐凑成，至梁陶弘景，才完全写定。又如庄子著书，明白声明寓言十九，因为要发表自己主张，最好用小说体裁，容易畅达。《天地篇》说："黄帝游乎赤水之北，登乎昆仑之丘，而南望还归，遗其玄珠……"这本是庄子理想，借名字以点染文章的，好像曹雪芹作《红楼梦》，借宝玉黛玉的口吻，以发舒他的牢骚一样，后人却因为庄周说黄帝，凭空附会许多关于黄帝的事实及黄帝所著的书籍。

我们看，《汉书·艺文志》所载那许多伪书，大半由于引古人以自重的动机而出。书之著成，亦多半在战国时代，因为战国末年，社会变动很大，思想极其自由，有人借寓言发表，有借神话发表。开宗大师都引一个古人作护身符，才足以使人动听，他们的学生变本加厉，于是大造伪书，学术所以隆盛在此，伪书所以充斥亦在此。始皇焚书以前，春秋战国间的伪书，大概都只有这一个动机。

二、邀赏。方才讲每经丧乱以后，出重价求书，免不了有人造假，普通的如汉武、唐太稽古右文，悬赏征集。当然有许多无聊的人，专作投机事业，所以每失一回，每收一回，伪书愈多一回。还有几次特别一点的，如汉景帝之子河间献王，修学好古，实事求是，他以亲王的力量，亲贤下士，访求典籍，得书异常之多。他尤喜欢秦汉以前古文字，搜罗不遗余力，所以古文各经，俱从河间献王而出，汉朝经师有今文、古文的争辩，其来源也在此。他所得的遗书，真的固然很多，假的亦颇不少，因为这一部伪书，既可卖钱，又可做官，利之所在，人争趋之，伪书就层出不穷了。

汉代除伪古文的经书以外，还有所谓纬书，前回所说的《乾凿度》就是纬书之一种。纬书，古代有无，殊不可知。战国末年，阴阳家造作五行神仙之说，这可以说是纬书一大根源。至西汉中叶以后，作品极多，流传亦盛，尤以宣帝一朝为数特伙。宣帝是武帝曾孙，戾太子之孙，戾太子被谗而死，宣帝自狱中辗转流落民间。当他年轻的时候，常听见烧饼歌一类的寓言，偶有几次巧合，使他深信不疑。后来他做皇帝，极力推崇奖励，当然以皇帝的威权临之，不愁全国人不从风而靡，其时“烧饼歌式”的著作——即谶纬——极为流行。西汉东汉，这类东西都是十分的发达。

汉成帝时，有一宗特别的事情，就是成帝特别喜欢《尚书》。可是《尚书》百篇，自经秦火后，十丧其七，只余二十八篇，成帝因为酷好这部书，打尽了主意，以求得足本为快。于是张霸出来作投机的事业，造出了一部百两《尚书》，比足本还多两篇，称为春秋以前旧物。书上，成帝大喜，立刻赐他一个博士的官职，等于现今的国立大学教授。后来仔细研究，才知道除原有二十八篇外，尽都是假的。有人主张杀他，成帝深爱其才，又怜他造假不易，仅革博士职，饶他一命。

到了东汉时代，不特伪书充斥，烧饼歌亦很流行。汉光武，一代中兴之主，雄才大略，不愧中国史上第一流皇帝，但是他亦很迷信。光武名刘秀，王莽时，民间有“刘秀作天子”的谣言，时刘歆作国师，欲符合流传的歌谣，改称刘秀。光武正在南阳耕田，有人把这个话传到他耳朵里，说“国师欲作天子啦”，光武投锄而起，答道：“安知非我？”后来他居然以一匹夫起兵，打倒王莽，自为皇帝。他觉得烧饼歌很灵验，十分的相信。一般人民欲投人主之好，于是矫揉造作，故作隐语以欺世，虽然不是直接假造伪书，但于假造伪书有极大的影响。

降至隋代，又有一宗特别的事情。文帝酷爱古书，尤爱《易经》。当时有一个大学者刘炫，学问声望都很好，在北魏北周之末，为北方大经师，又作了一二十年的大学教授，因为迎合文帝的嗜好，造了《连山》、《归藏》两部《易经》。他说《连山》是夏朝的《易经》，《归藏》是商朝的《易经》，《周易》是周朝的《易经》。我们年轻时读《三字经》，中间有几句：“有连山，有归藏，有周易，三易详。”就从这里生出来的。《连山》、《归藏》，《周礼》中提到过，乃假造《周礼》的人随便乱说，本来没有这两部书，刘炫因《周易》而想及《连山》、《归藏》。书初上时，文帝大喜，后来知道是假的，以为大逆不道，就把刘炫杀了。一代大学者，因为造假书，砍头太不值得，但须知奖励过分，无异明白教人作假，这也不能单怪刘炫啊。

三、争胜。中国人有好古的习气，愈古愈好，以为今人的见解，无论如何，不如古人高明，所以有许多学术上的争辩。徒恃口舌，不能胜人，便造作伪书或改窜古书，以为武器。这种动机，与托古不同。托古是好的，为发表自己主张，引古人以自重，然绝不诬陷古人，亦未诋毁旁人；争胜是不好的，只要可以达到目的，古人今人，一概利用拭杀，未免过于刻薄。

为争胜而作假，自西汉末刘歆起。其时经学上有今文古文之争，歆父刘向，为大经师，歆自己学问亦很渊博，《汉书·艺文志》即根据他的底稿。在学问上，我们应当敬礼；在人格上，我们就不敢赞成。他姓刘，但是为王莽作国师，又改名刘秀，以应民谣，可谓不忠。他父亲是今文家，《诗》宗《鲁诗》，《春秋》宗《穀梁》，他自己推崇古文，《诗》宗《毛诗》，《春秋》宗《左氏》，可谓不孝。从前只有《左氏春秋》，后有《春秋左氏传》，传歆引传改经，又添上许多话，才有《左传》出现。他说《公羊》、《穀梁》皆晚出，得诸传说，讹漏百出，惟左丘明亲见孔子，好恶与圣人同，《论语》曾有"左丘明耻之，丘亦耻之"的话，当然最为可靠。他专门与今文家作对，《春秋》既用《左氏》以打倒《公羊》、《穀梁》，《诗经》则用《毛诗》以打倒齐、鲁、韩三家，《礼》则用《周礼》以打倒《仪礼》。又恐怕徒恃口舌，不足以争胜，就全部或一部的改窜古书。如《周礼》，全部由刘歆假造的，《左传》一部是刘歆编定的，其余各经，涂改亦多。

汉以后至魏晋间，有王肃出，师刘歆的故智，以为要打倒当时大经师郑康成，非假造伪书不可，所以有许多伪书，都由他一手造成的。《伪古文尚书孔安国传》据说是他改窜的，主名虽未完全确定，十成之中，总有九成可信。《孔子家语》及《孔丛子》，几乎可以说完全由他一手造成，简直没有什么问题。此外，历代假造古书以求打倒对手方的人，还很多，这里只举刘歆、王肃二人作为代表。

儒家如此，道教亦然。道教与道家不同，道家是一种哲学思想，如老聃、庄周一派。道教是无聊的宗教，最初由黄巾贼张角，以符咒搧惑人心，后来愈演愈厉，成为江西龙虎山张天师一派。道教自东汉末起，二千年来，在社会上有极大势力，直至去年，党军入江西，才把张天师赶走。道教初起的时候，符咒骗人，其中无甚奥义，其后愚民信之者众，这才野心勃发，想树立一大宗派。会佛教自印输入，道教与之争胜，造出许多无聊的书。现在《道藏》中黄帝著作，几达百种，老聃、庄周亦各数十种。诸如此类，伪书甚多，其目的在与佛教争胜，或与儒家争胜，年代愈久，书目愈增，到现在不可胜数了。

佛教本身，伪书亦复不少。佛经从域外输入，辞义艰深晦涩，不易理会，译书比自己作书还难，大家都有这种经验的。六朝隋唐之间，佛教盛行，真的佛典正确翻译过来，一般人看不懂，于是投机的人东拼西凑，用佛家的话，杂以周秦诸子的话，看时易解，人人都喜欢诵，但不是佛经原样了。佛徒为增进自己势力起见，为同大师争名起见，一意迎合常人心理，不惜假造伪书的往往有之。如《楞严经》，直到现在，大家还以为佛教入门宝籍，就是因为其中思想与我国思想接近。然而《楞严经》便不可靠，其他无聊作品，不如《楞严经》的还多得很哪。

四、炫名。这种动机，比邀赏好一点，不过还是卑劣，只是为外来的虚荣，不是为自己的主张。假造《列子》的张湛，学得当时学者，对于《老》、《庄》的注解甚多。若不别开生面，不能出风头，而列御寇这个人，《庄子》中说及过，《汉书·艺文志》又有《列子》八篇之目，于是搜集前说，附以己见，作为《列子》一书，自编自注，果然因此大出风头。在未曾认为假书之前，他的声名，与王弼、向秀、何晏并称，这算是走偏锋以炫名，竟能如愿以偿。

又如杨慎，生平喜欢吹渊炫博，一心要他人所未看之书。本来一个人讲学，只问见地之有无，不问学识之博否，但杨老先生则不然，专以博学为贵。《太平御览》是中国很大的一部类书，根据《修文御览》而出。《修文御览》早佚，杨老先生偏说他曾看见过。后来的人，因为知道他手脚不干净，所以对于他所说所写的，都不十分相信。否则以他的话作根据，一口说《修文御览》明时尚有此书，岂非受愚？

再如丰坊，为明代一大藏书家，范氏天一阁所藏之书，多半从丰氏得来。丰氏累代藏书，购置极富，第三代坊，好书尤酷。他家里所藏抄本，诚然很多，足以自豪，但他犹以为未足，偏要添造些假的，如《子贡易传》、《子夏诗传》、《晋史乘》、《楚梼杌》之类，真是可笑。丰坊又好书，又好名，他的喜欢假造书，许有点神经病作用。晚年，真的秘本因不足以满足他的欲望，假造之书，似乎又赶造不及，结果竟得神经病而死。

五、诬善。造作伪书，诬毁旁人。譬如前回所讲《涑水记闻》，是后人假司马光之名，痛诋王安石。《幸存录》，是后人假夏允彝之名，毁谤东林党。其实皆本无此书，或有此书而无毁人的话，系后人假造或参杂进去的。还有想害某人，故意栽赃。如宋魏泰，欲害梅圣俞，故作《碧云騢》一书，托名为梅圣俞撰。碧云騢者，谓马有旋毛，品格虽贵，不能掩其旋毛之丑。全书一卷，所载皆历诋当时朝士的话，欲借此引起公愤，不幸后来让人发觉了。

有一种人，费了许多心血，作成一部书，想出自己的名字，又觉得不方便，想抛弃了，似乎又舍不得，于是造一个假名，拿去付印。如《香奁集》，本为和凝所作，在文学界，价值很高，惟其中讲恋的话太多，和凝做宰相后，觉得与自己身份不称，乃嫁名韩偓所作。其实和凝在当时有曲子相公之名，就说《香奁集》是他自己所作艳体诗，亦无不可，偏要故意规避，其动机虽非纯粹出于诬善，然有点相近，终究是不正当。

六、掠美。这类人，在学术界很多。如前回所说郭象的《庄子注》，是盗窃向秀的。王鸿绪的《明史稿》，是盗窃万斯同的。《庄子注》还好，没有什么大错。《明史稿》就改得很不堪，所谓点金成铁，令我们读去，常有不睹原稿之憾。又如谷应泰《明史记事本末》，编制排比，详略得中，允推佳制，但据邵念鲁《思复堂文集·遗民传》称，为山阴张岱所撰，谷应泰以五百金购得之。果尔，我们对于谷氏，不能不说他有掠美的嫌疑了。

有意作伪之书，除第一种动机可原谅外，其余五种，动机皆坏。

乙　非有意作伪

有许多书，作者不伪，后人胡猜瞎派，名称内容遂乱。既然要辨别古书，这种著作，也不能存而不论。以下分为子、丑两部说明之。

子　全书误题或妄题者

这类作品又可分为四类。

一、因篇中有某人名而误题。如《素问》一书，最早是战国末年的作品，稍晚则在西汉末叶始出，为中国一部顶古的医书。其中虽然可议的地方很多，然亦至可宝贵，古代医学知识，可考见的，多赖此书。原书作者，姓名不传，今称《黄帝素问》，或称《黄帝内经》。还有一部《灵枢》，作者姓名亦不传，今称《灵枢针经》，或称《黄帝针经》。做书的人，本来不想作伪，然因为《素问》起首有“黄帝问于岐伯曰……”的话，乃属作者，假为黄帝、岐伯问答之词，以发抒其医学上的见解。而后人不察，即以此误会为黄帝所作，是以今人称赞名医，说他“术精岐黄”以此。

又如《周髀算经》一书，当属汉人作品，为中国一部最古的数学书，价值亦极宝贵。原书作者，姓名不传，后人因为起首有“周公问于商高曰……”的话，遂误为周公所作。实则“周”是讲圆，“髀”是讲股，等于现在的几何三角。其称周公商高，亦不过作者假古人的名字，以发抒其数学上的见解，初非有意作伪，后人不察，硬派为周公所作，于是一圆一股的“周”、“髀”便成为周公的一条腿了。许多古书，皆以有古人问答之词，因而得名。

二、因书中多述某人行事或言论而得名。这类书，与前一类相近，亦以战国西汉时代为最多。如《孝经》一书，不惟不是孔门著作，而且不是先秦遗书，乃汉儒抄袭《左传》，益以己见，杂凑而成。后人因为里边讲曾子的话及曾子所做的事很多，遂以为曾参所作，实大误。此书若认为汉儒作品，有相当的价值；若认为孔门作品，则牴牾挂漏之处特多。

又如《管子》及《商君书》，本为战国末年著作，其中不过多载管仲、商鞅的话及其行事而已，关于管仲、商鞅死后的事情，记载亦复不少。若认为战国末年法家作品，其价值极高，有许多很好的参考资料。若认为管、商本人所作，则万万说不通。这种书，作者没有标出姓名，大致是一种类书，杂记各项言语行事，起初并不是诚心作伪，乃后人看见书中多述某人言行，从而附会之，因此得名。

三、不得主名而臆推妄题。许多很有价值的书籍，因为寻不着主名，就编派到一个阔人身上。如《山海经》，是一部古代神话集成。最古的部分，许是春秋战国时人手笔；最晚的部分，当出于西汉东汉之间。因为其中多荒诞之语，历代皆认为一部异书。《史记》虽引其名，但未言为何人所作，惟《列子》曾说：“大禹行而见之，伯益知而名之，夷坚闻而志之。”后人因为太史公都看见过，相信确有其书，《列子》又有这套话，遂编派为大禹、伯益所作。实在书中多载春秋战国地名，至早以春秋为止，绝不会出在三代以前。

又如《难经》，是中国医学界最有名的古书，内中载八十一个医学上的难题及其答案，当系东汉末三国时人所作，与《素问》、《灵枢》齐名。《素问》、《灵枢》要早点，就派给黄帝；《难经》稍晚点，就派给秦越人，因为秦越人（扁鹊）是战国时代最有名的医生，非他似乎不能有此杰作。当初作《难经》的人，何尝有意造假，都是后人摸不着主名，无端编派到扁鹊名下。

古书如此，近代之书亦然。如坊间通行的《黄梨洲集》，中有《郑成功传》，作品虽然不坏，然绝非黄氏手笔。一则文笔不像；再则恭维满清，有“圣朝”、“大兵”等语，与黄氏身份不称。黄为明室遗民，满洲入关，抵死不肯屈节，安有恭维满清之理？大抵当时有人作《郑成功传》，然因他种关系，不敢自出主名，后人因为梨洲有《行朝录》，言鲁王、唐王之事甚详，郑成功为排满中坚分子，为之作传者，必系梨洲无疑，遂把此传收入黄氏集中，铸此大错。

诸如此类，作者无心造假，后人瞎乱胡猜，遂致张冠李戴。古书如此，字画诗词亦然。所以无名汉碑，往往误认为蔡邕所书；无名唐画，往往误认为吴道子所作；《古诗十九首》，后人多谓出自枚乘；《菩萨蛮》、《忆秦娥》两阙，后人多谓出自李白。事情虽不一样，道理完全相同，我们从事研究的人，切忌不要为虚名所误。

四、本有主名，不察而妄题。如《越绝书》，记江浙间事甚详，为汉魏时人所作。作者滑稽好戏，不愿明标主名，故意在书后作了四句隐语：“以去为姓，得衣乃成。厥名有米，覆之以庚。”我们看这四句话，明明白白，知道是袁康二字。作者姓袁名康，还有什么问题？后人不察，偏要编派在一个名人身上，以为书中多记吴越之事，细考孔门弟子中，惟子贡曾到越国，遂指为子贡所作。今《四库全书》，仍题为子贡撰，这是多么可笑一件事情。

佛经中有一部《牟子理惑论》，系中国人最先批评佛教的著作，共三十七章，极有价值。自序云：“灵帝时，遭世乱离，避地交州，著书不仕。”把时代、经历、地方，都说得很明白。《隋书·经籍志》，因为作者姓牟，而姓牟的人，只有牟融最知名，遂题为牟融作，已经大错了。《唐书·艺文志》更糊涂，又考出牟融官职，给他加上官衔，题汉太尉牟融作。本来是隐士，忽然变作达官；本来在安南，忽然跑到中原；本当桓灵时代，忽然提到光武，前后相差两百年。书错还是小事，后人根据作者姓名，用以推断佛教，说佛教之输入，确在光武之前，牟融时已经很发达了，这样一来，那真是受害不浅。

丑 部分误编或附入

这类作品，又可分为五类。

一、类书误作专书。如《管子全书》，非一人一时所作，乃杂志体，聚集若干篇法家言，并未标明何人所作，其中《弟子职》、《内业》等篇，与全书体例不符，范围、文体，皆有出入，可见显系杂抄之书无疑。若认为一部类书，倒还可以；若认为一种专书，那就错了，因为其中讲管子的话很多，所以名之《管子》，实非管仲所作。

二、注解与正文同列，混入正文。《庄子》一书，内篇是庄周所作，外篇乃后人注解庄周之书。抄书的人，抄了内篇，又把注解一并抄下，统名之为《庄子》。但是内篇、外篇，内容文体，俱不相同，一见可以了然，绝不能认为出自一人之手。如认为内篇为正文，则外篇、杂篇，必为注解；如认为外篇、杂篇非注解，则外篇、杂篇，必为后人所伪托，总之不是庄周所作的东西。

一部之中，有注解附入正文处，一篇之中，亦有注解附入正文处，因为古代用竹简，正文是刀刻或漆书，注解亦是刀刻或漆书，没有法子区别。如《礼记·王制篇》，最末一段："自恒山至于南河，千里而近，自南河至于江，千里而近……"下面一段："古者以周尺八尺为步，今以周尺六尺四寸为步……"这两段皆与本文无关，当系注解，或者后人读《周礼》，读到此处，做了一点考证的功夫，因而随笔记下，所以与正文连接不起来。

有时读者在书的空白处，记下几行旁的事情，本来毫无关系，后人看见，误认成为足本。如《论语·季氏》章最末一段："邦君之妻，君称之曰夫人，夫人自称曰小童；邦人称之曰君夫人，称诸异邦曰寡小君；异邦人称之亦曰君夫人。"这几句话，毫无意义，孔子不会这样讲。《微子》章末一段："周有八士：迫达、伯适、仲突、仲忽、叔夜、叔夏、季随、季騧。"这几句话，亦复毫无意义，不像孔子口吻。《论语》前几篇，不相干的话还少，后几篇，不相干的话很多。前人以为奇文奥义，其实不过后人信笔写上的备忘录而已。

三、献书时，求增篇幅。前面讲历代帝王广开献书之路，有许多人立心不良，造假书以邀赏。又因为赏之重轻，以卷数之多寡为准，所以有人割裂他书篇幅充数，以求赏赐增加。周秦诸子，同一篇文章，往往彼此互见。如《韩非子》头一篇，就与《战国策》内一篇相同。不是献《韩非子》的人盗窃《战国策》，就是献《战国策》的人盗窃《韩非子》。此类作品，秦汉之间甚多。所以《管子》中的《弟子职》、《内业》两篇，与全书体例不同，大致是献书的人，牟利邀赏，随意窜入的。

四、后人续作。后人续作前人之书，本来无心造假，然而原作与续作相混，于是生出许多破绽。最显明的例子是《史记》。司马迁作《史记》，共一百三十篇。现存之本，差不多有一小半不是太史公作的，其中记载司马迁死后十几年乃至一百年的事情甚多。但这不是续作的人有心造假，实因感觉着有续作的必要。《史通·正史篇》说："《史记》所书，年止汉武太初，以后阙而不录。其后刘向、向子歆及诸好事者，若冯商、卫衡、扬雄、史岑、梁审、肆仁、晋冯、段肃、金丹、冯衍、韦融、萧奋、刘恂等，相次撰续，迄于哀平间，犹名《史记》。"而褚少孙、班彪、班固，尚不在内。由此看来，汉代续《史记》的人，有十八人之多，无怪《史记》一书，破绽百出了。其中惟褚少孙所续标明"褚先生曰……"数字，尚可识别，其余十七人的手笔，大都无法辨认。所以有人说司马迁活到八十、九十，乃至百二十岁，使得后人徬徨迷惑。

五、编辑的人无识贪多。这种情形，古代有之，而以近代为尤甚。如前回所讲《李太白集》、《苏东坡集》，本人皆未写定，死后由门生弟子陆续编成。编书的人，抱定以多为贵主义，好像买菜，苦口求添，而眼光不到，不足以识别真假，因此有许多他人作品得以乘机拦入。这不能怪编书的人有意造假，他的本心，只觉得片纸只字，皆可宝贵。殊不知，已造成碱砆乱玉的恶果了。

有意作假，动机很坏，非辨别不可。无意作假，虽无坏的动机，亦当加以考订。为求真正知识，为得彻底了解起见，对于古书，应当取此种态度。否则，年代错乱，思潮混杂，是非颠倒，在学术界遗害甚大。而且研究的结论如果建筑在假的材料上，一定站不住，很容易为他人所驳倒。以上把伪书的种类、作伪的来历、年代错乱的原因，简单的说明如此。

第三章　辨伪学的发达

既然有了许多伪书，伪书里又包含了许多伪事，当然免不了学者的怀疑。所以伪书发生于战国，而战国时的学者也跟着发生疑心了。孟子是战国初年的人，他已说："尽信书不如无书。吾于武成，取其二三策而已。"虽然他因抱着了仁者之师必不多有残杀的成见，所以疑武成说的"血流漂杵"，理由并不充足，但我们可从这上面，看出当时的人已不渐渐相信古书了。战国末韩非子也曾怀疑诸子百家的伪造古事，他说："孔子、墨子俱道尧舜而取舍不同，皆自谓真尧舜。尧舜不复生，将谁与定儒墨之诚乎？"虽不是说某部书是假的，却已明明说出诸子百家信口传说的不可信了。

但这不过是对于伪书、伪说的一种怀疑而已，还没有做积极的辨伪工夫，更没有一定的辨伪方法和标准，所以先秦伪书、伪说流传到汉朝的实在不少。司马迁当汉武帝的时候，眼看见异说纷纭，古事沦没，发愤著书，想"成一家之言，厥协六经异传，整齐百家杂语"。当那种真伪杂出的史料堆积在他面前，当然不能尽数收录，当然不能不用存真去伪的工夫。他因为"百家言黄帝，其文不雅驯"，而以"不离古文者近是"；因为"世言苏秦多异，异时事有类之者，皆附之苏秦"，而"列其行事，次其时序"；因为"说者曰：'尧让天下于许由，许由不受，耻之逃隐。及夏之时，有卞随务光者……'"难以称述，故"考信于六艺"；因为"学者多称七十子之徒，誉者或过其实，毁者或损其真，均之未睹厥容貌则论言。弟子籍出孔氏古文，近是”。这种先拿一种可信的书籍做标准，而以其他百家言为伪的方法，虽然免不了危险，但先秦诸子的许多伪说、伪书，给他这么一来，便不能延续生命了。我们可以说作史学的始祖是司马迁，辨伪学的始祖也是司马迁。从他以后，汉朝学者对于书的真伪，已有很明了的辨别眼光。如汉成帝时，张霸伪造百两篇《尚书》，当时成帝便拿出中秘的百篇《尚书》来比较，立刻便发觉是假的，这便是一个证据。

西汉末，学术界起了今古文之争。当时的学者显分二派，刘歆是古文家，替古文辩护，想建立《左氏春秋传》、《毛诗》、《逸礼》和《古文尚书》等博士。汉成帝叫太常博士讨论这个问题，那些博士都是今文家，相信今文，怀疑晚出的古文书是假造的，大家都不肯置对。刘歆写一封信给那些人，说明古文是孔子的遗经，责让他们不应该怀疑。太常博士都很怨恨，光禄大夫龚遂、大司空师丹、王莽的左将军公孙禄先后攻击刘歆，说他“颠倒五经，令学士疑惑”。这个案子，一直到现在还未解决。究竟古文的书全是伪呢？还是一部分伪？历代学者，说法不同。但我们可以说，在西汉末，那些今文家怀疑晚出的古文，而极力想方法辨别古文的伪，这种群体的辨伪工作，总是可贵。

班固的《汉书》，不惟《儒林传》已把造伪、辨伪的事情告诉我们，《艺文志》更说得明白。如《文子》九篇，班固自注云：“老子弟子，与孔子并时，而称周平王间，似依托者也。”《力牧》二十二篇，注云：“六国时所作，托之力牧。力牧，黄帝相。”《孔甲盘盂》二十六篇，注云：“黄帝之史，或曰‘夏帝孔甲’，似皆非。”《大禹》三十七篇，注云：“传言禹所作，其文似后世语。”《神农》二十篇，注云：“六国时诸子疾时怠于农业道耕农事，托之神农。”《伊尹说》二十七篇，注云：“其语浅薄，似依托也。”《天乙》三篇，注云：“天乙谓汤，其言非殷时，皆依托也。”《黄帝说》四十篇，注云：“迂诞，依托。”这类托古的伪书，经班固辨别的，有四五十种。我们知道，班固的《艺文志》是根据刘歆的《七略》做的，《七略》又本于刘向的《别录》。可见辨伪学在西汉末已很发达了，虽然刘歆竭力辩护晚出的古文。

今古文之争，到了东汉便渐消沉了。但是当马融、郑玄正在融和今古文注解三礼、《尚书》……的时候，郑玄的弟子临孝存却根本不相信《周礼》，说是“末世谲乱不经之书”，专门做了《十论七难》来辨别《周礼》不是真的。这《十论七难》虽然不存，但总算是专书辨伪的最早一部书。另外何休也曾经说“《周礼》是六国阴谋书”。王充的《论衡》，尤其表现怀疑的精神，攻击无稽的古史。赵岐注《孟子》，以外篇“其文不能闳深”，删去不注。可见东汉学者也很注意辨伪。

自三国到隋，一般学者都跑到清谈和辞章方面去了，对于考证的事业，很不注意，尤其没有怀疑的精神。我们若想在儒家方面找辨伪的遗迹，几乎是不可能的（中间只有郭象对于《庄子》外篇、杂篇怀疑）。但若转移眼光到研究佛教的人身上去，便可以知道他们对于佛经的伪书是非常的注意。东晋的道安编《佛经目录》，把可疑的佛经，另外编入一门，叫做《疑经录》。因为他这样，所以后来编佛经的都很注意伪书了。

《隋众经目录》，乃合沙门及学士等撰，分别五例，第四例是疑伪，专收可疑或确伪的佛经，也是依道安的成例。又有一部别本《众经目录》，是沙门法经做的，把三藏分做六部，每部又分六节，第四、五节叫做疑惑、伪妄，把疑惑的佛经从伪妄的佛经分出，比较《佛经目录》、《隋众经目录》更加精细、更加慎重了。从这点来看，隋唐间的佛经目录学发达到最高度，只要佛经稍有可疑，决不容他和真经淆混。却不幸中唐编《开元释教录》，只知贪多，不知辨伪，把法经已认为伪的书也编入真书里，毫无分别，从此佛经辨伪学便渐渐衰微了。

李唐一代，经学家笃守师法，不能自出别裁；文学家专喜创造，不肯留心往迹。我们若想从中唐以前找一个切实的用科学精神来研究古书的人，是不可能的。辨伪的学者，更不必说了。中唐以后，风气转变，大家已感觉注疏家的琐碎拘牵。赵匡、啖助对于《春秋》的研究，便已不是墨守师法，已别开生面了。大家苦于注疏的呆板，不能不在经书以外另找别的古书——子书——来满足自己的学问欲。既须找了，便不能不对于古书加以辨别或批评。这种趋势，可举柳宗元做一个代表。柳宗元虽是一个文学家，虽和韩愈齐名，但他对于社会、政治，都有特别见解，比韩愈来得强，而且喜欢研究古书，怀疑古书。他断定《鹖冠子》、《亢仓子》、《鬼谷子》、《文子》、《列子》是伪书，他断定《晏子春秋》是墨子之徒有齐人者做的，都很的确。然柳宗元虽能辨子书之伪，而却不能大胆的怀疑经书。比他更早而能疑古惑经的，武则天的时代已出了一位史学家刘知几。刘知几罗列许多证据，指出《尚书》、《春秋》、《论语》、《孟子》对于古史的妄测虚增或矛盾错谬。直接的、笼统的攻击五经和上古之书真伪不分，贻惑后世。在那种辨伪学衰微已久的空气中，首先引导学者做自由的研究、开后来的风气的，刘知几总是头一个，不能不令我们佩服。

到了宋朝，辨伪学便很发达了。宋人为学的方法，根本和汉人不同。他们能够自出心裁去看古书，不肯墨守训诂，不肯专取守一先生之言的态度。他们的胆子很大，汉唐人所不敢说的话，他们敢说，前人已经论定的名言，他们必求一个可信不可信。在这种风气之下，产生了不少的新见解，实在是宋人的特别处。我们考究其渊源，却不能不认为他们受了啖助、赵匡、柳宗元的影响。

宋人最先怀疑古书的是欧阳修。他做了一篇《易童子问》，《易经》的《系词》、《文言》、《说卦》、《序卦》、《杂卦》向来认为孔子做的，价值在《论语》之上，他却根本不相信这说而推翻之。此外，对于《左传》、《周礼》，都有怀疑的批评。他总不愧为北宋辨伪学者的第一个。此外王安石、苏轼、司马光都能表示这种解放的、自由研究的精神，都有疑古辨伪的成绩，我们也不必详讲了，如王安石《疑春秋》、司马光《疑孟子》之类。

南宋朱熹，一方面是两宋道学的集大成者，一方面是注解古书用功最多的人。他不但不给古来的注疏拘牵，而且很大胆的表彰吴棫怀疑《古文尚书》不是真书的论调。自从他们提出这问题以后，经过许多学者的研究，到了清初阎若璩才完全证实了。阎若璩的成功，不能不赖吴棫、朱熹的发问，这可见朱熹在辨伪学上的价值了。此外他对于《周礼》和先秦诸子也提出了很多疑问。虽然他所注的书也不免有假的，但他开后来怀疑辨伪的路，在南宋总是第一人。

和朱熹同时的，有叶适。他著的《习学记言序目》对于经部许多书都很怀疑，也不相信《易经》的十翼是孔子做的。对于诸子，如《管子》、《晏子》、《孙子》、《司马法》、《六韬》、《老子》都有所论辨，而且很有价值，观察的方法也很对。

朱、叶以后，陈振孙著《直斋书录解题》，晁公武著《郡斋读书志》，王应麟著《汉书艺文志考证》。虽然是一种书目，同刘向的《别录》、刘歆的《七略》一样，却都能够对于伪书提出许多怀疑的论调和问题，供后人的探讨。固然他们所说的多半引用前人之说，但他们自己所发明的也已不少。这三部书至今尚存，他们的功绩是不可磨灭的。此外，朱熹的再传弟子黄震著了一部《黄氏日抄》，里头很有几条是辨伪《古文尚书》的，几条是辨伪诸子的。

另外还有一位赵汝楳，著了一部《周易辑闻》，专辨十翼不是孔子做的，比欧阳修还更彻底。这些都是南宋的人，可见南宋的辨伪学很发达。

元朝在文化史上是闰位，比较的任何学术都很少贡献。在辨伪方面，也是如此，所以现在不讲。

明初宋濂著《诸子辨》一卷，辨别四十部子书的真伪。从前的人，往往在笔记、文集或书目中带说几句辨伪的话，没有专著一卷书来辨许多书的伪的，宋濂却和前人不同。我们可以说，专著一书以博辨群书的，宋濂是第一个。

明朝中叶，梅鷟著《尚书考异》，认为《古文尚书》二十五篇是皇甫谧做的。自朱熹以后，数百年无人注意《尚书》的真伪，到了他才首先发难，渐渐的用科学方法来辨伪，开了后来辨伪的许多法门。虽然结论错了，而价值还是不小。此外，焦竑的《笔乘》、王世贞的《四部乙稿》，也有些辨伪书的话。

晚明出了一位辨伪大师，叫做胡应麟，著了一部《四部正讹》。宋濂的《诸子辨》不过是文集里的长篇文章，仍旧放在杂著之部，而且没有博辨群书的真伪、发明通用的方法，还不算专书。专著一书去辨别一切伪书，有原理有方法的，胡应麟著《四部正讹》是第一次。他所辨的书，固然不多，他所辨别的真伪，固然不能完全靠得住，但经史子集四部的书大都曾经过他的研究而可供后人的参考。他那部书的开首几段说明辨伪的需要、伪书的种类和来历，和我前次讲的略同，我也略采他的意见。那书的末尾几段讲辨伪的方法、应用的工具、经过的历程。全书发明了许多原理原则，首尾完备，条理整齐，真是有辨伪学以来的第一部著作。我们也可以说，辨伪学到了此时，才成为一种学问。

清朝学术极发达，因为一般学者大都能用科学方法去整理古书。这种科学精神的发动，很可以说是从辨伪引导出来的。其中辨伪最有名的是阎若璩、胡渭。阎若璩的最大功劳是著了一部《尚书古文疏证》，把《伪古文尚书》的案件，从朱熹、梅鷟、胡应麟等所怀疑而未能决定的，用种种铁证证明了，正式宣告《伪古文》的死刑。同时惠栋也著了一部《古文尚书考》，和阎若璩的结论一样，从此没有人相信《伪古文尚书》了。

胡渭著《易图明辨》，专辨宋朝所传的太极图、河图洛书，用种种方法证明那是宋初时和尚道士东拉西扯胡乱凑成的，和周公、孔子、汉人、唐人全无关系，把宋朝以后的所谓易学的乌烟瘴气都扫清了。这书和《尚书古文疏证》在现在看来，虽是粗疏的地方很多，而其实事求是的精神，实开后来一般学者用科学方法治学的先声，是不可磨灭的。但这种专攻一书的书，和《四部正讹》的性质不同。前者利用已经成立的原则、已经发明的方法，去判决一部书的真伪问题；后者因辨别种种伪书，从而发明种种方法，成立种种原则，而皆是最有力的辨伪书。同时有二部和《四部正讹》性质相同的书：一部是万斯同的《群书疑辨》，一部是姚际恒的《古今伪书考》。万斯同是史学大家，他那书对于《周礼》、《仪礼》、《左传》、《易传》等书，都有怀疑的论辨，其他诸书经他判别的也很多。而他的长兄斯大专著一部《周官辨非》，辨《周礼》是伪书，尤其彻底。姚际恒那部书的体例和《四部正讹》相差不远，所辨的伪书却较多。他究竟曾见《四部正讹》与否，还未能决定，但他的胆子比胡应麟大得多。胡应麟辨经解子史诸集的伪，却不敢疑经的本文，他可不客气的根本攻击《周礼》、《毛诗》等书，直疑其伪。他又做了《九经通论》，很详细的辨别九经的真伪，可惜已残逸大半了。《古今伪书考》辨别九十二部书的真伪，虽然有些不很重要的书经他研究，而且没有发明多少原则，似乎比《四部正讹》的价值较低。但同是最重要的辨伪书，同是我们所不可不参考的，诸君可以拿来看看。好在那二书的篇幅很少，有二天的时间就可看完，看了可以知道伪书的大概和辨别的方法。如欲训练自己的脑筋，利用原有的方法，去辨别一书的真伪，那么，《尚书古文疏证》和《易图明辨》都很可以帮助我们。

上面说的阎若璩、胡渭、万斯同、姚际恒、惠栋五人，可以做清初辨伪学的代表。到了乾隆时代，这种辨伪风气仍旧很盛。其中孙志祖著了一部《家语疏证》，范家相著了一部《家语证讹》，把《孔子家语》是王肃伪造的公案宣布了。《家语疏证》的体例和《尚书古文疏证》一样，都是取《汉书·儒林传》“疏通证明之”之义。这种工作，因辨《古文尚书》之伪，而牵连到《尚书》孔安国注、《论语》孔安国注、《孝经》郑玄注，渐渐的都证明是假的了。

同时出了一位名声很小的辨伪大家，就是著《考信录》的崔述。他把春秋以后诸子百家传说的古事，一件一件的审查，辨别哪是真的，哪是假的，使得古史的真相不致给传说遮蔽。他虽然专辨伪事，却也不能不顺带辨伪书。他虽然迷信五经、《论语》、《孟子》，却也不能不疑其一小部分。他辨伪的方法，除了"考信于六艺"以外，还有许多高妙的法门。他解释作伪的原因，能够求得必要的条件。尤其是他那种处处怀疑、事事求真的精神，发人神智，实在不少。他的遗书，百年来看见的人很少，最近才有人表扬刊布，使史学界发生很大的影响。

嘉庆以后，辨伪的方向稍稍变了。西汉今古文之争，经过了西汉末诸儒的调和，已消沉了千余年，到了此时忽然又翻案了。翻案最有力的人是刘逢禄、魏源。刘逢禄治公羊之学，认为《春秋公羊传》是可靠，疑《左氏传》是伪书，著了一部《左氏春秋考证》，对于《春秋》古文家起了一种反动。魏源著了一部《诗古微》，不相信《毛诗》而宗齐、鲁、韩三家。又著了一部《书古微》，不特认为《伪古文尚书》是假的，而且根本疑《汉书·艺文志》"《古文尚书》十六篇"全是假的。他们所发的问题，都和清初不同。王肃造《伪古文尚书》，清初已破案，王肃造的许多伪书也跟着辨清了。刘歆造伪，颠倒五经的公案，到了刘逢禄、魏源才发生问题，比清初更进一步了。

有清之末，吾师康南海先生专著一部《新学伪经考》，把西汉迄清今古文之争算一个总账。认为西汉新出的古文书全是假的，承刘、魏之后而集其大成，使古书的大部分如《周礼》、《左传》、《毛诗》、《毛诗传》和刘歆所改窜的书根本摇动，使当时的思想界也跟着发生激烈的摇动，所以当时的人没有不看他是怪物的。他提倡维新变法，固然振荡人心，他打倒历代相传神圣不可侵犯的古经，尤其使人心不能不激变，清末更无人可以和他比较了。

最近疑古最勇、辨伪最力的，可举二人作代表：一个是胡适，一个是钱玄同。我们看辨伪学者的手段，真是一步比一步厉害。康南海先生比较刘逢禄、魏源已更进步了，胡适比康先生又更进一步，到了钱玄同，不但疑古，而且以改姓疑古，比胡适又更彻底了。他们的成绩虽不很多，但怀疑的精神，已因他们的鼓吹而遍入学术界。

至于我，虽然勇于疑古，比起他们，也已瞠乎其后。我生性便如此，一面尽管疑古，一面仍带保守性。当我少年帮助康先生做《新学伪经考》的时候，虽得他的启发思想的补助不少，一面也疑心他不免有些武断的地方，想修正其一部分。最近对于胡适、钱玄同等用科学的方法和精神提出无人怀疑的许多问题，虽然不能完全同情，最少认为有力的假定，经过了长期的研究，许有一天可以证实的。但如钱玄同之以疑古为姓，有一点变为以疑古辨伪为职业的性质，不免有些辨得太过、疑得太过的地方。我们不必完全赞成他们辨伪的结论，但这种精神，总是可贵的。他们辨伪的结论，若有错了的，自然有人出来洗刷，不致使真事真书含冤。若不错，那么，伪事伪书便无遁形了。所以，我们如努力求真，这种辨伪学的发达是大有希望的。

第四章　辨别伪书及考证年代的方法

《四部正讹》的最后，论辨伪之法有八："凡核伪书之道，核之《七略》，以观其源；核之群志，以观其绪；核之并世之言，以观其称；核之异世之言，以观其述；核之文以观其体；核之事以观其时；核之撰者，以观其托；核之传者，以观其人。核兹八者，而古今赝籍，无隐情矣。"

这段话，发明了辨伪的几个大原则，大概都很对。我现在所讲的，略用他的方法，而归纳为两个系统：

甲　就传授统绪上辨别。

乙　就文义内容上辨别。

一则注重书的来源，一则注重书的本身。前者和《四部正讹》的第一、第二、第七、第八四个方法相近。后者和《四部正讹》的第三、第四、第五、第六四个方法相近，而详略重轻，却各不同。

甲　从传授统绪上辨别

这有八种看法。

一、从旧志不著录，而定其伪，或可疑。最古的志——最古的书目，是西汉末刘歆的《七略》和东汉初班固的《汉书·艺文志》（略称《汉志》）。《汉志》是依傍《七略》做的，相距的时代很近，所以《七略》虽亡，《汉志》尽可代他的功用。我们想研究古书在秦始皇以前的情形和数目，是没有法子考证的，因为古书的大半，都给秦始皇、楚霸王烧掉了。西汉一代，勤求古书，民间藏匿的书都跑到皇帝的内府——中秘——去了。刘歆编校中秘之书，著于《七略》。他认为假的而不忍割爱的则有之，有这部书而不著录的却没有。我们想找三代先秦的书看，除了信《汉志》以外，别无可信。所以凡刘歆所不见而数百年后忽又出现，万无此理。这个大原则的唯一的例外，便是晋朝在汲郡魏襄王冢所发现的书，的确是刘歆等所未看见、《汉志》所未著录的。我们除汲冢书以外，无论拿着一部什么古书，只要是在西汉以前的，应该以《汉志》有没有这部书名，做第一个标准。若是没有，便是伪书，或可疑之书。

譬如《子夏易传》，《汉志》没有，《隋书·经籍志》（略称《隋志》）忽有。汉人看不见的书，如何六朝人能见之？又如《子贡诗集》，《汉志》、《隋志》和宋朝的《崇文总目》都没有，明末忽然出现，从前藏在何处？又如《连山》、《归藏》，《汉志》都没有，《隋志》忽有《归藏》，《唐志》忽有《连山》。假使夏、商果有此二书，为什么《汉志》不著录？又如《伪古文尚书孔安国传》，《汉志》和《史记》、《汉书》的列传都没有说，东汉末的马融、郑玄、晋初的杜预都没有见。假使孔安国果然著了此书，为什么从同时的人起，一直到晋初的人止都不见，而东晋的反得见？又如《鬼谷子》，《汉志》无，《隋志》有。《亢仓子》，《汉志》、《隋志》都无，《崇文总目》忽有。这都是最初不录，后来忽出，当然须怀疑而辨其伪。

二、从前志著录，后志已佚，而定其伪，或可疑。如《关尹子》，《汉志》著录，说有九篇，《隋志》没有。《汉志》虽然有之，真伪尚是问题。六朝亡了，所以《隋志》未录。而后来唐末宋初，忽然又有一部出现。如果原书未亡佚，那么，隋朝牛弘能见万种书而不能见《关尹子》？唐朝数百年，没有人见《关尹子》，到了宋初，又才发现，谁能相信？这种当然是伪书。

三、从今本和旧志说的卷数、篇数不同，而定其伪，或可疑。这有二种：一是减少的，一是增多的。减少的，如《汉志》有《家语》二十七卷，到了《唐书·艺文志》（略称《唐志》），却有王肃注的《家语》十卷，所以颜师古注《汉志》说“非今所有《家语》”。可见王注绝非《汉志》原物。又如《汉志》已定《鬻子》二十二篇，为后人假托，而今本《鬻子》，才一卷十四篇。又说《公孙龙子》有十四篇，而今本才六篇。又如《慎子》有二十四篇，而《唐志》说有十卷，《崇文总目》说有三十七篇，而今本才五篇。这都是时代愈近，篇数愈少，这还可以说也许是后来亡佚了。又有一种，时代愈后，篇数愈多的，这可没有法子辩，说他不是伪书。如《鹖冠子》，《汉志》才一篇，唐朝韩愈看见的，已多至十九篇，宋朝《崇文总目》著录的，却有三十篇。其实《汉志》已明说《鹖冠子》是后人假托的书。韩愈读的，又已非《汉志》录的，已是伪中伪。《崇文总目》著录的，又非韩愈读的，更是伪中的伪又出伪了。又如《文子》，《汉志》说有九篇，马总《意林》却说有十三篇。这种或增或灭，篇数已异，内容必变，可以决定是伪书。最少也要怀疑，再从别种方法，定其真伪。

四、从旧志无著者姓名而定后人随便附上去的姓名是伪。如《文子》，《汉志》没有著者姓名。马总《意林》说是春秋末范蠡的老师计然做的，而且说计然姓章。汉人所不知，唐人反能知之？其实《文子》本身，已是伪书，窃取《淮南子》的唾余而成，何况凭空又添上一个不相干的人名呢？

五、从旧志或注家已明言是伪书，而信其说。如《汉志》已有很多注明依托，他所谓依托的，至少已辨别是假，那种书大半不存，存的必伪。又如颜师古注《汉志·孔子家语》说：“非今所有《家语》。”他们必有所见，才说这个话，我们当然不能信他所疑的伪书。又如《隋众经目录》，编《大乘起信论》于疑惑类说：“遍查《真谛录》，无此书。”法经著《隋众经目录》时，距真谛死，不过三十年，最少可以证明这书不是真的。

六、后人说某书出现于某时，而那时人并未看见那书，从这上可断定那书是伪。如《伪古文尚书》十六篇，说是西汉武帝时发现的，孔安国曾经作传，东汉末马融、郑玄又曾经作注。其实我们看西汉人引《尚书》的话，都不在《伪古文》十六篇之内。而马融《尚书注》虽然佚了，现在也还保留了一点，并没有注那十六篇。可见马、郑以前的人，并没有看见今本《伪古文尚书》，一定是三国以后的人假造的。不但如此，杜预是晋初的人，他注《左传》也常引佚书，而不言《尚书》，可见《伪古文尚书》，还在他以后才出现而造假的。偏想骗人，说是西汉出现的真书，谁肯相信呢？

七、书初出现，已发生许多问题，或有人证明是伪造，我们当然不能相信。如张霸伪造的百两《尚书》，不久即知其伪。《尚书·泰誓篇》，从河间女子得来，马融当时便已怀疑。这种书若还未佚，我们应当注意。

八、从书的来历暧昧不明，而定其伪。所谓来历暧昧不明，可分二种：一是出现的，二是传授的。前者如《古文尚书》，说是出于壁中，这个壁不知是谁的壁。有人说秦始皇焚书，伏生藏书壁中。到了汉朝，除藏书之禁，打开壁，取出书来，却已少了许多了。有人说孔子自己先知将来有一个秦始皇会焚他的书，预藏壁中。到了汉鲁共王，拆坏孔子的屋子，在壁间发现了《古文尚书》、《礼记》、《论语》、《孝经》等书。这二说都出于《汉书》，究竟哪说可信呢？像这类出现的，来历不明的很多。如《尚书》的《舜典》，说是从大航头找得，其实不过把《尧典》下半篇分出来，加上二十八字，而另成一篇。又如张湛注《列子》，前面有一篇叙，说是当五胡乱华时，从他的外祖王家得来的孤本。后来南渡长江，失了五篇，后又从一个姓王的得来三篇，后来又怎样得来二篇，真是像煞有介事。若《列子》果是真书，怎么西晋人都不知道有这样一部书？像这种奇离的出现，我们不可不细细的审查、根究，而且还可以径从其奇离，而断定为作伪之确证。

至于传授的暧昧，这类也很多。如《毛诗·小序》的传授，便有种种的异说：有的说子夏五传至毛公；有的说子夏八传至毛公；有的说是由卫宏传出的。我们从这统绪纷纭上，可以看出里面必有毛病。这种传授时和出现的暧昧，都可以给我们以读书得间的机会，由此追究，可以辨别书的真伪。

乙　从文义内容上辨别

上面讲的注重书的来历，现在讲的注重书的本身。从书的本身上辨别，最须用很麻烦的科学方法。方法有五。

一、从字句罅漏处辨别。作伪的人常常不知不觉的漏出其伪迹于字句之间，我们从此等小处着眼，常有重大的发现。其年代错题者，也可从这些地方考出。这又可分三种看法。

（子）从人的称谓上辨别。这又可分三种。

（A）书中引述某人语，则必非某人作。若书是某人做的，必无“某某曰”之词。例如《系辞》、《文言》说是孔子做的，但其中有许多“子曰”。若真是孔子做的，便不应如此。若“子曰”真是孔子说，《系辞》、《文言》便非孔子所能专有。又如《孝经》，有人说是曾子做的，有人直以为孔子做的。其实起首“仲尼居，曾子侍”二句便已讲不通。若是孔子做的，便不应称弟子为曾子。若是曾子做的，更不应自称为子而呼师之字。我们更从别的方法可以考定《孝经》乃是汉初的人所做，至少也是战国末的人所做，和孔、曾哪有什么关系呢。

（B）书中称谥的人出于作者之后，可知是书非作者自著。人死始称谥，生人不能称谥，是周初以后的通例。管仲死在齐桓公之前，自然不知齐桓公的谥。但《管子》说是管仲做的，却称齐桓公，不称齐君、齐侯，谁相信？商鞅在秦孝公死后即逃亡被杀，自然无暇著书。若著书在孝公生时，便不知孝公的谥。但《商君书》说是商鞅做的，却大称其秦孝公。究竟是在孝公生前著的呢？还是在孝公死后著的？

（C）说是甲朝人的书，却避乙朝皇帝的讳，可知一定是乙朝人做的。汉后的书对于本朝皇帝必避讳。如《晋书》是唐人修的，所以避李渊、李虎的讳，改陶渊明为陶泉明，改石虎为石季龙。假使不是唐人的书，自然不必避唐帝的讳。《元经》却很奇怪，说是隋朝王通做的，却也称戴渊为戴若思，石虎为季龙，是什么道理？又如汉文帝名恒，所以汉人著书，改恒山为常山，改陈恒为陈常。现在《庄子》里面却也有陈常之称，这个字若非汉人抄写时擅改，一定这一篇或这一段为汉人所窜补的了。

（丑）用后代的人名、地名、朝代名。这也可分三种。

（A）用后代人名。例如《尔雅》，一部分是叔孙通做的，一部分是汉初诸儒做的，大部分到了西汉末才出现，而汉学家推尊为周公的书。那书里有“张仲孝友”的话，张仲分明是周宣王时人，周公怎么能知道他呢？又如《管子》有西施的事，西施分明是吴王夫差时人，管仲怎么能知道她呢？又如《商君书》有魏襄王的事，魏襄王的即位在商鞅死后四十余年，怎么能够让商鞅知道他的谥法呢？由这三条，便可证明《尔雅》非周公所作，《管子》非管仲所作，《商君书》非商鞅所作。

（B）用后代地名。例如《山海经》说是大禹、伯益做的，而其中有许多秦汉后的郡县名，如长沙城都之类，可见此书至少有一部分是汉人所做或添补的。我们又可从地名间接来观察《左传》讲的分野。那十二度分野的说法，完全是战国时的思想，因其以国为界，把战国时大国如魏、赵、韩、燕、齐、秦、楚、越等分配给天上的星宿，说某宿属某国，可知是战国时的产品。当春秋时，赵、魏、韩还未成国，越、燕还很小，怎么可当星宿的分野呢？我们从《左传》讲分野这点，可以说《左传》不是和孔子同时的左丘明做的。至少也可以说，《左传》即使是左丘明做的，而讲分野这部分，一定是后人添上去的。

（C）用后代朝代名。我国以一姓兴亡为朝代，前代人必不能预知后代名。但是《尧典》却有“蛮夷猾夏”的话，夏乃大禹有天下之号。固然，秦以前的外民族号本民族为夏，汉以后的外族称本族为汉，唐以后的外族称本族为唐，我们现在还是自称汉人，华侨现在还是自称唐人，但都是后代人称前代名，没有前代人称后代名的。《尧典》却很可笑，却预知本族可称夏，这不是和宋版《康熙字典》同一样笑话吗？我们看那篇首不是分明说了“曰若稽古帝尧”么，加以现在这层证据，可知一定是夏商以后、孔子以前的人追述的。而后人却说《尧典》等篇非尧舜的史官不能做到这样好，岂非笑话。

（寅）用后代的事实或法制。这可分二种。

（A）用后代的事实。这又可分三种。

（a）事实显然在后的。如《商君书》有长平之战，乃商鞅死后七十八年之事，可知是书是长平之战以后的人做的。又如《庄子》说过“田成子杀其君，十二世而有齐国”的话，自陈恒到秦灭，齐恰是十二世，到庄周时代，不过七八世，庄周怎么能知陈氏会有齐十二世呢？这可知那篇一定是秦汉间的人做的，否则不致那么巧。又可知《庄子》虽然是真的，外篇却很多假的，必须细细考证一番。

（b）预言将来的事显露伪迹的。这类《左传》最多。《左传》好言卜卦，卜卦之辞没有不灵验的。如陈敬仲奔齐，懿仲欲妻以女，占曰：“……有妫之后，将育于姜，五世其昌，并于正卿，八世之后，莫之与京。”和后来的事实一一相符。即使有先见之明，也断断不致如此灵验，这分明是在陈恒八世孙以后的人从后附会的，哪里是真事。又如季札观乐上国，批评政治的好坏，断定人事的兴衰，没有一句不灵验的。当时晋六卿还是全盛，他却说三家将分晋。当时齐田氏有齐以后的人追记其事时，乐得说好些，以显其离奇灵验。我们正可以离奇灵验的记载做标准，而断定这些话之靠不住。

（c）伪造事实的。例如《文中子中说》把隋唐阔人都拉在他——王通——门下，说仁寿二年曾见李德林，又曾遇关朗。其实李德林之死，在仁寿二年之前九年，关朗乃早百二十余年的人，何能看见王通？此外如房玄龄、杜如晦、李靖……都说是王通的弟子，而他书一无可考。从各方面观察，可知《文中子中说》是伪书。若真是王通做的，则王通是一钱不值的人。若是别人为王通捧场而做的，则伎俩未免太拙了。

以上三种，（a）是与事实不符，（b）是假托预言，（c）是纯造谣言。只要我们稍为留心，便可识破伪迹。

（B）用后代的法制。例如《亢仓子》说："衰世以文章取士。"以文章取士，乃六朝以前所无，唐后始有。亢仓子是庄周的友，战国时人，怎么知有考八股的事呢？从此可知一定是唐以后的人做的。又如《六韬》有"帝避正殿"之事，避正殿乃秦以前所无，汉后始有。《六韬》说是周初的书，周朝哪有此种制度呢？从此可知是汉以后的人做的。凡是朝廷的制度法律、社会的风俗习惯，都可以此例做标准，去考书的真伪和年代。

二、从抄袭旧文处辨别。这可分三种。

（子）古代书聚敛而成的。战国时有许多书籍并非有意作伪，不过贪图篇幅多些，或者本是类书，所以往往聚敛别人做的文章在一处。这可分二种。

（A）全篇抄自他书的。例如《大戴礼记》有十篇说是曾子做的，而《曾子·立身篇》却完全从《荀子》的《修身》、《大略》两篇凑成。我们已经知道荀子书是很少伪杂的，《修身》、《大略》的见解尤其确乎是荀子的。那么，《曾子·立身篇》一定是编《大戴礼记》的人抄自《荀子》无疑。又如《韩非子·初见秦篇》完全和《战国策·秦策一》的第四段相同，只是这里说是韩非的话，那儿又说是张仪的话，有点差异。其实韩非是韩的诸公子，不致说《初见秦篇》那种昧心话，去和敌国设计灭祖国。

我们看那篇后的《存韩篇》，极力想保存韩国，便知韩非决不致有这样矛盾的主张，那篇一定是编书的人抄自他书的。但《战国策》本身和类书一样，他把那篇嫁往张仪身上，其实篇中已有张仪死后四十九年的事，张仪怎么能领受呢？大概《初见秦篇》本是单篇流行的无名氏游说辞，因为文章做得好，编《战国策》和《韩非子》的人，便都把他收入去了。此外又如《鹖冠子》，分明是伪书。据韩愈所分，前三卷，中三卷，后二卷，而前卷完全自《墨子》抄来，实在太不客气了。

（B）一部分抄自他书的。此类极多。例如《商君书·弱民篇》“楚国之民齐疾而均速”以下一段，又见于《荀子·议兵篇》，批评各国的国民性。但《荀子》是真书，而且《议兵篇》是荀子和赵临武君对谈的话，口气很顺。《商君书》本身已有些部分可疑，而《弱民篇》又不似著述的体裁，我们可从此断定是编《商君书》的人抄袭《荀子》的一段。此外，也不多举例了。

（丑）专心作伪的书剽窃前文的。有意作伪的人想别人相信他，非多引古书来搀杂不可。例如《伪古文尚书》是东晋时人做的，因当时逸书很多，而造伪者只要有一点资料可采，便不肯放过，采花酿蜜似的，几无痕迹可见。清儒有追寻伪古文出处的，也几乎都能找到他的老祖宗。自宋儒程、朱以来，所认为最可宝贵的十六字“人心惟危，道心惟微，惟精惟一，允执厥中”，据他们说，真是五千年前唯一的文化渊源了。但我们若寻他的出处，便知是从《荀子·解蔽篇》、《论语·尧曰篇》的几句话凑缀而成。《解蔽篇》引道经曰：“人心之危，道心之微。”《尧曰篇》述尧命舜之言曰：“允执其中。”伪造者把二处的话连缀一处，把“之”字改为“惟”字，加上一句“惟精惟一”，便成了十六字传心秘诀，其实哪里真有这回事呢？又如《列子》有十之三四和《庄子》相同，并且有全段无异的。列子虽似是庄子的先辈，但庄子叙述列子，是否和叙述混沌倏忽一般的是寓言，已是问题。假使真有列子其人，则《庄子》是盗窃先辈的书。

而庄子决不致如此，庄子是创作家，文章、思想都很好。我们看《列子》、《庄子》大同小异处，《列子》或改或添总是不通。唐以后的古文家说列子的文章比庄子还更离奇，其实所谓离奇处正是不通处。我们从这上便正可以证明是《列子》抄《庄子》，而非《庄子》抄《列子》了。

还有一个最奇怪的例，《文子》完全剽窃《淮南子》，差不多没有一篇一段不是《淮南子》的原文，只把篇目改头换面。如《淮南子》第一篇是《原道》，他却改为《道原》，真是无聊极了。像这类的书，没有一点价值可说，焚毁也不足惜。

（寅）已见晚出的书而剿袭的。例如《焦氏易林》说是焦延寿做的。焦延寿是汉昭帝、宣帝时人，那时《左传》未立学官，普通人都看不见。现在《易林》引了《左传》许多话，其实《左传》到汉成帝时才由刘歆在中秘发现。焦延寿怎么能看见《左传》呢？这分明是东汉以后的人见了那晚出的《左传》才假造的。又如《列子·周穆王篇》完全和《穆天子传》相同。前人疑《列子》是假书，《四库全书提要》因这层便说似是真书。其实我们却正可因这层说他必伪无疑，因为《穆天子传》至晋太康二年才出土，伪造《列子》的张湛刚好生在其后不久，张湛见了《穆天子传》，才造《周穆王篇》。和东汉后人见了《左传》，才造《易林》，有什么不同呢？

三、从佚文上辨别。有些书因年载久远而佚散了，后人假造一部来冒替。我们可以用真的佚文和假的全书比较，看两者的有无同异，来断定书的真伪。现在分二种讲。

（子）从前已说是佚文的，现在反有全部的书，可知书是假冒。例如《伪古文尚书》每篇都有许多话在马融、郑玄、杜预时已说佚文的。马、郑在东汉且不能见全书，怎么东晋梅赜反能看见呢？只此消极的理由，便可证明那书是西晋人假造的了。

（丑）在甲书未佚以前，乙书引用了些，至今犹存，而甲书的今本却没有或不同于乙书所引的话，可知甲书今本是假的。例如《竹书纪年》是晋太康三年在汲郡魏冢发现的。《晋书·束皙传》记其书和旧说不同的有夏年多殷、启杀伯益、太甲杀伊尹、文丁杀季历等事，当时很有人因此疑《竹书》为伪。殊不知造伪者必不造违反旧思想之说，姑且勿论。今本却因其事违反旧说而完全删改，一点痕迹找不着了。可知今本《竹书纪年》必不是晋时所发现的。又如《孔子家语》，从前已说过，颜师古注《汉书》已说"非今所有《家语》"。古本真伪，已不能确考。但《左传》正义引《观周篇》，说是沈文炳《严氏春秋》引的，杜佑《通典》六十九亦引了崔凯所引的，那些话都是今本所没有。可知今本是假的，而造伪的王肃已不曾见到古本。像这类古书虽佚，尚存一二佚文于他书，我们便可引来和今本比较，便考定今本的真伪了。

四、从文章上辨别。这可分四项。

（子）名词。从书名或书内的名词可以知道书的真伪。例如《孝经》，大家说是曾子做的，甚至说是孔子做好而传给曾子的。姚际恒辨之曰："诸经古不系以经字，惟曰《易》、曰《诗》、曰《书》，其经字乃俗所加也。自名《孝经》，自可知其非古。若去经字，又非如《易》、《书》、《诗》之可以一字名者矣。班固似亦知之，曰：'夫孝，天之经，地之义，民之行也。举其大者言，故曰《孝经》。'此曲说也。岂有取'天之经''经'字配'孝'字以名书，而遗去'天'字，且遗去'地之义'诸句者乎？"我们单根据这条，便可知《孝经》决不和孔子、曾子有直接的关系了。

还有个可笑的例。释迦牟尼讲佛法，都由他的十大弟子传出，所以佛经起首多引十大弟子的一人，说："如是我闻，一时佛在……与大弟子某某俱……"十大弟子有一个叫做优波离，和婆罗门教的哲学书《优波尼沙》只差一字。现在有一部《楞严经》，起首就说："如是我闻优波尼沙说。"竟把反对佛教的书名当做佛弟子的人名了。这种人名、书名的分别，只要稍读佛经者便可知道，而伪造《楞严经》者竟混而为一，岂非笑话。

（丑）文体。这是辨伪书最主要的标准，因为每一时代的文体各有不同，只要稍加留心便可分别。即使甲时代的人模仿乙时代的文章，在行的人终可看出。譬如碑帖，多见多临的人一看便知是某时代的产物。譬如诗词，多读多做的人一看便知是某时代的作品。造伪的人无论怎样模仿，都不能逃真知灼见者的眼睛。

这种用文体辨真伪或年代的工作，在辨伪学中很发达。《汉书·艺文志》“《大禹》三十七篇”下，班固自注云：“传言禹所作，其文似后世语。”这类从文章辨说书的假冒，不止一条。后汉赵岐删削《孟子》外篇四篇，说：“其文不能闳深，不与内篇相似。”晋郭象删削《庄子》许多篇，也从文体断定不是庄子做的。《伪古文尚书》最初何以有人动疑，也因为《大诰》、《洛诰》、《多士》太诘屈聱牙，而《五子之歌》、《大禹谟》却可歌可诵，二者太悬殊了。如果后者确是夏初的作品，这样文从字顺，而前者是商周的作品，反为难读，未免太奇怪了。固然也有些人喜用古字古句，如樊宗师、章太炎的文章，虽是近代而也很难读，但我们最少可以看出是清朝人的文章。若指为汉文，则终不似。而除这些人以外，大多数人的文章总是时代越近越易懂。《伪古文尚书》便违反了这个原则，那几篇说是夏商的反较商周的为易懂，所以不能不令人怀疑而辨伪了。

此外，又如苏轼说《马蹄篇》和《庄子》他篇不似而以为伪，固未必是，但《庄子》内篇和外篇文体不同，可知必非一人所作。又如《孝经》、《鬻子》、《子华子》、《亢仓子》，一望而知为秦汉之文，非秦汉人不能做到那样流丽。《关尹子》更可笑，竟把六朝人翻译佛经的文体伪托先秦。所以我们从文体观察，可使伪书没有遁形，真妙得很。

上面辨的关于思想方面的书，若从文体辨文学作品的真伪，则越加容易。例如《古诗十九首》，前人说是西汉枚乘做的。若依我的观察，《十九首》的诗风完全和建安七子相同，和西汉可靠的五言诗绝异。西汉《铙歌》如十八章音节腔调绝对不似《十九首》，东汉前期的作品亦不相类。《十九首》中如古洛、东门、北邙等名词都是东汉以后才习用，也可作一证。即以文体而论，亦可知不特非西汉作品，且非东汉前期作品也。又如词的起源，中唐刘禹锡、白居易始渐渐增减诗句而为之，字语参差，只有单调。到了晚唐，才有双调。李白生在中唐，却能做《菩萨蛮》、《忆秦娥》那样工整的双调词，岂不可怪？倘使李白的词是真的，怎么中唐至唐末百余年间没有一人能做他那样的词，一直到温庭筠才试做，还没有十分成熟呢？

真的讲，像这种从文体辨伪书的方法，真妙得很，却难以言传，但这个原则是颠扑不破的。如看字看画看人的相貌，有天才或经验的人暗中自有个标准。用这标准来分别真伪年代或种类，这标准十分可靠。但亦不可言说，只有多经验，经验丰富时，自然能用。我自己对于碑帖便有这种本领，无论那碑帖这样的毫无证据可供我们考其年代，我总可从字体上断定是何时代的产品，是何代前期的或后期的。无论造伪碑帖的人怎样假冒前代，和真的混杂一起，我总可以分别他孰真孰伪。辨古书的真伪和年代，我也惯用此法。

（寅）文法。凡造伪的不能不抄袭旧文，我们观察他的文法，便知从何处抄来。例如《中庸》说是子思做的，子思是孟子的先生，《中庸》似在《孟子》之前。但依崔述的考证，《中庸》却在《孟子》之后，证据很多，文法上的也有一个。崔述把《中庸》、《孟子》相同的“在下位不获乎上……”一章比较字句的异同、文法的好歹，说《孟子》“措语较有分寸……首尾分明，章法甚明”，《中庸》所用虚字“亦不若《孟子》之妥适”，可见“是《中庸》袭《孟子》，非《孟子》袭《中庸》”。又如《庄子》和《列子》相同的，前人说是《庄子》抄《列子》。前文已讲过庄子不是抄书的人，现在又可从文法再来证明。《庄子·应帝王篇》曾引壶子说：“……是殆见吾衡气机也。鲵旋之潘为渊，止水之潘为渊，流水之潘为渊。渊有九名，此处三焉。”大约因衡气机很难形容，拿这三渊做象征。但有三渊便尽够了，伪造《列子》的因为《尔雅》有九渊之名，想表示他的博学，在《黄帝篇》便说：“……是殆见吾衡气机也。鲵旋之潘为渊，止水之潘为渊，流水之潘为渊，滥水之潘为渊，沃水之潘为渊，氿水之潘为渊，雍水之潘为渊，汧水之潘为渊，肥水之潘为渊，是为九渊焉。”竟把引书的原意失掉了，真是弄巧反拙，谁能相信《列子》在《庄子》之前呢？又如贾谊《新书》早已亡佚了，今本十之七八是从《汉书·贾谊传》抄来的。《贾谊传》的事实言论，《新书》拿来分做十数篇，各有篇名。前人说是《汉书》采各篇成传，其实如《贾谊传》的《治安疏》，全篇文章首尾相顾，自然是贾谊的作品。而《新书》也分做几篇，章法凌乱，文气不接，割裂的痕迹显然。贾谊必不致割裂一疏以为多篇，亦不致凑合多篇以为一疏。若是真的《新书》还存在，一定有许多好文章，不致如今本的疏陋。今本是后人分析《贾谊传》而成，我们可无疑了。

（卯）音韵。历代语言的变迁，从书本还可考见。先秦所用的韵和《广韵》有种种的不同，那不同的原则都已确定了。例如“为”、“离”今在“支”韵，古在“歌”韵。三百篇、《易》象辞都不以“为”、“离”叶“支”，“为”必读做“讹”、“禾”，“离”必读做“罗”。以“为”、“离”叶“支”韵的，战国末年才有。《九歌·少司命》以“离”和“辞”、“旗”、“知”叶。《离骚》、《东君》以“蛇”和“雷”、“怀”、“归”叶。《韩非子·扬权》篇以“离”和“知”、“为”叶。这些证据不能不令我们承认这个原则。我们翻回来看《老子》，却觉得奇怪了，那第九章：“明白四达，能无知乎？”竟把“知”字叶上文的“离”、“儿”、“疵”、“为”、“雌”。我素来不相信《老子》是孔子的作品，这个证据亦很重要，从此可断定《老子》必定是战国末年的人做的。若是《老子》确是和孔子同时的老聃做的，便不应如此叶韵。可惜我们对于古语的变迁不能够多知道，若多知道些，则辨伪的证据越加更多。现在单举一例，做个嚆矢罢了。

五、从思想上辨别。这法亦很主要，前人较少用，我们却看做很好的标准。可分做四层讲。

（子）从思想系统和传授家法辨别。这必看定某人有某书最可信，他的思想要点如何，才可以因他书的思想和可信的书所涵的思想相矛盾而断定其为伪。如孔子的书以《论语》为最可信，则不能信《系辞》，前面已讲过。孔子是现实主义者，绝无谈玄的气味，而《系辞》却有很深的玄学气味，和《论语》正相反。我们既然相信《论语》，最少也认为《系辞》不是孔子自己做的。否则孔子是主张不一贯而自相矛盾的人，这又于思想系统上说不过去了。

又如柳宗元辨《晏子春秋》，是最好的从思想上辨别的例。虽不很精，但已定《晏子春秋》是齐人治墨学者所假托，因书中有许多是墨者之言。而晏子是孔子前辈，如何能闻墨子之教？那自然不是晏子自做的书。

又如《老子》，说就是老聃做的。到底是否孔子问礼的老聃，有没有老聃这个人，且不问。假使我们相信有这人，孔子果真问过礼，那么，《礼记·曾子问》所记孔子、老子问答的话也不能不认为真。若认为真，那么，那些话根本和《老子》五千言不相容。《曾子问》的老聃是讲究礼仪小节的人，决不配做五千言的《老子》。做五千言的人，方且说“夫礼者，忠信之薄而乱之首也”，哪有工夫和孔子言礼。《老子》五千言到底是谁做的，我们不能知道，但从此可知，决非孔子问礼的老聃做的。

又如《尹文子》思想很好，而绝对不是尹文子做的。《庄子·天下篇》以尹文子和宋钘对举，说他：“……上说下教，虽天下不取，强聒而不舍者也……不为苛察，不以身假物，以为无益于天下者，明之不如已也。以禁攻寝兵为外，以情欲寡浅为内。”可知他很有基督教的精神，标出一二语而推衍出去，不欲逐物苛察，决不似名家。但后人都认他为名家，今本《尹文子》亦是名家言。我们相信《天下篇》的，便不能相信今本《尹文子》是尹文子的作品，因为书上的思想显然和《天下篇》说的不同。

以上是先秦各书的例，以下举二个佛经的例。前面已讲过《起信论》、《楞严经》是假的，种种方面都可证明，而最主要的还在思想上根本和佛经不相容。《起信论》讲“无明”的起源，说：“忽然念起，而有‘无明’。”佛教教理便不容有此，因为佛教最主要的十二因缘，无论何派都不能违背这个原理。十二因缘互相对待，种种现象由此而起，没有无因无缘忽然而起的事物，主观和客观对待，离则不存，一切法都由因缘而生。《起信论》“忽然念起，而有‘无明’”的思想，根本和佛理违反，当然不是佛教的书。《楞严经》可笑的思想更多，充满了“长生”、“神仙”的荒诞话头，显然是受了道教的暗示，剽窃佛教的皮毛而成。因为十种仙人，长生不老，都是道教的最高企冀，佛教却看轻神仙、灵魂、生命，二者是绝对不相容的。真正佛经并没有《楞严经》一类的话，可知《楞严经》是假书。

从传授家法上也可以辨别书的真伪。汉朝诸儒家法很严，各家不相混淆。申培是传《鲁诗》的人，刘向是他的后起者。假使《申培诗说》未亡，一定和刘向的见解相同，和《齐诗》、《韩诗》殊异，和《毛诗》更不知相差几千里。而今本《申培诗说》却十分之九是抄袭《毛诗》，《毛诗》和《鲁诗》相反，申培如何会帮助《毛诗》说话？我们更从别方面，已证明今本《申培诗说》是明人假造的，这也是个证据。

（丑）从思想和时代的关系辨别。思想必进化，日新月异，即使退化，也必有时代的关系。甲时代和乙时代的思想必有关联影响，相反相成，不能无理由的发生。乙时代有某种思想，一定有他的生成原因和条件。若没有，便不生。倘使甲时代在乙时代之前，又并没发生某种思想之原因和条件，却有涵某种思想的书说是甲时代的，那部书必伪。例如《列子》讲了许多佛理，当然是见了佛经的人才能做。列子是战国人，佛经到东汉才入中国，列子如何得见佛经？从前有人说："佛教何足奇？我们战国时已有列子讲此理呢。"其实哪里有这回事。我们只从思想突然的发生这层已足证明《列子》是假造的了。固然也许有些思想，中外哲人不约而同的偶然默合，但佛教的发生于印度，创造于释迦牟尼，自有其发生之原因和条件。战国时代的中国，完全和当时的印度不同，并没有发生佛理的条件和原因。列子生在这种环境，如何能发生和佛理相同的思想呢？

又如阴阳家的思想乃邹衍所创，邹衍以前从没有专讲阴阳的书，《诗》、《论语》和《易》的卦辞、爻辞绝对不讲，《易》的《彖辞》、《象辞》也只是泰、否二卦提及了这二字，《系辞》、《文言》却满纸都是讲阴阳了。从前的阴阳二字只表示相反，并无哲学的意味，《系辞》、《文言》却拿来做哲学上的专名了。这分明告诉我们，卦辞、爻辞是一个时代的产品，《彖辞》、《象辞》是一个时代的产品，《系辞》、《文言》是一个时代的产品，并不是同一时代的。这又分明告诉我们，《系辞》、《文言》受了邹衍的影响很深，也许是阴阳家——儒家的齐派——做的，时期在战国后期，因为思想的发生是有一定的次序的。

又如《管子》非难"兼爱"、"非攻"之说，也是一个很有趣味的问题。"兼爱"、"非攻"完全是墨家的重要口号，墨家的发生，在管仲死后百余年。管仲除非没有做《管子》，否则怎么能知道墨家的口号呢？这可知《管子》不是管仲做的，他的成书一定在墨家盛行之后。

又如《老子》拼命攻击仁义，更有意思。孔子以前，无人注意"仁"的重要，自孔子始以"仁"为人格最高的标准，和"智"、"勇"对举。孟子以前，无人同时言"仁"、"义"。自孟子始以"义"和"仁"同等的看待，做人格的标准。孔子最大的功劳就在发明"仁"字，孟子最大的功劳就在发明"义"字。自此以后，一般人始知仁义的重要。《老子》倘使是孔子前辈老聃做的，那时孔子也许还未提倡"仁"字，孟子还没有出世，"义"字也还没有人称用，那么《老子》攻击仁义，不是"无的放矣”么？从这上，我们可以断定，《老子》不但出于孔子之后，而且更在孟子后。还有，《老子》有句“不尚贤，使民不争”的话。“尚贤”乃是墨家的口号，墨家发生在孔子之后，这也是《老子》晚出的小小证据。和上例同一理由，说到“仁义”二字，又想起《系辞》曾说：“立人之道，曰仁与义。”仁义对举，始自孟了，前面已讲过。那么，《系辞》是孟子以后的人做的，也可以由此断定。从上面诸例，可知我们注意思想和时代的关系，去辨古书的真伪和年代，常有重要的发现和浓厚的趣味。

（寅）从专门术语和思想的关系辨别。例如今本《邓析子》第一篇是《无厚》，有人说邓析为“无厚”之说。到底邓析著了书没有，本是问题，许是战国时人著书托名邓析，亦未可知。“无厚”是战国学者的特别术语，《墨经》：“端体之无厚而最前者也。”《庄子·养生主》：“以无厚入有间。”“无厚”的意义，《墨经》说解做几何学上的“点”，无面种的可言。《庄子》譬做极薄的刀锋，无微不入，只是一种象征。战国名家很喜欢讨论这点，这“无厚”的意义也是学者所俱知的。《邓析子》既号称是名家的书，对于这点，应该不致误解。不料今本却很使人失望，《无望》篇开头便说：“天于人，无厚也。君于民，无厚也。父于子，无厚也。兄于弟，无厚也……”竟把“厚”字当做实际的具体的道德名词，把“无厚”当做刻薄解。这种浅薄的思想，连专门术语也误解误用，亏他竟想假托古书。从这点看，《邓析子》既不是邓析的书，也不是战国人所伪造，完全是后世不学无术的人向壁虚造的。像这类不通的书比较的少，现在也不多举例了。

（卯）从袭用后代学说辨别。这虽和思想无大关系，但也可以辨真伪。如《子华子》是伪书无疑，作伪的不是汉人，不是唐人，乃是宋人。不是南宋人，乃是北宋人。怎么知道？因为那书里有许多抄袭王安石《字说》的地方。《字说》到南宋已不行于世了，所以晁公武《郡斋读书志》断定他是北宋末年的人假造的。又如《申培诗说》，前面已讲过是伪书。他又抄袭朱熹《毛诗集传》之说，可知一定是南宋以后的人所伪造。又如《孔丛子》“禋于六宗”之说完全和《伪古文尚书孔安国传》及伪《孔子家语》相同，可见也是西晋以后的伪书。

以上讲的是辨真伪、考年代的五大法门，我们拿来使用，对于古书才有很明了的认识，这是我们最须记住的一章。

第五章　伪书的分别评价

伪书非辨别不可，那是当然的，但辨别以后，并不一定要把伪书烧完。固然也有些伪书可以烧的，如唐宋以后的人所伪造的古书，但自唐以前或自汉以前的伪书却很可宝贵，又当别论。其故因为书断不能凭空造出，必须参考无数书籍，假中常有真宝贝，我们可把他当做类书看待。战国人伪造的书一定保存了秦始皇焚书以前的资料，汉人伪造的书一定保存了董卓焚书以前的资料，晋人伪造的书一定保存了八王之乱以前的资料。因为那些造伪的人生在焚书之前，比后人看的书多些。例如《伪古文尚书》采集极博，他的出处有一大半给人找出来了，还有小半找不出，那些被采集而亡佚的书反赖《伪古文尚书》以传世。又如《列子》是伪书，里面的《杨朱篇》也有人怀疑，但张湛伪造《列子》时，谁敢担保当时没有他书记载杨朱学说？谁敢担保张湛不会剽窃那书以做《杨朱篇》，同剽窃《穆天子传》以做《周穆王篇》一样？现在杨朱学说除了《列子》那篇以外更没有什么可考，那篇当然在可宝贵之列。像这类的伪书，可以当做类书用，其功用全在存古书。这是一种。

伪书第二种功用是保存古代的神话。拿神话当做历史看，固然不可，但神话可以表现古代民众的心理，我们决不可看轻。而且有许多古代文化，别无可考，我们从神话研究，可以得着许多暗示，因而增加了解，所以今日学者有专门研究古民族的神话的。伪书中如谶纬一类，保存古神话不少，我们拿来当小说读，也许可以知道些古代的文化和古民族的心理。

伪书第三种功用是保存古代的制度。如《周礼》一书，虽然决不是周公所作，是伪托的书，而那种精密的政制、伟大的计划，是春秋以前的人所梦想不到的。可知必曾参考战国时多数的政制，取长去短而后成书，而战国政制赖以保存的一定不少。伪造的人虽不知名，但必是战国末至汉初的人，那个人的理想安排到书里的自然很多。那种理想的政制，总不免受有时代的影响。我们既佩服那种理想，又可以跟着探知当时的政制。我们拿《周礼》当做周公时代的政制看，自然错了，《周礼》也就毫无用处。若跟着《周礼》去研究战国至汉初的政制，那末，《周礼》再可宝贵没有了。这类保存古代制度的伪书很多，只看我们善用不善用。

还有一种保存古代思想的功用也是伪书所有的。例如《列子》，我们若拿来当做列御寇的思想看，那便错了。若拿来当做张湛的思想看，再好没有了。若拿来和《老子》、《庄子》放在一起，那又错了。若拿来和王弼《老子注》、何晏《论语注》放在一起，却又很有价值了。又如《起信论》、《楞严经》，我们根据来研究印度的佛教思想，固然不可。若根据来研究中国化的佛教的一种思想，却又是极重要的资料了。像这类，造伪的人虽然假托别时别人，我们却不和他这样说，单要给他脱下假面具，还他的真面目。一面指出他伪造的证据，宣布他的罪状；一面还他那些卖出的家私，给他一个确定的批评。这么一来，许多伪书都有用处了，造伪的人隐晦的思想也宣显了。

由上面四点看，伪书有许多分明是伪而仍是极端有价值的，我们自然要和没有价值的分别看。但当伪书的真伪和年代未曾确实证明之先评定价值，是不容易的。

《古书真伪及其年代·总论》完。

附宋、胡、姚三家所论列古书对照表

诸子辨		四部正讹		古今伪书考	
所辨的书名	判语	所辨的书名	判语	所辨的书名	判语
鬻子	其徒所记 汉儒补缀	鬻子	伪残	鬻子	伪
管子	非管仲自作	管子	真伪相杂	管子	真杂以伪
晏子	非晏婴自作	晏子	同上	晏子春秋	后人采婴 行事为之
老子	疑				
文子	非计然所著	文子	驳杂	文子	不全伪
关尹子	伪	关尹子	伪	关尹子	伪
亢仓子	伪	亢仓子	伪益	亢仓子	伪
邓析子	真				
鹖冠子	真	鹖冠子	伪杂以真	鹖冠子	伪
子华子	伪	子华子	伪	子华子	伪
列子	后人荟粹而成	列子	真杂以伪	列子	伪
曾子	非曾子自作				
言子	非言偃自作				
子思子	非子思自作				
慎子	真			慎子	伪
庄子	盗跖渔父让王 疑后人所剿入			庄子	真杂以伪
墨子	真				
鬼谷子	真	鬼谷子	伪	鬼谷子	伪
孙子	真	孙武	无可疑	孙子	未知谁作
吴子	真	吴起	战国人掇其 议论成编	吴子	伪
尉缭子	真	尉缭	无可疑	尉缭子	伪
尹文子	伪			尹文子	伪

诸子辨		四部正讹		古今伪书考	
商子	真			商子	伪
公孙龙子	真			公孙龙子	伪
荀子	真				
韩子	真				
燕丹子	伪				
孔丛子	伪	孔丛子	真疑伪	孔丛子	伪
淮南鸿烈解	真				
扬子法言	真				
抱朴子	真	抱朴子内外篇	真		
刘子	非刘昼作	刘子新论	非刘昼作	刘子新论	未知谁作
文中子	伪	文中子	真伪相杂	文中子	伪
天隐子	疑				
玄真子	真				
金华子	真				
齐丘子	伪窃	化书	窃	化书	未知谁作
聱隅子	真				
周子通书	真				
子程子（一名程子粹言）	真中有伪				
		连山易	伪		
		归藏易	伪		
		子夏易	伪中伪	子夏易传	伪
		周易乾凿度	伪	易乾凿度	伪
		乾坤凿度	伪中伪		
		三坟	伪	古三坟书	伪
		古文尚书百两篇	伪		
		尚书孔安国序	疑		

诸子辨		四部正讹		古今伪书考	
		元命包	真疑伪		
		关朗易传	伪	关朗易传	伪
		麻衣心法	伪	麻衣正易心法	伪
		王氏元经	伪	元经	伪
		仪礼逸经	伪		
				易传	别详通论
				古文尚书	伪
				尚书汉孔氏传	伪
				焦氏易林	伪
				诗序	伪
				子贡诗传	伪
				申培诗说	伪
				周礼	别详通论
				大戴礼	决非戴德本书
				孝经	伪
				忠经	伪
				孔子家语	伪
				小尔雅	即孔丛子第十一篇　伪
				家礼仪节	伪
		阴符经	伪	阴符经	伪
六韬	后人依托	六韬	伪	六韬	伪
三略	后人依托	三略	非圯上老人作伪杂以真	黄石公三略	伪
		越绝书	东汉人据伍子胥润饰易名	越绝书	书不伪但非子贡子胥作
		素问	六朝以后据内经缀辑易名	黄帝素问	伪

诸子辨		四部正讹		古今伪书考	
		灵枢	同上	灵枢经	伪
		魏公子无忌	秦汉游侠依托		
		苌弘	同上		
		范蠡	同上		
		大夫种	同上		
		公孙鞅	同上		
		广武君	汉游侠依托		
		韩信	同上		
		神农	依托尤荒唐		
		黄帝	同上		
		风后握奇经	同上	风后握奇经	伪
		力牧	同上		
		蚩尤	同上		
		封胡	同上		
		鬼臾区	同上		
		项王	伪托		
		武侯十六策	伪		
		武侯心书	伪	心书	伪
		黄石公素书	伪	素书	伪
		孙子（孙绰）	本书亡佚 后人补之		
李卫公问对	后人依托	李卫公问对	伪	李卫公问对	伪
		广成子	伪		
		无名子	伪		
		黄帝内传	伪		
		穆天子传	周穆王史 官所记	穆天子传	汉后人作
		晋史乘	伪	晋史乘	伪

诸子辨		四部正讹		古今伪书考	
		楚梼杌	伪	楚梼杌	伪
		山海经	战国好奇之士杂录奇书而成	山海经	书不伪但非禹　伯益作
		燕丹子	汉末文士据荊轲增损而成		
		宋玉子	伪		
		神异经	伪托	神异经	伪
		十洲记	伪托	十洲记	伪
		赵飞燕外传	伪	赵飞燕外传	伪
		鲁史记	伪		
		西京杂记		西京杂记	
		述异记	未知作者是任昉或祖同		
		列仙传	伪	列仙传	伪
		牟子论	伪		
		洞冥记	伪	洞冥记	伪
		汉武内传	伪	汉武故事	伪
		拾遗记	伪		
		梁四公记	伪		
		隋遗录（一名南部烟花录）	伪		
		开元天宝遗事	伪		
		广陵妖乱志	讪谤之词		
		潇湘录	最鄙诞　作者不一说		
		牛羊日历	托名		
		龙城录	嫁名		
		续树萱录	嫁名		
		白猿传	托名		

诸子辨		四部正讹		古今伪书考	
		碧云騢	托名		
		云仙散录	前六卷伪		
		清异录	真		
		艾子世传	伪		
		钟吕传道集	伪		
		香奁集	托名		
		魏文诗格	伪		
		李峤诗评	伪		
		二金针传	伪		
		欧阳修杜诗注	伪		
		苏氏杜诗注	伪		
		洞极	伪		
司马穰苴兵法	疑亦非伪	司马法	真杂以伪	司马法	伪
		通玄经	同上		
		潜虚	真疑伪		
		春秋繁露	讹	春秋繁露	书不伪书名伪
		周书	真	汲冢周书	汉后人仿效为之
		纪年	真	竹书纪年	后人增改
				天禄阁外史	伪
				十六国春秋	伪
				致身禄	伪
				隆平集	伪
				于陵子	伪
				石申星经	伪
				周髀算经	伪
				拨沙经	伪
				神农本草	伪

诸子辨		四部正讹		古今伪书考	
				秦越人难经	伪
				脉诀	伪
				博物志	伪
				杜律虞志	伪
				三礼考注	真杂以伪
				贾谊新书	伪
				伤寒论	伪
				金匮玉函经	伪
				尔雅	书不伪但非周公作
				韵书	书不伪但非沈约作
				水经	书不伪但非桑钦作
				吴越春秋	有二作者未知谁作
				东坡志林	书不伪书名伪
				国语	未知谁作

附语：《诸子辨》不能说是纯粹辨伪的书，因为他每辨一书，总有一段批评那书的理解，甚至完全是批评，没有一句是辨伪的。不过他总是辨伪的一部要紧书，所以和《四部正讹》、《古今伪书考》列成一表，以便比较。《诸子辨》系宋濂所作，《四部正讹》系胡应麟所作，《古今伪书考》系姚际恒所作，故此表名《宋、胡、姚所论列古书对照表》。

以上总论由周传儒、姚名达、吴其昌笔记

分论·经部

前几次的讲演已把《总论》讲完了，自此以后所讲的就是《分论》。我想把重要的伪书，一部一部的辨个清楚。但是古书的范围太空泛了，古书须辨别真伪和年代的太繁多了，须有个界限才对。我现在想用两个标准：一是书的性质，以经部、子部做范围；二是书的时代，以两汉以前做断限，因为两汉以前的经书、子书伪的最多而其影响也最大，最值得我们去辨别考证。当然，造伪辨伪的人虽生在三国六朝以后而其所造所辨的书是被认为两汉以前的，我们也不能屏除于讲演之外，这是以书为主，不是以人为主。本学期时间不多了，自然不能讲完全书，我打算把经书讲完，子书以俟异日。

第一章 《易》

《易》虽似一完书，内容却很混杂，要分做若干部分来讲才对。因为这书不是一时代、一个人做成的，所以问题很多，应该把各部分逐一的审查辨别一番。现在先把这书各部分的内容讲讲。

且拿乾卦做个例。最先只有三横画，便是八卦的一个。后来三横叠上三横，便是六十四卦的一个。那一横一横的叫做爻，六爻相叠便是卦了。乾卦六爻的下句话："乾，元亨利贞。"后人叫做卦辞。卦辞下面："初九，潜龙勿用。九二……九三……九四……九五……上九……用九，见群龙无首，吉。"后人叫做爻辞。六十四卦合并便是所谓"易经"。此外还有十种文辞，拿来解释《易经》的，《彖上》、《彖下》、《象上》、《象下》、《系辞上》、《系辞下》、《文言》、《说卦》、《序卦》、《杂卦》，后人总叫做十翼，也叫做传，或易传，或易大传。像这样混杂的书当然不是一时代的一个人做的。

我们再把《易》的篇卷次第考察考察，也可以发现"《易》很凌乱"的感想。《汉书·艺文志》说："《易经》十二篇，施、孟、梁丘三家。"颜师古注："上、下经及十翼，故十二篇。"那是最初的篇数，可见十翼是各自成篇的。我们看，古书的注解一定和本书分离，可知十翼最初也不附在各卦之下。《三国志·魏高贵乡公传》有一段笑话可以证明《彖》、《象》在两汉以前是独立成篇的。高贵乡公问《易》博士淳于俊曰："孔子作《彖》、《象》，郑玄作注。虽圣贤不同，其所释经义一也。今《彖》、《象》不与经文相连而注之，何也?"俊对曰："郑玄合《彖》、《象》于经者，欲使学者寻省易了也。”可见《彖》、《象》最初并不分系各卦之下，《文言》原也独立成篇，到了三国王弼才分系乾卦、坤卦之下。后来唐孔颖达作正义，便写王本。但自《隋书·经籍志》以后，各种书目所载《易》的卷数都不同。现在的通行本——《十三经注疏》本——的篇卷次第大概还是王弼的原样子，把《彖》、《象》分做《大彖》、《小彖》、《大象》、《小象》，《大彖》、《大象》解卦辞，《小彖》、《小象》解爻辞，都系在各卦卦辞、爻辞之后，又把《文言》放在乾、坤二卦下面。全书共计经的方面六卷，包括卦爻、卦辞、爻辞、《大彖》、《小彖》、《大象》、《小象》、《文言》等，传的方面五卷，《系辞上》、《系辞下》、《说卦》、《序卦》、《杂卦》各占一卷，和《汉志》的十二篇大大不同了。

我们这样把《易》的本来篇第和现在内容讲清楚了，才可以考证各部分的真伪和年代。现在先看前人的说法怎样。第一问题，卦是什么人画的？人人都知道是伏羲，但不过是相传之说，无法证实的。起初只有八卦，后来有人把八卦互相重叠为六十四卦，那重卦的人是谁？有种种说法。司马迁说是周文王，郑玄说是神农，班固、王弼说是伏羲，孙盛说是夏禹。卦辞、爻辞的作者也未有定论。《系辞》说：“《易》之兴也，其于中古乎？”“……其当殷之末世，周之盛德耶？当文王与纣之事耶？”“作《易》者其有忧患乎？”已不能确定，所以用疑词。后人却从这几句话揣想，说卦辞、爻辞都是周文王做的。马融、陆绩等又因爻辞有文王以后的事而以为是周公做的，文王只做了卦辞。《彖》、《象》以下的十翼，自司马迁说“孔子晚而喜《易》，序《彖》、《系》、《象》、《说卦》、《文言》”以后，后人都说是孔子做的。

据我的意思，伏羲这个人有没有还是疑问，不能确定八卦是他画的。但八卦是古代的象形文字却很可信，我们看坎、离二卦便知道。坎卦作☵，象水，最初的篆文水字也作≋，后来因写字的方便，改作𣱱，却失了本意了。离卦作☲，象火，篆文作火，也有先后的源流关系。至于取八个象形文字当作占卜用，什么时代才有，已不能考定了，但至迟到殷代已很发达，我们看殷墟发现的卜辞便可知道。

接着的便是六十四卦是何人所重的问题。殷墟发现的卜辞没有六十四卦的名称，似乎《系辞》说是殷周之间，很有几分可信。后人因此把这种重卦的事体放在周文王身上，虽然比放在伏羲、神农身上更好些，可还不能十分无疑。至于卦辞、爻辞，后人有的说是文王一个的作品，有的说是文王作卦辞，周公作爻辞，都一样的没有证据。我们看，卜辞是殷朝后半期的作品，还没有六十四卦和卦辞、爻辞。《左传》是春秋战国间的作品，他所根据的是《鲁史记》，已引用了许多卦名、卦辞、爻辞，而且时代很早，地域很广。可见自殷末至春秋，由八卦重为六十四卦，加上卦辞、爻辞，慢慢的发明，应用而推广了。发明的时期，大约总在周初。发明的人物，却不能确定是周文王和周公。十翼是《易》的重要部分，到底是谁做的？自《史记·孔子世家》记了一句“孔子晚而喜易序彖系象说卦文言”以后，后人都相信是孔子做的了。其实这句话从文法上讲，也可作种种解释：（甲）“喜”字是动词，“易序彖系象说卦文言”都是平立的名词。那么，那些名词是“喜”字的目的格。孔子不过喜观那些东西罢了，并没有做什么。（乙）“易”字下断句，“序”字作动词用，“彖系象说卦文言”是名词。那么，孔子不过序了《彖》、《系辞》、《说卦》、《文言》罢了，序卦、杂卦都和孔子没有关系。（丙）把“喜”、“序”、“系”、“说”、“文”五字都当作动词看。那么，孔子不过序了《彖》，系了《象》，说了卦，文了《言》，而《系辞》、《序卦》、《杂卦》都和孔子没有关系。这三种说法都有解不通处，都有和前人说法冲突处，真是不容易解决。我们更进一步看，孔子和《易》到底有何等关系，我们不能不重大的怀疑。《论语》是孔子唯一可靠的书，从没有一句说及孔子曾经作《易》十翼。只有一章“加我数年，五十以学易，可以无大过矣”提起了“易”字。司马迁《史记》所说：“孔子喜易”大概是从此推想出的。其实这一章便未必根本可靠。据汉末郑玄所见的《论语》，这章便没有“易”字，说“加我数年，五十以学，亦可以无大过矣。”我们从文法上、文义上看，“亦”都比“易”字好。倘使古本《论语》真是有“亦”无“易”，那么，《论语》竟没有一字及易了。这是我们怀疑孔子和十翼并无关系的第一理由。还有，孟子是一生诵法孔子的人，他的书里并没有一字说到孔子曾作《易》十翼。“孔子作《春秋》，而乱臣贼子惧”是他常说的话。不应孔子作了《易》，而他反一言不及。这是我们怀疑孔子和十翼并无关系的第二理由。

更有一点可使我们的怀疑心扩大而坚决的，《晋书·束皙传》说：“太康二年，汲郡人不准盗发魏襄王墓，或言安厘王冢，得竹书数十车……其《易经》二篇，与《周易》上下经同。《易繇阴阳卦》二篇，与《周易》略同，繇辞则异。《卦下易经》一篇，似《说卦》而异。《公孙段》二篇，公孙段与邵陟论《易》……”假使汲冢并无《易经》，那还可说魏王不喜《易》，所以不拿《易》来殉葬。但是我们知道事实上并不如此，汲冢分明有《易经》，为什么却没有十翼呢？《晋书》“周易”二字似是指十翼，而汲冢的《易繇阴阳卦》二篇只和“周易”略同，而且繇辞还是不同，当然不是现在的十翼。任何部分《卦下易经》的体裁虽似《说卦》，而《晋书》分别说了不同，当然也不是现在的《说卦》。魏是子夏传经之国，魏襄王是距子夏不远之人。倘使孔子做了十翼，子夏不容不传，魏襄王不容不见，为什么汲冢有公孙段的书，反没有孔子的十翼？虽然也许十翼刚好给发冢的人当灯火烧了，但“十翼或出于魏襄王之后”的假定，我们总可以成立。这是我们怀疑孔子和十翼没有关系的第三理由。

上面的二段是笼统的怀疑十翼，现在且单把《说卦》、《序卦》、《杂卦》说一说。本来《史记·孔子世家》便没有提及《杂卦》，《杂卦》自然不是孔子做的。《序卦》虽然提及了，却只有一序字。序字做动词用，做名词用，还是问题。《说卦》已经《史记》说明白了，似乎无疑。但《隋书·经籍志》曾说：“及秦焚书，《周易》独以卜筮得存，唯失《说卦》三篇，后河内女子得之。”问题便又发生而且复杂了。《隋志》说《说卦》有三篇而现在只有一篇，那三篇是并《序卦》、《杂卦》而言呢？还是古代的《说卦》原有三篇？那河间女子无姓无名，她得书的时代事迹全无根据，这种来历暧昧不明的东西，我们万不敢相信。

总结上面各段的话，《汉书·艺文志》的《易经》十二篇不说是汲冢所发现的诸种，也未必就是现在的通行本。十翼大约出于战国后半期，也许有一小部分出于孔子，还有一部分是汉后才有的。《易经》本身二篇，前面早已辨清楚了。现在且把古来辨别十翼的源流略讲一下。

最初怀疑十翼的一部分不是孔子做的是北宋欧阳修。他做了一篇《易童子问》，根本否认《系辞》、《文言》、《说卦》、《序卦》、《杂卦》是孔子做的。他的理由很多：第一，那几篇的话都繁衍丛脞，常常辞虽小异而大旨则同。若说是本来是诸家说的话，前人所以释经，选择不精，还不足怪。若说是一个人说的，必不致这样繁衍丛脞。若说以为是孔子做的，那就大错了。孔子的文章如《彖》、《象》、《春秋》，话越简，义越深，必不致这样繁衍丛脞。第二，那几篇的话，常常自相矛盾，似乎不近人情。人情常恐别人攻击他的偏见，没有不想他的书留传后世的，还肯自己说些自相牴牾的话而使人不信他的书么？这样东一句，西一句，忽然这样说，忽然又那样说，当然不是一个人的话，还是孔子做的么？第三，那几篇的话和孔子平生的话不像。孔子的话，《论语》所记最可信。《论语》，子曰："未知生，焉知死?""未能事人，焉能事鬼?"《系辞》却说："原始反终，故知死生之说。""精气为物，游魂为变，是故知鬼神之情状。"二者比较，大大的不同。我们相信《论语》，《论语》有可使我们信的价值和证据，自然不能信《系辞》等篇是孔子做的。第四，那几篇常把常人之情去推圣人，不自知其错误。如云"知者观乎彖辞，则思过半矣"，"八卦以象告，爻彖以情告"都是。第五，那几篇以乾坤之策三百有六十当期之日而不知七八九六之数而乾坤无定策，这是筮人都可以知道的而那作者反不知。第六，当左氏传《春秋》时，世尚未认《文言》是孔子做的。可见说《文言》是孔子做的，出于后人揣测之辞，并非真相。第七，那几篇有许多"何谓""子曰"，分明是讲师讲书时的话，怎么会是孔子说的呢？第八，《说卦》、《杂卦》分明是筮人的书，那更不用辨了。

到了南宋叶适著《习学记言》，其第四卷专辨《系辞》以下和《彖》、《象》的不合，也断定《系辞》以下不是孔子做的。又谓："上下《系》、《说卦》浮称泛指，去道虽远，犹时有所明。惟《序卦》最浅，于《易》有害。"其后有赵汝谈著《南塘易说》，专辨十翼非孔子所作，比欧阳修、叶适还更彻底，可惜那书失传了。到了清初姚际恒著《易传通论》，也不信《易传》是孔子作品，可惜那书也失传了。

据以上各说，除了《彖》、《象》还无人否认是孔子作品外，其余几乎同孔子没有关系。那么，其余各篇到底是哪一家的学说呢？据我个人的意见，《系辞》、《文言》以下各篇是孔门后学受了道家和阴阳家的影响而做的书。《系辞》、《文言》更是明显，他里面分明有许多“子曰”。若是孔子做的书，岂有自称“子曰”之理？《文言》里有这类的话：“初九曰‘潜龙勿用’，何谓也？”子曰：“龙德而隐者也……”分明是问答的体裁，当然不是著述体，这足见是孔门后学所记的了。《庄子·天下篇》说：“《易》以道阴阳。”《易》的卦辞、爻辞绝无阴阳二字，《彖》、《象》才略有，《系辞》、《文言》便满纸都是了。阴阳之说，从邹衍始有。可见《系辞》是受了邹衍一派的影响才有的。儒家不言鬼神生死，不涉玄学的意味。《系辞》、《文言》却不然，深妙的哲理每含于辞意之间，分明是受了道家的影响才有的。孟子言仁义，从前并无人言仁义，《系辞》、《文言》却屡次言及。可见作者对于孟子的学说也有研究。这些理由足以证明《系辞》、《文言》出于道家阴阳家已盛之后，即孟子之后。

至于《说卦》、《序卦》、《杂卦》，即使是真的，也还在《系辞》、《文言》之后，都和孔子无直接的关系。或许和孔子有直接的关系的，只有《彖》、《象》。因为历来都说《彖》、《象》都是孔子自己做的，我们现在还没有找到有力的反证。而且《彖》、《象》的话都很简单古拙，和《论语》相似，他所含的意义也没有和《论语》冲突处。讲阴阳的话，带玄学性的话，很少很少，似乎没有受阴阳家、道家的影响。在没有找出是别一个人做的证据以前，只好认做孔子的作品。

《易》的本身原无哲学意味，不过是卜筮的书，如现在各庙宇的签簿一样，卦辞、爻辞便是签上的判语，拿来断吉凶的。当然各地用的签簿不必全同，签上的判语也不必全同。所以《左传》所引的繇辞多有和今本《易经》不合，而汲冢发现的《易繇阴阳卦》二篇的繇辞也和今本《易经》不合。今本《易经》只不过是当时许多种幸存的一种，后人思想进化，拿来加上哲学的色味，陆续做出了《彖》、《象》、《系辞》、《文言》等篇。不幸《史记》有“孔子晚而喜易”的话，以后的人便把带哲学意味的《彖》、《象》、《系辞》、《文言》和乱七八糟的《说卦》、《序卦》、《杂卦》都送给孔子，认作研究孔子的重要资料，而不知《系辞》以下都和孔子无关。《系辞》、《文言》的本身自有他的价值，原不必依托孔子。他解《易》的意义对不对，合不合孔子的见解，我们可以不管。他有许多精微的话，确乎是中国哲学的重要产品，比从前更进化了。我们一面不可迷信“孔子作十翼”的古话，一面不可以为《系辞》、《文言》不是孔子做的便无价值。我们应该把画卦归之上古。重卦、做卦辞、爻辞，归之周初。做《彖》辞、《象》辞，暂归之孔子。《系辞》、《文言》归之战国末年。《说卦》、《叙卦》、《杂卦》，归之战国秦汉之间。拿来观察各时代的心理、宇宙观和人生观，那便什么都有价值了。

除了《易经》、《易传》以外，还有“《连山》、《归藏》、《周易》”的问题。自从《周礼》讲了这三易之名以后，《汉书·艺文志》并没有说有什么《连山》、《归藏》的书。《隋书·经籍志》却有《归藏》十三卷，又说：“《归藏》汉初已亡，案晋《中经》有之。唯载卜筮，不似圣人之旨。”唐人已相信是真书了。《连山》更没有人说，只有隋刘炫因想得奖而伪造了一部，当时也发觉了。这二书至今尚存，我们别上他的当。前人把“周易”的“周”字看做周朝的“周”，心想周有《易》，夏商亦必有《易》，所以《周礼》有“夏《连山》、《归藏》”的话。其实《周易》的“周”字只是普遍、周遍的意思，绝对不是朝代的名，这点我们也得明白。

自北宋以后讲《易》的人同时必讲河图，洛书和太极图。从前并没有，只因为《系辞》说了“河出图，洛出书”、“易有太极，是生两仪”的话，宋人便无中生有的造出河图、洛书、太极图来。其实我们只要一考，便知是五代道士玩的把戏，并不是儒家的东西。最初是陈抟著了一部《易龙图》，传给种放，种放传给李溉，李溉传给许坚，许坚传给范锷昌，范锷昌传给刘牧，刘牧作《易数钩隐图》，完全以河图、洛书解《易》。到了南宋朱熹也非常迷信是说，他的《易学启蒙》第一篇便是本图书。自后数百年，因朱熹在学术界之势力太大，没有人敢反驳，大家都把河图、洛书、太极图看做深奥神秘的学问。一直到清初，才有几个大师不约而同的起来发难。第一个是黄宗羲，著《易学象数论》。第二个是黄宗炎，著《图书辨惑》。第三个是毛奇龄，著《河图洛书原舛编》。第四个是李塨，著《周易传注》。第五个是胡渭，著《易图明辨》。第六个是张惠言，著《易图条辨》。各个拿出极充分的理由辨白宋人的附会，证明河图、洛书、太极图之本无深意，其中尤以《易图明辨》为最透彻博洽。他们竟把数百年乌烟瘴气的谬说打倒了，在清初朱学盛行的时候，那种工作实很重要。现在案既论定，我们知道有这么一回事便够了。

此外还有《子夏易传》、《焦氏易林》二书都是假的。《汉书·艺文志》并无《子夏易传》，《隋书·经籍志》才有，宋陈振孙已发其伪，明胡应麟、清姚际恒都曾再加证明。《焦氏易林》的假，到清初顾炎武才发现，姚际恒也再加证明，现在都无问题了。

第二章 《尚书》

《尚书》是中国最古的书，先秦以前只叫做《书》，汉初才加一个“尚”字。关于他的问题最为复杂，自古至今，造伪、辨伪的工作，再没有比他费力的。自从汉初伏生传出二十八篇以后，陆续发生了六次轇轕的事件：第一次汉景帝、武帝间——或说是汉宣帝时——河内女子得《泰誓》三篇。第二次，刘歆说，武帝末，鲁恭王发孔子壁，得《古文尚书》，孔安国拿来读，比伏生所传多十六篇。第三次，汉成帝时，张霸伪造百两篇。第四次，东汉杜林在西州得漆书《尚书》。第五次，东晋初，梅赜献《尚书》五十八篇和孔安国的传。第六次，南朝齐建武中，姚方兴在大航头得《舜典》，比旧文多二十八字。这些事件，有的当时便破了案，知道是造伪的人玩的把戏。有的经过了千年或百年多数学者的争辨审判，才得着最后的定谳。自从唐初孔颖达作《九经正义》，陆德明作《经典释文》，都采用梅赜的五十八篇以后，一直到清末，历代都当做宝典看。想从科举出身的人，万不敢丝毫的蔑视。这部书的势力，简直超过了一切经典。中间虽经受了许多强有力的攻击和宣告死刑的判决，而得有帝王卿相的庇护，始终顽抗。所以我们讲到这书，最要聚精会神地去彻底研究。现在先把各种不同的篇目，列表如下：

伏生所传今文二十八篇	孔安国所传古文五十七篇	梅赜所传伪古文五十八篇
尧典	尧典	尧典
	舜典	舜典（分自尧典之下半，姚方兴后又加上二十字于篇首）
	汩作	
	九共（共九篇）	
	大禹谟	大禹谟
皋陶谟	皋陶谟	皋陶谟
	弃稷	益稷（分自皋陶谟之下半）
禹贡	禹贡	禹贡
甘誓	甘誓	甘誓
	五子之歌	五子之歌
	嗣征	胤征
汤誓	汤誓	汤誓
		仲虺之诰
		伊训
		太甲（共三篇）
	咸有一德	咸有一德
	典宝	
	伊训	
	肆命	
	原命	
盘庚	盘庚（共三篇）	盘庚（共三篇）
		说命（共三篇）
高宗融日	高宗融日	高宗肜日
西伯戡黎	西伯戡黎	西伯戡黎
微子	微子	微子

伏生所传今文二十八篇	孔安国所传古文五十七篇	梅赜所传伪古文五十八篇
（后河内女子得泰誓三篇，亦以附入伏生今文之内）	泰誓（共三篇）	泰誓（共三篇）
牧誓	牧誓	牧誓
	武成	武成
洪范	洪范	洪范
	旅獒	旅獒
金縢	金縢	金縢
大诰	大诰	大诰
		微子之命
康诰	康诰	康诰
酒诰	酒诰	酒诰
梓材	梓材	梓材
召诰	召诰	召诰
洛诰	洛诰	洛诰
多士	多士	多士
无逸	无逸	无逸
君奭	君奭	君奭
		蔡仲之命
多方	多方	多方
立政	立政	立政
		周官
		君陈
顾命	顾命	顾命
	（后人分顾命下半为康王之诰，亦附入）	康王之诰
	毕命	毕命
		君牙
		冏命

伏生所传今文二十八篇	孔安国所传古文五十七篇	梅赜所传伪古文五十八篇
费誓	费誓	
吕刑	吕刑	吕刑
文侯之命	文侯之命	文侯之命
		费誓
秦誓	秦誓	秦誓

伏生所传，本来只有二十八篇，但从《史记》、《汉书》以来，都说他传了二十九篇，把河内女子所得的《泰誓》并在伏生身上。孔安国在孔壁得来的，只有四十五篇，因为《九共》分做九篇，《盘庚》、《泰誓》各分做三篇，所以变成五十七篇。其实孔安国得了《古文尚书》没有，尚是问题。且看下文辨别佚书十六篇的结果便知道。

因为这书的问题，那么复杂，研究起来，实在麻烦，所以不能不分析为个别的问题去研究。现在拈出五个重要的：第一是东晋晚出的《古文尚书》和孔安国传的真伪问题。第二是佚书十六篇的真伪问题。第三是《泰誓》的真伪问题。第四是《今文尚书》二十八篇的年代问题。第五是《书序》的真伪问题。至于张霸伪造的百两篇，当时便已证实不是真的。杜林得的漆书《尚书》，就是马融、郑玄所注的，似乎和今文差不多。现在都不详说了。

甲 东晋晚出的《古文尚书》和孔安国传的真伪问题

现在通行的《十三经注疏》里面的《尚书》五十八篇，经过了数百年数百人的研究，已断定其性质可分三部：第一，和伏生所传今文二十八篇篇名相同的是真。第二，《舜典》（篇首二十八字除外）、《益稷》、《康王之诰》都是从今文析出的，都是真。第三，其余二十五篇都是伪书。今文二十八篇何以可认为真，留在讲第四问题时讲。《舜典》、《益稷》都是造伪者从《尧典》、《皋陶谟》析出，并不是孔安国原来所传的《舜典》、《弃稷》。《康王之诰》是为马融、郑玄等从《顾命》析出，也不是孔安国原来所传的《康王之诰》。但那些被析的是真书，所以析出的也是真书。剩下的二十五篇在北宋以前并没有人怀疑，到南宋初年才有个吴棫大胆的发难，后来不断的有人研究，清初群儒竟把千年悬案判决。同时连及孔安国传，也被证明不是孔安国做的。现在把那些辨伪者分为四期，列如下表：

第一期（南宋）	第二期（元）	第三期（明）	第四期（清）
吴棫	郝经	梅鷟	阎若璩
朱熹	吴澄	胡应麟	姚际恒
			惠栋
			崔述
			程廷祚

最初发难的是吴棫，但他的理由很粗浅，只从文章上看，觉得那二十五篇不似三代的风格。自从吴棫开了这个端，朱熹便跟着上去，拿同一理由作显明的指摘。但仍不敢断定二十五篇是伪书，只是对于伪孔安国传下了一个肯定的判决，总算有见识。到了郝经、吴澄，更大胆的攻击伪经本身，毫不迟疑。他们四人都没有专著一书辨伪，不过在文集、语类、笔记中很概括很简单的讲讲，所以影响还不能很大。最初专著一书来辨《伪古文尚书》的是梅鷟，他著了一部《尚书考异》，一部《尚书谱》，才彰明较著的宣布二十五篇和孔安国传是伪书。胡应麟的《四部正讹》也曾提及，但无特色的断案。到了阎若璩，才把替《伪古文尚书》辩护的口封住，才集辨《伪古文尚书》诸家的大成。他的《古文尚书疏证》委实是不朽之作，他的地位在清初学界很委实是第一流。同时人姚际恒著《古今伪

书考》，对于《尚书》也有同样的结论。另外专著了一部《尚书通论》，可惜佚亡了。他们俩不约而同著书辨伪，后来见了面才知道彼此意见如一，也是学术史上一件有趣的事。从此以后，辨《尚书》的诸家对于他俩只有补充或发挥。如惠栋的《古文尚书考》，说话很简单干脆，没有枝节，既可补阎若璩的不足，又很容易看。程廷祚的《晚书订疑》，崔述的《尚书辨伪》，也是一样。此外还有许多文集对于阎氏之说，或补阙，或正误，几乎无懈可击了。因为他们在经学界地位很高，一般学者咸知尊重，所以能把《伪古文尚书》和伪孔安国传宣告死刑。而后来注《尚书》的都依从他们的意思，把今文和古文分开。如江声的《尚书集注音疏》，孙星衍的《尚书今古文注疏》，段玉裁的《古文尚书撰异》，刘逢禄的《尚书今古文集解》，都不混淆今文、古文在一起了。当他们未曾定案以前，有一位做辩护被告的律师叫毛奇龄，和阎若璩同时，而年纪较大。他很不满意阎氏的攻击古经，屡次当面辩驳，又专著一书，名《古文尚书冤辞》，和《古文尚书疏证》对抗。但很不幸，那被告的罪状昭著，确乎应得死刑处分，毫不冤枉。所以虽有毛奇龄那么有名、那么卖力的律师，也不能救活他的生命。所以从清初到清末，只有许多人帮助阎氏，找证据定案，却很少人帮助毛氏找证据翻案。只光绪间有位吴光耀著一部《古文尚书正解》，又有位洪良品著一部《尚书古文辨惑》，想从坟墓中掘出死囚的骷髅，附上皮肉，穿起衣裳，再来扰人惑世，但是哪里有丝毫效验呢？——以上讲《伪古文尚书》和伪孔安国传从有人怀疑到最后定案的大略。

这案的卷宗，或是专著，或是单篇，总计不下数百种，百数十万字。诸君如知全案的详情，只好自己去调集卷宗，现在不能多讲。但也不能不说个大概，且把《尚书》从汉至晋的传授次第先叙述一番，再讲破案的证据。

《史记》记《尚书》的传授最早，《汉书》也跟着一样说话，都说孔子以前的《书》不止百篇，而且记了远古的事，到孔子才删定，从唐虞起，到秦穆公止，共留百篇，另外还做了序，说明作者的意思。又都说秦始皇焚书时，济南伏生独藏《尚书》在壁中。汉兴，伏生求得二十九篇，其余都亡了。后来《伪古文尚书》孔安国序的说法又不同，说秦焚书时，孔子后人壁藏《尚书》。汉兴，没有能通《尚书》的，济南伏生年已九十余，失了他的本经，口诵二十九篇。这二说哪个可靠，很难定，但传《尚书》的从伏生始，则可为定论。汉廷立了十四博士，《尚书》的是欧阳氏和大、小夏侯，都是从伏生传出来的。所以《汉书·艺文志》说："《经》二十九卷。"注："大、小夏侯二家，《欧阳经》三十二卷。"从此可知伏生只传了二十九篇。——本来也只有二十八篇，但汉儒把晚出的《泰誓》一篇也附上了，所以通称二十九篇。

到了西汉末，刘歆校中秘的书，发现了《尚书古文经》四十六卷，即五十七篇。据说，武帝末，鲁共王坏孔子宅，得《古文尚书》（另外还有许多别的书）。孔安国拿来考伏生的二十九篇，较多十六篇。那十六篇的篇名是《舜典》、《汩作》、《九共》、《大禹谟》、《弃稷》、《五子之歌》、《嗣征》、《汤诰》、《咸有一德》、《典宝》、《伊训》、《肆命》、《原命》、《武成》、《旅獒》、《毕命》等，目录载在郑玄《尚书注》内。因为《九共》有九篇，所以又分成二十四卷。后来不久，渐渐散佚了，马融、郑玄还看见些，叫他做佚书。

现在通行的《十三经注疏》中的《古文尚书》是怎样的来历？据那上面的《孔安国序》说："鲁共王坏孔子旧宅……得先人所藏古文虞夏商周之书……皆科斗文，悉以书还孔氏。科斗书废已久，时人无能知者，以所闻伏生之书，考论文义，定其可知者，为隶古定，更以竹简写之，增多伏生二十五篇。伏生又以《舜典》合于《尧典》，《益稷》合于《皋陶谟》，《盘庚》三篇合而为一，《康王之诰》合于《顾命》，复出此书，并序凡五十九篇，为四十六卷……承诏为五十九篇作传……书序所以为作者之意，昭然义见，宜相附近，故引之以各冠其篇首，定五十八篇。既毕，会国有巫蛊事，经籍道息，不复以闻。”（其实这篇序是假的，不是孔安国做的，下文再说。）西汉末，刘歆欲列《古文尚书》于学宫，不果行。东汉末，马融、郑玄虽是古文家，而他所注的是杜林所传的《古文尚书》二十九篇，又杂以今文。晋朝秘府所存，有《古文尚书》经文，经过永嘉之乱，已无人传授，不知其内容与刘歆所见同否。到了东晋，有一个豫章内史梅赜才不知从何得到孔安国的传，奏献给朝廷。又说缺了《舜典》一篇，当时也没人理会。南齐建武中，姚方兴说在大航头得《舜典》，奏上，比马、郑所注多二十八字，那才正式列《古文尚书》于国学。此后南朝渐渐有人传古文，虽然没有专家，而马、郑的注很不为一般人所看重了。到了唐初，陆德明、孔颖达承认《古文尚书》和孔安国传。“辞富而备，义弘而雅，故复而不厌，久而愈亮。”一个给他做释文，一个给他做正义。从那时到清末，想从科举进身的，都遵守陆、孔之说，沿用《古文尚书》。

我们观察各家新陈代谢的情形，倒很有趣味。自马、郑的注盛行，而欧阳、大、小夏侯的传亡佚，自梅赜的孔安国传盛行，而马、郑的注亡佚，二变而《尚书》的真面目隐晦了。现在《十三经注疏》中的《古文尚书》便是梅赜所献之本，和孔安国、马、郑所见的不是一本。所以说是同一的，乃是造伪者想拿来鱼目混珠。自南宋以来，经过先哲的努力，已把这大骗案勘破了。破案的证据实在数不胜数，我们现在只好撮其要点说一说。

（一）篇名不同。我们试一看本章上面的篇目表，当发现孔安国和梅赜所传的《古文尚书》篇目有许多不同：孔本有而梅本没有的，《汩作》、《九共》、《典宝》、《肆命》、《原命》；梅本有而孔本没有的，《仲虺之诰》、《太甲》、《说命》、《微子之命》、《蔡仲之命》、《周官》、《君陈》、《康王之诰》、《君牙》、《冏命》；字眼略异的，孔本的《弃稷》，梅本叫《益稷》。孔本的《嗣征》，梅本作《胤征》。由此可知，梅本一定不是孔本。

（二）孔本至东汉末已逸。孔安国的《古文尚书》，除刘歆说过一次以外，没有传授的人。到了东汉末，马融、郑玄表面上是传授古文，其实只传了杜林所得的二十八篇，和伏生的今文差不多。二十八篇以外的篇名和残句，马、郑和许慎《说文》所引，都叫做佚书。假使那些古文家所见的《尚书》即是后来梅赜所传的《尚书》，为什么书尚存而称逸呢？这可见东汉末诸儒都未见后来梅赜所传的《古文尚书》和孔安国传。

（三）文章太不相类。伏生所传今文二十八篇，梅本也有。我们读起来，真是"周诰殷盘，诘屈聱牙"。科举时代的小孩子，对着他咬牙切齿，没有办法，老是伸出手掌捱先生的板子。但一读到《五子之歌》、《汤诰》、《说命》等篇，文从字顺，随口能举，有似恩逢大赦了。《五子之歌》的时代在《汤誓》之前，《汤诰》到《说命》诸篇的时代在《盘庚》之前。不应在前的反而易读，在后的反而难懂。《仲虺之诰》和《汤誓》同时，《武成》和《牧誓》同时，《周官》、《君陈》和《多士》、《多方》同时，更不应一种易读，一种难懂。拿文体而论，真太奇怪了。所以最初怀疑的吴棫、朱熹便从这点出发，终究证明了二十八篇以外的是伪书。——那书首的孔安国序，文体也不似汉朝风格，当然也是假的。

（四）梅本抄袭的痕迹显然。造伪的不能凭空架阁，必定抄袭真书，或割裂，或变换，或凑缀，使读者不疑。梅本《古文尚书》大半皆有凭借，如"人心惟危，道心惟微。惟精惟一，允执厥中"十六字，从《荀子》、《论语》抄袭得来，本书总论第四章已说过了。其余各篇、各句的出处，差不多都可以找出来。明人梅鷟的《古文尚书谱》，清人阎若璩的《古文尚书疏证》，以及清人文集，已经爬梳得很详尽了，可见梅本的确是采缀古书而成的。

自清初诸儒勘破梅本伪案后，大家都叫梅本为《伪古文尚书》。但此书除和今文相同的二十八篇以外，究竟是什么时代的什么人伪造，至今尚无定论。许多人因梅赜是东晋人，而且曾说此书是从魏人王肃传下来的，所以断定是王肃伪造。王肃为什么伪造？因为他和郑玄不对，所以想造证据来压倒郑玄的经说，这大概也没有什么问题。

但是今日通行的《古文尚书》是不是梅赜所传的，是不是王肃伪造的，却还大可研究。清儒最后的辨《尚书》者——程廷祚著了一部《晚书订疑》，搜罗很多证据，说王肃伪造、梅赜传出的，早已散佚了。现行的大约到齐梁之间才出来，上距梅赜已有百年。我很赞成他的说法。南齐明帝建武中，姚方兴分《尧典》“慎徽五典”以下为《舜典》，伪造“曰若稽古帝舜，曰重华协于帝，濬哲文明，温恭允塞，玄德升闻，乃命以位”二十八字，加于篇首。这二十八字不但今文没有，就是梅赜也未看见。说不定，这一类的事情不止这一件哩。

乙　佚书十六篇的真伪问题

上面曾据刘歆的话，叙述汉武帝末，孔安国得孔壁《古文尚书》比伏生所传的多十六篇。那十六篇到底是真是伪？向来都认为真的。他们一面尽管根伪古文，一面又痛惜那十六篇止存篇目而无文章。其实恰因文章已亡佚了，所以从前没有人怀疑。清人程廷祚、刘逢禄、邵懿辰和康南海先生却根本不相信西汉有什么古文经，更不必说什么十六篇了。这种见解也不从他们始，当刘歆主张立古文经于学官时，汉儒已说“《尚书》为备”。可见当时并不信二十八篇今文以外还有别的。东汉王充的《论衡》也说，汉儒以二十八篇上配二十八宿，以为孔子故意如此配合，后来得了一篇《泰誓》，又以为二十八宿之外添了一个北斗。这种幼稚可笑的思想，十足的表现汉儒相信“《尚书》为备”的精神。但替古文辩护的人还可以说这是今文家的说法，不足为凭。我们不妨举出那十六篇可疑之处给大家知道。

西汉讲《尚书》的大师，第一个是伏生，前面已讲过了。伏生传给欧阳生，欧阳生传给倪宽，后来欧阳、大、小夏侯三家都出于倪宽，倪宽又是孔安国的得意门生，所以第二个大师应推倪宽。假使孔安国果真得了比今文多十六篇的《古文尚书》，果真又做了传注，倪宽不应不看见，见了不应不传述。一般主张真有古文的人说孔安国不传给倪宽而传给都尉朝，但古文家马、郑都说“逸十六篇，绝尢师说”。最可疑处，《史记》分明说孔安国早卒。照卒年推算，不及见武帝末巫蛊之事。而《伪孔安国序》说，因巫蛊事，所以不以《古文尚书》上闻于朝廷。鲁共王分明死在汉武帝初年，而《汉志》说他在武帝末坏孔子宅，得《古文尚书》。因此，我们对于孔安国曾注《古文尚书》与否，古文比今文果真多十六篇与否，不能不怀疑。所以刘逢禄和康先生都说这十六篇根本是刘歆伪造的，原文亡佚，毫不足惜。程廷祚的《晚书订疑》更说那十六篇逸书经汉儒引用，至今尚存的残句，比较今文二十八篇的辞义，相差太多了，而且有许多可笑之处。我们由此可知不但梅赜所传伪古文二十五篇是后人伪造的，即所谓孔安国传的真古文十六篇也未必是真的。

丙　《泰誓》问题

伏生所传今文本来只有二十八篇，汉宣帝本始中，河内女子得《泰誓》一篇，献给朝廷，后来合成二十九篇。《古文尚书》也有《泰誓》，但《隋书·经籍志》说他和河内女子所献不同。东汉末和三国诸儒如马、郑、王肃等都疑《泰誓》，说他的年月和书序不同，字句又和《左传》、《国语》、《孟子》等书所引的《泰誓》不同。不知他们所疑的是河内女子所献的呢？还是《古文尚书》的那一篇？但无论是任何篇，都已是不可靠了。现在的《泰誓》又后来的赝鼎，从古书辑出的真《泰誓》也未必是真的。关于这个问题，《古文尚书疏证》答辩得最清楚，这里不讲了。

丁 《今文尚书》二十八篇的年代问题

经过几次淘汰，《尚书》只剩下二十八篇了。二十八篇比较的可信，最少也是汉初传下来的，总不能不承认是孔子所曾看见，除了《尧典》“曰若稽古帝舜”至“乃命以位”二十八字以外。当然，后来把《舜典》从《尧典》分出，《益稷》从《皋陶谟》分出，《康王之诰》从《顾命》分出。篇名虽伪而本文是真，我们应该包括在二十八篇以内，当做真的看待。为什么我们承认二十八篇是真的？因为传二十八篇的是伏生。伏生当秦始皇焚书时，正在壮年，当然能见真的《尚书》。汉初伏生从他的壁中得到这二十八篇，当然还是壮年所读的。孔子删《书》的话，虽然无从证实，但孔子总和《书》有密切的关系，观孔门后学很注重那部书便可明白。从孔子到伏生，没有焚书、禁书的暴政。又刚好是学术发达的时代，传习《尚书》的人很多，当不致有亡佚或变乱的事情发生，所以我们可以承认孔子曾见这《今文尚书》二十八篇。

从前有人怀疑二十八篇中的《金滕》篇有这么一段离奇话：“秋，大熟，未获，天大雷电以风，禾尽偃，大木斯拔……王出郊，天乃雨，反风，禾则尽起……”这种和情理相差大远的纪事，似乎不是信史。其实不然，这只能怪当时史官拿非史的事当史，不能严格的择别，正和后来的《晋书》、《魏书》相类，《晋书》多采小说，《魏书》杂记琐闻。我们只可说他择别史料的标准不对，不能说那二部书不是唐太宗、魏收做的。所以《金滕》无甚问题，可以当做神话看待，借来考察当时的社会心理。除了这篇以外，从前没有怀疑过的，我们可丢开真伪不讲，专研究他的年代。

二十八篇的前四篇——《尧典》（包括今本《舜典》）、《皋陶谟》（包括今本《弃稷》）、《禹贡》、《甘誓》——向来叫做《虞夏书》，一般人以为不是唐虞史官不能做得那么好。一二学者却因此发生了莫大的怀疑。第一，《尧典》的文体比伪古文的《大禹谟》、《五子之歌》虽然古雅多了，但比今文的《汤誓》、《盘庚》、《多士》、《多方》则实在易读。不应虞夏较古的文章反而文从字顺，殷周较后的文章反而诘屈聱牙。这分明是《汤誓》等篇的时代比较《尧典》早，《尧典》当然不是虞夏人的作品。第二，《禹贡》所载的地域很广。虽可说游牧时代的人迹比种艺时代较宽，所以《禹贡》也跟着多记。但殷民族的活动圈仅限于大河南北，西周也只限于大河流域，到了春秋战国，才慢慢扩充到长江粤江流域，才知道有交趾等地。为什么《禹贡》的九州恰同东周地域相等而不和殷周相等呢？除非地下有资料，将来发掘、考究，可以证明虞夏地域确同于东周，否则，《禹贡》总是东周的地理书吧。第三，《尧典》可讨论之处尚多。如“蛮夷猾夏”、“金作赎刑”。夏是后起的名词，金属货币是周朝才有的东西，当然不应在尧舜时代的书上发现。那上面还有几处提起“中星”，我们虽不是天文专家，但觉得和《夏小正》讲的中星不甚相远。《夏小正》决不是夏朝的书，乃是周人建寅的历。那么，《尧典》也许是周人追述之辞，不能认做尧舜史官所记。将来经过天文学家的研究，总有一天可以给这个说法以一个证明。

上面这段似乎有些是辨真伪，其实仍是考年代。因为《尧典》首句分明说“曰若稽古帝尧”，《皋陶谟》首句分明说“曰若稽古皋陶”，并没有告诉你是尧舜史官记的。不过后人好古，以为非尧舜史官不能做出那么好的文章，所以硬把《尧典》、《皋陶谟》、《甘誓》叫做《虞夏书》，奉做圣贤传授的心法。其实，我们只根据那篇首一句，认做后人追述的，便好了。他本来就没有冒充是尧舜史官做的，我们何必说他是伪书呢？所以上段的论证，恰好证明了那四篇是周人追述的。把时代移后了二千年，却不曾指摘某篇是伪书。

二十八篇除了前四篇以外，从《汤誓》到《微子》叫做《商书》，从《牧誓》到《秦誓》叫做《周书》。真伪绝无问题，年代可照向来的说，分明看做商周的作品。

《书序》至今尚存，共一百首，放在每篇之前，说明为什么要作这篇，体例和《诗序》相似。如《尧典·序》云："昔在帝尧，聪明文思，光宅天下，将逊于位，让于虞舜，作《尧典》。"那百篇序，向来都说是孔子做的。本来合成一篇，《伪孔安国古文尚书序》说是孔安国分置各篇首的。伏生的今文二十八篇后来忽然变成二十九篇，有人说是添了《泰誓》，有人说是添了《书序》。因此有伏生传孔子《书序》之说，但我却都不相信。孔子时，《书》有若干篇，有序没有，还是问题。就是《书》有百篇，篇皆有序，而百篇序也就已经不能包括当时《书》的总数。序外的篇名见于各古书的还不止一二个，《禹誓》、《武观》、《汤说》、《官刑》、《相年》见于《墨子》，《夏训》、《伯禽》、《唐诰》见于《左传》，《太戊》见于《史记》，《尹吉》、《高宗》见于《礼记》，《大战》、《揜诰》、《多政》见于《尚书大传》。《尚书大传》，据说是伏生传下的，为什么又和《书序》的篇目不同呢?《史记》引了《尚书》许多篇目和《书序》相同，为什么又多一篇？这分明是伏生不曾传《书序》，《书序》抄袭《史记》而偶遗一篇目，本来这是没有的东西。

《诗经》有序，已是无聊。但《诗》是文学家的寄托，别人有时不易知道本事是什么，有序还可给人以一个联想。《书》本纪事，文章既已明白，何必要序？由此牵连到孔子曾否删《书》，曾否作序，二十八篇以外的有多少的问题。我们看，删《书》之说，出自《尚书纬》，根本不可靠。《史记》说孔子序《书传》，只是说次序那些《书传》，并没有说替百篇作序。二十八篇就是孔子次序的，其余当时都已散残了。逸书的总数无从统计，未必就刚好加上不佚的是一百篇。汉儒说二十八篇"《尚书》为备"，固然未免固陋，而最少那二十八篇是孔子以后传习最广的，其余都不成片段了。那百首《书序》整整齐齐的篇名却未必可靠。自从朱熹提起孔子不作《书序》的问题以后，程延祚也曾辩论过。到了康先生著《新学伪经考》，就有一篇专攻《书序》之伪。在很详审的理由中宣告《书序》的死刑，和阎若璩宣告《伪古文尚书》的死刑一样。《书序》是不是刘歆做的，抑或刘歆以后或以前的人做的，现在未定。许是秦汉间儒者有孔子删《书》的故事，后人因把《史记·夏商周本纪》和《鲁世家》的话凑成一篇《书序》，但最少不是孔了做的。

第三章 《诗》

《诗经》是古书中最可信的，我们可以不必考究他的真伪，单辨清他的年代便够了。现在且提出三个问题。

一、全部《诗经》所包涵的年代多么久？——最古的是哪一篇？最晚的是那一篇？中间相差若干年？

二、三百篇中哪一个时代的篇数最多？——哪几篇可合成一组，可认做某时代的作品？

三、什么时候才编成这样一部《诗经》？

这些都是关于《诗经》年代的，我们可以逐个讨论下去。

甲 第一问题

《诗经》起自何时，讫于何时，自来即多异说。他那最后五篇——《商颂》，据现行的《诗序》说，就是商人祭祖之诗。这话若确，那么，《诗经》的年代很早，商朝已经有了，到孔子时，有五六百年。但在西汉以前，并没有人说《商颂》是商诗的，都说是宋人作品。《国语》有这么一句说："昔正考父校商之名颂十二篇于周太师，以《那》为首。"正考父是宋国的大夫，是孔子的祖，孔父嘉的父。周太师是周室的乐官。《国语》的意思，《商颂》是正考父做的，请周太师校正其乐律。后来毛氏《诗序》

说："有正考父者，得《商颂》十二篇于周之太师。"意义却和《国语》说的大不同了。"校"是请别人校自己的，"得"是在别人处得到别人的，哪里可以随便更改？但很不幸，此后都相信《诗序》的话了。一直到宋朝以后，才有人开始怀疑，从事辨别。辨别最清楚的没有人比得上魏源。魏源著《古诗微》，列举十三条证据于《商颂发微》篇中，断定《商颂》是宋襄公时，正考父祭商先祖而称颂君德的。他那些证据也许不免琐屑，但大都很对，足以成为定论。

但"宋颂"何以称商呢？我们看《左传》常以商代宋。如鲁僖公二十二年，宋大司马固说："天之弃商久矣。"所以宋诗名《商颂》，毫不足怪。我们又看《商颂》第五首有"奋伐荆楚"之句，最少商朝尚无所谓荆楚。楚在周初还是蛮夷，到周昭王以后，才和中原发生关系。因此，我们越发知道《商颂》完全是正考父歌颂宋襄公的。因为宋襄公随齐伐楚得胜，自然不免铺张盛事。这不止《商颂》如此，就是《鲁颂》也是鲁僖公随齐伐楚凯旋以后叫人做的。后来扬雄《法言》说："正考父睎尹吉甫，公子奚斯睎正考父。"睎是希慕之意，吉甫、奚斯都是诗人。《诗经·大雅·烝民》说："吉甫作诵，穆如清风。"《鲁颂·閟宫》说："奚斯所作。"他们既然一个希慕一个，又都善会作颂，可见正考父作《商颂》是无可疑的了。汉人碑刻和书籍说及这事的多得很，但从没有说《商颂》是商诗的。

不但如此，就是《商颂》的文体也可证明是宋国才会有，商朝不会有。《周颂》是西周人作品，很简单，多没有韵。《商颂》、《鲁颂》如《小雅》颇长，句句押韵，音节和谐。如《那》的"猗欤那欤，置我鞉鼓。奏鼓简简，衎我烈祖"，《殷武》的"陟彼景山，松柏丸丸。是断是迁，方斫是虔"。若拿来比《周颂·清庙》的"于穆清庙，肃雍显相。济济多士，秉文之德"，《般》的"于皇时周，陟其高山。堕山乔岳，允犹翕河"，一易读，一难懂，一有韵，一无韵，真是相差太远了。假使《商颂》果真在《周颂》之前，必不致如此。以空洞的文体判别真伪，似乎很危险，其实不然。侦探小说说侦探狗嗅臭味可以得犯人，研究文学很深的人亦如侦探狗一样，一见文体便可辨真伪。虽无标准，而其标准比什么都厉害。以《清庙》和《那》比，当然难懂的在前，易读的在后。所以我们可断定《商颂》是宋诗，是年代很晚——齐桓公、宋襄公时的诗。大家要知其详，可自参考《诗古微》。

《商颂》的年代既已确定，才不会提前《诗经》的年代，才可以讨论关于《诗经》年代的种种问题。据我看，最早的，不能超过周初，也许有几篇在周公时代。最迟的，若依毛氏《诗序》，就是《株林》。因为《株林》记了夏南的事，是在西历纪元前五百九十八年，后此四十七年而孔子生（西纪前五五一年）。若依《韩诗外传》，就是《燕燕》。因为《燕燕》是卫定姜送其儿妇大归的诗，是在西历纪元前五百五十八年，后此七年而孔子生。我们假使相信《韩诗》之说，则《诗经》的最后一篇在孔子生前七年。但《燕燕》诗，《毛诗》认为是卫庄姜做的，在春秋初年，这样《诗经》的年代又得缩短四十年了。我们因为齐、鲁、韩三家诗说比《毛诗》较古、较可信，鲁、齐也都认为《燕燕》是卫定姜的诗，所以不妨认为《诗经》到西历纪元前五五八年就终结了。但《燕燕》以后，孔子少时，还有诗没有？又是一大问题。其故，因三百篇多无名氏作品，大多不能考定年代，谁能担保《燕燕》之后就没有诗呢？所以《诗经》全部的年代，最早在周公时，最迟在孔子生时或稍后。若勉强说，最早是《武》，最迟是《燕燕》，相距约五百年。

乙 第二问题

欲将《诗》三百篇一一考定确实年代，固属很难。但约略推定某几篇在某时代，某时代诗多，某时代诗少，也非不可能的事。今本《诗经》分风、雅、颂三部。风又分二南、十三国风；雅又分大、小；颂又分周、鲁、商。从前做考证诗篇年代工夫的，汉末有郑玄著《诗谱》，可惜书不传了。宋有欧阳修续做《诗谱》，王应麟辑纂《诗谱》，清儒也继续辑出许多。据郑玄的意思，《商颂》最早，周初的诗最多，《商颂》的价值第一，二南次之。但这是一派的意见，齐、鲁、韩三家便不和他一样，而且他的主张常多错误。如《关雎》，郑玄以为文王时美后妃之诗。齐、鲁、韩以为康王时人所作，如何彼秾矣？分明是周桓王之女嫁给齐襄公时，鲁人歌颂他的诗。《春秋》庄公元年明记其事，此诗明有“平王之孙，齐侯之子”可为铁证。而毛、郑一派硬要解“平”为太平，“齐”为平等，说是文王嫁女之诗，真是迂腐可笑。如《甘棠》，因有“召伯所茇”，毛、郑硬认做召公太奭，说是周初的诗。但“公”、“伯”显然有别，伯是五伯的伯。《诗》有郇伯、申伯，都是西周末年的人。《诗·大雅·召旻》称召公奭为召公，不称召伯，可见《甘棠》最早不过西周末年的诗。从前的人错认文学的价值，愈古愈高，胸中既有成见，所以辗转附会，到处误解。又二南歌咏江汉，江汉在周初还未十分开辟，到东周初才渐渐发生文化。前人说二南是文王化被南国的成效，其实哪里有文化低落之地而能出产这样高尚文学之理？——由此，我们很可以断定二南是西周末东周初的产物。固然不是一时出现的，但因其文体相近，可知其时间不出百年。前人认为是商末周初百年间，那是错了。

顺着年代讲，则《周颂》最早。《周颂》也许有武王时的作品，《左传》宣公十二年，楚庄王曾引过《周颂·武》之七章。《武》最少是武王克殷所作，比较的可信，是《诗》的最早一篇。《周颂·昊天有成命》有“二后承之，成王不敢康”，最少这诗是康王时的。文王时代的诗可是一篇也找不到，而后人必认为文王时代的，可笑得很。先横成见而附会其事，是考古的大毛病，千万不可如此。所以我们认为《周颂》为周武王到康王时代的诗，在《诗经》为最古。

《大雅》、《小雅》有许多史料，可叫做史诗。若拿来和钟鼎文比照推考，可得前人不知的遗事。他的年代大约在西周末年的有十之七八，成康时代的也许有一二篇，尚有一部分变雅是东周初年的。若以文体而论，假使《周颂》在后而反质朴，二雅在前而反风华，则万无此理。所以大、小雅一定在《周颂》以后，决不是文、武时代的产品。

此外十三国风亦如二雅，各以国名。十三国中，桧至西周末被唐灭了，所以《桧风》一定在西周末年以前，比任何国风的年代都早些。唐是晋初受封之名，至曲沃庄伯夺国受封以后，单称晋不称唐了，所以《唐风》一定是鲁桓公以前的东西。魏不是战国的魏，到鲁庄公时，被晋献公灭了，所以《魏风》是鲁庄公以前的东西。这三国比较的很早，其余较迟。

邶、鄘、卫三国风的问题很杂，篇数又很多，占了《国风》全部三分之一。名义上虽有三国，实际上只有卫国的诗。诗里人名地名事实都是卫国的，所以只能叫做《卫风》。但邶、鄘是什么东西呢？向来解做卫国里面的小国名。那么，又为什么要分三国呢？王静安先生解做邶是燕地，鄘是鲁国，风诗则已失传，后人不懂，妄分《卫风》的一部给邶、鄘，这就比较的可信。我们认为《邶风》、《鄘风》已亡，今本邶、鄘、卫三国风只是《卫风》，不可误信古人之说，分《卫风》为三部。

其余王、郑、齐、秦、陈、曹、豳七国和《卫风》都是春秋时代的产品，没有多大的问题。但若拿来和二南相比，却又发生问题了。以地方文化发达先后程序推之，二南许更在八国风之后；以文字优劣而论，二南也比八国风更加风华艳丽。大凡一新民族初接受他民族的文化的时候，常有异彩的创作出现。二南不名风而名南，不名东西北而名南，又有江汉一类的楚国地名，文体又和后来的《楚辞》有线索可寻，所以我们要认为春秋后半期的南方民族作品，也未尝不可。宋王应麟曾这样主张过，说二南和《楚辞》有先后衔接的关系，这是不错的。

综合起来，我们对于《诗经》年代第二问题的解答是：《周颂》最早，是周初的产品。《大雅》、《小雅》、《桧风》、《唐风》、《魏风》次之，是西周末到春秋最初期的产品。《周南》、《召南》、《王风》、《郑风》、《齐风》、《秦风》、《陈风》、《曹风》、《豳风》、《卫风》较晚，是春秋时代的产品。论起篇数最多的，那自然是春秋时代。

丙　第三问题

上面的结论，《诗》三百篇是周初到孔子生时五百年间的产品。但到底是什么时代什么人编成的呢？依《史记·孔子世家》说，古《诗》有三千篇，孔子自卫返鲁，删为三百五篇。此话若真，则孔子六十四岁返鲁，七十三岁死，在死前十年间删《诗》。但孔子四十五岁已讲学，孔子向来教人都用《诗》，《诗》是他学校的重要功课。当未删《诗》以前，拿三千篇教人呢？还是拿三百篇？《论语》常说“诵《诗》三百”，“《诗》三百”，未必一定是六十四岁以后说的话，可见孔子教人只用三百篇。假使嫌这个证据薄弱，那么，请看《诗古微》怎么说。《诗古微·夫子正乐论》说：“夫子有正乐之功，无删《诗》之事……今考《国语》引《诗》三十一条……逸者仅三十之……左氏引《诗》二百十七条，其间丘明自引及述孔子之言者四十有八，而逸诗不过二条。列国公卿引《诗》百有一条，而逸诗不过五条。列国宴享歌诗赠答不过七十条，而逸诗不过三条。是逸诗不及今《诗》二十之一也。使古《诗》果三千有余，则自后稷以及殷周之盛，幽厉之衰，家弦户诵，所称引宜十倍于今。以是推之，其不可通一也……”（以下还列了许多证据，现在不尽引述。）假使今《诗》是孔子六十四岁，从三千篇里选来编定的，则逸诗应不止此数，为什么只有五十分之二不在今《诗》三百篇之内呢？本来孔子删《诗》之说，从孔颖达即已怀疑，到了魏源著《诗古微》，尤其尽力否定，这是我很赞成的。三百篇本来到《鲁颂》为止，《商颂》许是孔子补加上去的。孔子教人只用现成的三百篇，并没有从三千篇中选出三百篇来。

但这三百篇到底是什么人编定的呢？那只好阙疑，但最少是早已成为定本的。定于何时，很难断定，因最晚的那篇《燕燕》在孔子生前七年，所以最少是孔子幼年有人编定的。前人说是周太史编的，但那时已没有人理会周朝。周朝也没有这大力量干这事。大概可推定这三百篇是鲁国已通行的本子，这我们也有证据。《左传》记吴季札观乐于鲁，太史唱《诗》，篇名没有在今本以外的。可见鲁太史用的《诗》本和今本相同。虽然可以说这许是《左传》的作者从后追记之辞，不足为孔子生前已有定本之据。但没有得充分的反证以前，这说总是可成立的。

从上面说，难道孔子和《诗经》没有关系吗？那不然，那是有相当的关系的。大概孔子对于诗篇的次序曾用一番心思，这是一点。后来汉人最看重“四始”——《关雎》为《国风》之始，《鹿鸣》为《小雅》之始，《文王》为《大雅》之始，《清庙》为《颂》之始。——许是因为孔子有意，所以孔门传习下去。第二点，《商颂》许是孔子加上去的，因为《商颂》的作者是孔子之祖。第三点，孔子用功的深处，不在乎删《诗》，而在正乐。汉儒本来没有说孔子删《诗》的，司马迁作《史记》，看见《论语》有“孔子自卫反鲁，然后乐正。雅颂各得其所”，所以才生出孔子删《诗》之说。其实《论语》这段话正可证明从前的诗词乐谱不好，孔子自卫反鲁才改良他，却不能证明曾经删《诗》。我们看，孔子是极喜欢乐歌的人。《论语》说：“子于是日哭，则不歌。”可见他不哭这天一定唱歌。又说：“子与人歌而善，必使反之，而后和之。”可见他很会唱歌。又说：“子在齐闻《韶》，三月不知肉味。”他自己也说：“师挚之始，《关雎》之乱，洋洋乎盈耳哉。”可见他对于乐歌的兴味极浓。《孔子世家》曾说：“《诗》三百篇，孔子皆弦而歌之，以求合于《韶》、《武》之音。”然则孔子对于《诗》的工作，在创造乐谱，改定歌调。从前的《诗》许是不尽可歌，到孔子才谱《诗》入乐，三百篇没有不歌的了。风、雅、颂的分别，前人说法不一。我看许是孔子定的乐调专名，和音乐有关。《墨子》言："儒者诵《诗》三百，弦《诗》三百，歌《诗》三百，舞《诗》三百。"可见孔门后者还是遵守孔子教法，认弦《诗》、歌《诗》为功课，而《诗》无不可歌的。由上文看来，孔子用功于《诗》全在正乐这部分。后人推尊孔子，硬说他删了《诗》，反为失了真相。所以我们断定《诗》三百篇成于孔子少年或生前之时，编者很难指定。孔子对于《诗》的功劳，只在乐歌上面。——三个问题算是解答了。

末了，我们还得讨论《诗序》的真伪和年代的问题。今本《诗经》，每诗前面都有几句小序，说明作诗的缘故，这就是《诗序》。《诗序》，《汉志》不著录，齐、鲁、韩三家《诗》都没有，单是《毛诗》有。《后汉书·儒林传》明白说："卫宏从曼卿受学，因作《毛诗序》。"后人老是不信。《隋志》说相传《诗序》是子夏作，经过毛公、卫宏润色。后来有人说，《诗序》首句是子夏做的，其下各句是毛、卫做的。又有人说是大毛、小毛公分做的。郑玄一面说是子夏作，一面又说是孔子作，程子说是采诗人作，王安石说是诗人自己作。异说纷纷，把《诗序》推尊到无上的地位，却无人知道本来是假东西。一直到南宋，忽然出了几位辨伪大家——程大昌、朱熹、郑樵——很猛烈的攻击《诗序》，把他的价值降落到零度。大家都确信是卫宏做的，整个的要不得。朱熹初年仍旧推尊《诗序》，晚年和吕祖谦辩论的结果，始转而从郑樵之说。他有很好的见解，以为主张"诗因序而作"者，大可嗤笑。但他亦不彻底，他的《诗集传》，仍有从《诗序》的。

《诗序》到底是什么时代的作品？两汉儒者说《诗》，从没有提到有《诗序》。《六经奥论》说："汉氏文字未有引《诗序》者，惟魏黄初四年有'曹共公远君子，近小人'之语，盖《诗序》至是而始行。"王先谦反驳这说，说《左传》襄公二十九年，服虔解谊，太尉杨震疏，李尤漏刻铭，蔡邕独断，都已引用《诗序》，何尝至黄初时始行呢？其实据我们看，那是不成问题的。《左传》和《诗序》相同的，只有“美哉此之谓夏声”一句，那当然是偶然，或是卫宏有意抄袭。西汉一代文字无有引用《诗序》的，也没说《诗》有序。服、杨、李、蔡固然是东汉儒者，但都在卫宏稍后，卫宏著的《诗序》，他们自然可以看到。《后汉书》既然明说卫宏作《毛诗序》，我们又何苦夺他的功呢？但我们却不可因此就说他伪造《诗序》，因为“说《诗》家”解释作《诗》原因，写成片段文字，是汉人风气。齐、鲁、韩三家《诗》说，虽然不传，但辑得的三四十条还有些像《诗序》的体裁，我们怎么能担保《毛诗》不也这样呢？说不定，《毛诗》的片段说话，还不是篇篇都有，到了卫宏手里才全部都给他做篇小序，来弥补这个缺憾。但没有想到这实在太随便了，事迹的传会、姓名的错乱、诗意的误解……在使读《诗》者迷惑，实在是卫宏强不知以为知之过。所以《诗序》一经南宋诸儒的攻击，便失了他迷人的本领。后来虽经清代一二汉学家一度的维护，而不能挽救他已失的生命或威灵。

此外，如《子夏诗说》、《申培诗说》。关于说《诗》的伪书，早经前人的论定，现可以不必多费口舌了。

第四章 《三礼》

三礼的名称，比较地发生得很迟，从前并没有。东汉末，郑玄注《周礼》、《仪礼》、《礼记》，才合称三礼，即现行《十三经》的三书。这三书向来看做一样的性质，其实错了。南宋以后，把《礼记》当做五经的一种，明清科举也以《礼记》为三礼代表，其实不对。汉代六艺只有《礼古经》，又名《士礼》，凡十七篇，到东汉又改称《仪礼》。《礼记》是解释《仪礼》的，记即传，可与经对立而不可混称经。做个譬喻吧，譬如《易》，《仪礼》好像卦辞、爻辞，《礼记》好像十翼。譬如《春秋》，《仪礼》好像《春秋经》，《礼记》好像三传。所以三礼可分为三部：《礼记》包括《大戴礼记》和《小戴礼记》，目为一部，《周礼》、《仪礼》各自为一部。三部是不可同等看待的。《周礼》原名《周官》，西汉末，刘歆才改称，但至今仍两名通用。他和《仪礼》的分别，《仪礼》如《唐开元礼》、《大清通礼》，是社会自然形成的，非法令的。《周礼》如《唐六典》、《大清会典》，是行政法，是政府的固定制度。真伪且慢些论，根本就不是礼而是官制，所以原名《周官》，只是说周代的官制。我们须先知这四部书的性质，才可讲到别的问题。——若是严格的讲，礼只有二，就是《仪礼》、《礼记》，而《周官》应该撇开。但自郑玄以后都看《周官》是礼的一种，为方便计，只好仍称三礼。

甲 《仪礼》

现在先讲《仪礼》。《仪礼》这书，真伪没有问题，绝对不是西汉以后的人伪造的。《汉志》说："汉兴，鲁高堂生传《士礼》十七篇，说孝宣世，后仓最明，戴德、戴圣、庆普皆其弟子，三家立于学官。"我们看这十七篇礼和《春秋》、《左传》所载的礼有时相同，大概就是孔子所雅言的礼，在周代曾经一度通行。所以我们现在只问到底这十七篇是什么时候才有？向来因有周公制礼作乐之说，便都说《仪礼》是周公传下的。后来研究三礼的人，又认为三礼都是周代通行的，总想打成一片。遇着彼此矛盾处，或采此驳彼，或调停两可，或附会，或曲解，闹的一塌糊涂，不知枉费多少心力。其实《周礼》出现最迟，二部《礼记》也至汉宣帝时才成书，既已显然不是周公的著作。就是《仪礼》也不很早，纵使我们承认《仪礼》有一部分是周初所有吧，经过了八百年的变迁，也不知换头改面了几次，才到高堂生手里。而且古时文字没有刻板，全靠口授，或用简记，像《仪礼》这样难读，就是叫我背诵，也要考不及格，还能够流传八百年不会佚亡或变乱吗？古时书籍，当然不止《书》、《诗》、《易》、《礼》几部，何必只存这几部呢？那自然各有其原因，如《书》存于史官，《易》存于筮卜之官，《诗》存于太师和民间口诵。但西周以前的《书》、《易》、《诗》有多少？《书》、《易》、《诗》的大部分还不是东周春秋的东西吗？《仪礼》这样难读难传的东西，还反是西周初年传下来的，一点不变原样吗？试看他里边《士冠礼》的颂词，全采自《诗经》。《诗》成于春秋末，那么，《仪礼》似成于《诗》成以后，最少也是同时。又看他里边《卿射礼》有"乃和乐，《周南》：《关雎》、《葛覃》、《卷耳》，《召南》：《鹊巢》、《采蘩》、《采蘋》。工不兴，告于乐正曰'正歌备'"一段，正歌据说就是《小雅》。可见《仪礼》最少是成于《小雅》、二南通行之后。《小雅》、二南作于西周东周之间，通行必在东周。那么，《仪礼》还不是成于东周春秋吗？

但《仪礼》的一部分，许是西周已有。因为礼是由社会习惯积成的，不是凭空由圣人想出来。西周习惯的礼，写成文字，成为固定的仪节，许是比较的很晚。今十七篇许是出于孔子之手，相传孔子删诗书，定礼乐。我不信孔子会删诗书而倒有点相信孔子曾定礼乐，第三章已讲过孔子定了乐谱。礼这部分，依《礼记·中庸》说："礼仪三百，威仪三千。"大概周代尚文，礼节是很繁缛的。孔子向来认礼为自己教人的要课，那么，把礼节厘定一番，使其适宜，也并不稀奇。所以我说，《仪礼》许是孔子编的，你们不相信吗？《礼记·檀弓》有这么一段话："恤由之丧，哀公使孺悲学'士丧礼'于孔子，《士丧礼》于是乎书。"这分明告诉我们，最少十七篇的这篇《士丧礼》是孔子手定或口授孺悲写定的。这篇如此，那十六篇，谁能担保不是孔子手定或口授他人写定的呢？还有二点，我们尤其不可不注意。儒家不是主张"三年之丧"吗？三年之丧的礼制，起自何时？他们说是远古相传，尧舜行过的。但下面三段记载却使我们怀疑他们的话。《论语》载："宰我问：'三年之丧，期已久矣。君子三年不为礼，礼必坏；三年不为乐，乐必崩。旧谷既没，新谷既升，钻燧改火，期可已矣。'子曰：'食夫稻，衣夫锦，于汝安乎？'曰：'安。''汝安则为之。夫君子之居丧，食旨不甘，闻乐不乐，居处不安，故不为也。今汝安，则为之。'宰我出。子曰：'予之不仁也。子生三年，然后免于父母之怀。夫三年之丧，天下之通丧也。予也有三年之爱于其父母乎'？"假使三年之丧是自远古相传，已成定制，则宰我哪有这样大胆地怀疑？哪敢提出减丧的主张？孔子也就这么老实，只骂宰我一句"汝安则为之"，竟不能禁止他不为？未免太离奇了。这可见三年之丧许是儒家创造的主张。《孟子》也有一段话，记滕定公死了，世子遣然友问丧于孟子，孟子主张三年之丧。"然友反命，定为三年之丧。父兄百官皆不欲，曰：'吾宗国鲁先君莫之行，吾先君亦莫之行也，至于子之身而反之，不可。'" 这段话并没有后人伪造的痕迹，当然可信，滕鲁先君假使行过三年之丧，滕的百官一定不敢反对。这点也可见三年之丧，除了儒家以外，社会是不通行的。所以墨家攻击儒家，常拿这点做焦点。就是《礼记》也有一段话，越加可以证明。《三年问》："'三年之丧，何也？'曰：'称情而立文，因以饰群，别亲疏贵贱之节，而弗可损益也……''然则何以至期也？'曰：'至亲以期断。''是何也？'曰：'天地则已易矣，四时则已变矣，其在天地之中者，莫不更始焉，以是象之也。''然则何以三年也？'曰：'加隆焉尔也。'" 期是一年之丧，本来至亲也以期为断，这里说的理由和上文宰我的理由一样，而三年之丧不过是加隆重点。可见"至亲以期断"是原来的礼，三年之丧是儒家加重的礼了。我们看，一年之丧是很有理由的，现在世界上许多人种都是这样，可知是人情之常。本来古代也都如此，儒家加重的理由反不充足。孔子说："子生三年然后免于父母之怀。"所以子女应为父母服三年之丧，才可以报恩。其实这不过指乳哺而言。若说子女成立，至少也要到十余岁，要想报恩，至少要服十五年之丧才是。若说忘情，则有一年大概也够了。由此可知三年之丧是孔子的主张，不是周公的制度。前人说是周公制的礼，恐怕有错了吧。——为什么我们要详细讨论这个问题？只因《仪礼》最后的五六篇都是讲丧礼的，都是讲三年之丧的，我们正可借以推定这五六篇是孔子手定或儒家写定的。固然《仪礼》全部非都由孔子创造，如《乡饮酒礼》、《乡射礼》。依《论语》、《礼记》所记，孔子时已有，不过编定成文。也许全部出自孔子，因《士丧礼》决是孔子手定，其余也可推定是孔子审定过的，大致不会十分很错吧。

《仪礼》的年代，上文已推定了。以下还要附带讲《仪礼》共有若干篇。今文十七篇是足本否？《汉志》说："《礼古经》五十六卷，《经》七十篇。"（那七十两字已经后人证明是十七的错误）。什么是《礼古经》呢？《汉志》说："《礼古经》者，出于鲁淹中，及孔氏学七十篇文相似，多三十九篇。”（那七十两字也经后人证明是十七的错误。）因此，西汉末以后的古文家以为今本《仪礼》十七篇是不完全的，而今文家则以十七篇为足本。那三十九篇的目录，《唐开元礼》登载了。原文至唐后已不存，后人辑出了数十条，因为文体和十七篇不类，惹起多数学者怀疑，至邵懿辰著《礼经通论》便推定是汉人伪造的。今本十七篇所讲的，不外冠、昏、丧、祭、乡、射、朝、聘八种。《礼记》说孔门最重此八礼，可见十七篇是孔门所传。八礼以外的礼，或许从前有亦难讲。如投壶，《小戴礼记》有。如衅庙，《大戴礼记》有。但都是不通行的小节。或是孔门所不传，孔门所传的只是那八种大的礼仪，而那八种不在那十七篇之外，可见十七篇是孔门足本。其余三十九篇是汉儒采摭凑集的，虽然亡佚，不可足惜。有如《孟子·外篇》，给赵岐删削了，岂不省了读书者许多精神吗？

乙　《周礼》

《周礼》的来历，《汉志》没有说明，只著录了“《周官经》六篇，《周官传》四篇”，也不过附在《礼经》后面。《隋志》可不同，既把《周官经》改名《周官礼》，著录在《仪礼》前头，又说：“汉时有李氏得《周官》。《周官》盖周公所制官政之法，上于河间献王，独阙《冬官》一篇。献王购以千金，不得，遂取《考工记》以补其处，合成六篇奏之。至王莽时，刘歆始置博士，以行于世。河南缑氏及杜子春受业于歆，因以教授。是后马融作《周官传》，以授郑玄，玄作《周官注》。”大概是根据《汉书·河间献王传》“献王所得书，皆古文，先秦旧书、《周官》、《尚书》……之属”一语。其实《献王传》的《周官》是否刘歆立博士的《周官礼》，还是问题，且不管吧。就是讲《周礼》的来历，也另有不同的说法。贾公彦《序周礼废兴》引马融传说：“秦……政酷烈，与《周官》相反，故始皇禁挟书，特疾恶，欲绝灭之，搜求焚烧之，独悉，是以隐藏百年。孝武帝始除挟书之律，开献书之路。既出于山岩屋壁，复入于秘府，五家之儒，莫得见焉。至孝成皇帝，达才通人刘向、子歆校理秘书，始得列序，著于《录》、《略》。然亡其《冬官》一篇，以《考工记》足之。时众儒并出，共排，以为非是。唯歆独识……杜子春尚在……能通其读，颇识其说，郑众、贾逵往受业焉……”（现在的《后汉书·马融传》没有这段话，这所谓马融传，大概是马融的《周官传》。）《序周礼废兴》又说：“《周礼》起于成帝刘歆，而成于郑玄，附离之者大半，故林孝存以为武帝知《周官》末世渎乱不验之书，故作十论七难以排弃之，何休亦以为六国阴谋之书。”我们看了上面几段话，不免生出许多惊异。一，说起《周官》的来历，有的说，在汉武帝时，出山岩屋壁间；有的说，在汉时有李氏献给河间献王。二，既已出现了，为什么又隐秘不传？既秘隐了，为什么经过百年又出现？三，刘歆表彰这书，为什么众儒要反对？不惟当世，就是东汉百余年的儒者都反对？就是郑玄作注时，还有林孝存、何休要专著一书来反驳？我们看，《周礼》所以能够站得住，保存至今的，郑玄之功最多，他把来摆在《仪礼》前头。但因此，问题便多了。本书《总论》第三章讲过，中国人最早专著一书攻击伪书的，就是这场公案，林、何辨《周礼》。但一直到最近，孙诒让、章炳麟一派，仍旧相信《周礼》是周公致太平之书。我们带今文家的色彩的人却总是否认的，今文家说《周礼》是刘歆伪造的，我们可以公平点说，非歆自造，也许有所凭借。最近出土的甲骨文，《周礼》有几个字和他的字相近，就如“飌”“慭”，别书没有，《周礼》和甲骨文都有。因此，拥护《周礼》的人大喜，以为从此无人敢攻击他了。其实这点微小的证据，是不能救“《周礼》是周公所做”一说的命，不过可以减轻刘歆全伪之罪罢了。我说这书总是战国秦汉之间，一二人或多数人根据从前短篇讲制度的书，借来发表个人的主张（有如黄宗羲的《明夷待访录》）。主张也不是凭空造出来的，一部分是从前制度，一部分是著者理想。惟其根据从前制度，所以有古书可证。如

《左传》所载路馆之制，和他所载相同。但他却又不是全依旧制，觉得要如此如彼做才好。就如孙文的《建国方略》一样，只用他不能完全脱离周俗周制，所以后人说是周公做的。《孟子》和《礼记·王制》说“侯国方百里”，《周礼》说“侯国方五百里”，因时代不同，故主张不同。后人不懂，牵合为一，自然讲不通。春秋和战国初的国多地狭，所以侯国只可方百里。战国末，国少地辟，自然侯国可大些了。因此，益知《周礼》是战国以后的书。但刘歆为新莽争国，为自己争霸，添上些去，自然不免，或者有十之一二，好像《左传》一样。我们大概如此看法，所以对于这书，自然不相信是周公的书。若编周公或周代的史，拿来做资料，糟不可言。但拿一部分来分别看做春秋战国一度通行的制度，看其余一部分为政治学上的理想的建国制度，那是再好不过的。我们不可因其为战国人作，刘歆添，便认为无价值。须知以战国而有此种伟大人才留此种伟大理想在这部《周礼》上，那是我们的光荣，不是我们的污辱。不过我们若认为周公做的，那就反而把他的价值降低，害他成为伪书，岂不冤枉吗？

还要附讲的，就是《考工记》。《隋志》既说汉河间献王以《考工记》补《周礼·冬官篇》，所以今《周礼》前五篇和后篇分明是二部书。《考工记》的年代，向来看做在《周礼》以前。因其文体较古雅些，所叙之事也很结实，没有理想的话。除了迷信周公作《周礼》的人，否则没有不承认这说的。但是到底《考工记》是何时的书呢？有人说是周公的，有人说是西周，有人说是东周初。我都以为非是，我们只要一翻本文，便可知是战国末年的书。他的第一段便说：“粤无镈，燕无函，秦无庐，胡无弓车。”燕是到春秋中叶才和诸侯往来的，秦是到东周初才立国的，粤、胡是到战国末才传名到中国，因此，可知《考工记》是战国末的书，比《周礼》前五篇略早些，决不是孔子以前的。他的本身向来没有人怀疑，他的可信的程度，比前五篇高得多，汉儒一定要拿来补入《周礼》，真是可笑。

丙 《礼记》

现在讲到三礼的最后一种。这种却有二部书，一部是小戴编的，一部是大戴编的，都叫做《礼记》。《礼记》没有真伪问题，总是西汉末刘向时已有的书。另外有小问题，是有三篇说是马融添上去的，已经人研究，并无其事。所以《礼记》全是西汉以前的，而没有东汉以后的东西。说起他的年代，《汉志》说是“七十子后学者所记”。不知是七十子和其后学者呢？还是七十子以后的学者？若依后解，则至戴德、刘歆都是七十子的后学者。他本是一种丛书，多少增减都可，绝对不是一时一人所记。现在的问题是，有七十子所记没有？有孔子以前的作品没有？关于后题，《大戴礼记》有一篇《夏小正》，当然是很古的书。但有人说是大禹做的，和《禹贡》一样，那是不对的。《夏小正》上面讲的星象，据历来天文家推算，是在《月令》出书以后才有的，最少也是同时，所以我们不能认为《夏小正》是大禹的书。还有前人因夏是朝代名，所以认为《夏小正》是夏书。其实夏正建寅，以著《夏小正》的人也主张建寅，所以有此名称，那是我们前文已讲过的。另外，《佚礼》经后人辑出，有和《逸周书》相同的。《逸周书》的年代已是问题，或者有一部分是孔子后学记上的。但《大戴礼记·公冠篇》的颂词乃是汉昭帝行冠礼时做的，不能因其词同《礼记》便认为古礼，故此部分佚礼也有一部分是古礼，而大部分在孔子后。《礼记》的大部分是解释《仪礼》的，自然在《仪礼》之后，那是不成问题。翻回来讲，有没有七十子所记？有多少？《大戴礼记》有《曾子》十篇，《汉志》有《曾子》十八篇，或即同是一书，可认为曾子所作。《汉志》又有《子思子》二十三篇，沈约还看见，说有《中庸》在里头。《小戴礼记》有四篇说是子思做的，许是取自《子思子》。小戴的《缁衣》，刘向说是公孙尼子做的，《史记》也说《乐记》是公孙尼子做的。

《汉志》有《公孙尼子》二十八篇，六朝还存，许是《礼记》所本。今各书均亡，真伪莫辨。假使都真，则《礼记》这几篇可谓最早。但《曾子》八篇虽存，而大戴所载十篇文字浅薄，不似春秋末的曾子所作，反似汉初诸篇，虽题曾子之名，却未敢定。又如《中庸》，沈约说是《子思子》所有，而以思想系统论，当置《孟子》后。文义由崔述考证，也是抄袭《孟子》的。到底《子思子》是否孔子思所作，也是问题。《荀子》被《礼记》采抄的也不少，如《修身篇》、《劝学篇》变成《大戴礼记》的《礼三本篇》与《劝学篇》了。我们信仰荀子不会抄袭别人，而且那二篇的思想也确乎是荀子的思想，可知一定是《礼记》抄自《荀子》，而且又戴上了曾子的帽子。倘使不知底蕴，岂不又把他的年代提前百余年吗？此外，《月令篇》，《吕氏春秋》、《淮南子》都有，文中有太尉字样。太尉是秦官，所以大家认为吕不韦做的。但另有一本太尉写作太封，那又不见得是。这都是小节，有太尉不为后，无太尉不为古，总是战国末世的书。还有《王制》一篇，《经典释文》引卢植说是汉文帝时博士做的，又有人说那篇不是这篇，这篇是周代的制度，汉文那篇大略已见《史记·封禅书》。又有人说这篇的制度和《孟子》说的不同，一定是商代的，更可笑。他们都不知这也是战国末的一种理想的建国方略也。全部《礼记》最末的一篇，许是大戴的《公冠》，出汉昭帝时。

总论《礼记》几句：他的性质是孔门论礼丛书。他是儒家思想，尤其是礼教思想最发达到细密时的产品。他是七十子的后学，尤其是荀子一派，各记其师长言行，由后仓、戴圣、戴德、庆普等凑集而成的。他的大部分是战国中叶和末叶已陆续出现，小部分是西汉前半儒者又陆续缀加的。他是一篇一篇可以独立，和上篇、下篇没有联络的，和《仪礼》、《周礼》又有点不同——以上讲《礼记》完，讲三礼亦完。

第五章 《春秋》及其三传

《春秋》这书是孔子做的，似乎没有什么问题。《孟子》说："孔子惧，作《春秋》。""孔子成《春秋》而乱臣贼子惧。"一直到现在，还没有人找到反证，否认这说。因为孔子自有一番意义，口授给门生，后来世代相传，写成文章。所以汉初出了好几部书，现存的还有《公羊传》和《穀梁传》二种。另外西汉末发现一部《左氏春秋》，刘歆说他也是解释《春秋》的，后人合称起来，就叫三传。我们现在拿来同时讲。

甲 《春秋》

《春秋》虽是孔子做的，但孔子以前有没有春秋这种名词、这种东西呢？《国语》晋悼公十二年，司马侯说："羊舌肸习于《春秋》"。《左传》鲁昭公二年记："韩宣子来聘……观书于大史氏，见《易》、《象》与《鲁春秋》。"《墨子·明鬼篇》引了周之《春秋》、燕之《春秋》、齐之《春秋》、宋之《春秋》。可见在孔子以前，周、晋、燕、齐、宋诸国都有《春秋》，其余诸国也许也有。

鲁国从前既有《春秋》，孔子又"因鲁史而作《春秋》"，那何必呢？大概因为从前的《春秋》体裁不同，文辞不好，意义不明，所以孔子才用一番心思去改造。《墨子·明鬼篇》所引的大段故事，说是出自某国《春秋》。我们看来，倒有点像《国语》。每事自为起讫，篇幅很多，和孔子的《春秋》不同。孔子的《春秋》文章简单，年代明了，许是一种创作，前此没有的，这是一点。《公羊传》鲁庄公七年："不修《春秋》曰：'两星不及地而复。'君子修之曰：'星贯如雨。'"可见不修的《春秋》和已修的《春秋》是不同的，这是二点。《春秋繁露·深察名号篇》极力恭维《春秋》鲁僖公十六年"春王正月戊申朔，陨石于宋五"和"是月，六鹢退飞过宋都"一段的妙笔，虽未引不修的《春秋》原文，但可知孔子笔削是很用心不苟的，这是三点。所以《史记·孔子世家》说："孔子在位听讼，文辞有可与人共者，弗独有也。至于为《春秋》，笔则笔，削是削，子夏之徒，不能赞一辞。"这当然是实情。

最近，先师康南海先生著《春秋大义微言考》，有一种冒险的计划，想根据《公羊传》的"何也"、"何以书"去推究不修的《春秋》原文如何，来跟孔子的《春秋》比较。如"元年春王正月"，依先生说，不修的《春秋》是"一年春一月"。理由是因何休注说："变一为元者，元者气也。"可知原文是"一"，孔子改"一"为"元"。其余也可类推了，凡《公羊传》发了疑问的，就可跟着要改的理由，揣想不修的原文。这种工作是很有趣味的，但因不修《春秋》佚了，先生这种计划能否成功，很难对证。

《孟子》说："世衰道微，邪说暴行有作，臣弑其君者有之，子弑其父者有之。孔子惧，作《春秋》。《春秋》，天子之事也。""孔子成《春秋》而乱臣贼子惧。"《史记·孔子世家》也说："孔子……乃因史记作《春秋》……约其文辞而指博。故吴楚之君自称王，而《春秋》贬之曰'子'。践土之会，实召周天子，而《春秋》讳之曰'天王狩于河阳'。推此类以绳当世。贬损之义，后有王者举而开之。《春秋》之义行，则天下乱臣贼子惧焉。"孔子借《春秋》来发表他的政治思想、哲学思想，是历来儒者所同信的。《孟子》又说："晋之《乘》，楚之《梼杌》，鲁之《春秋》，一也。其事则齐桓、晋文，其文则史。孔子曰：‘其义则某窃取之矣。’”《春秋繁露》、《史记》都说：“《春秋》文成数万，其指数千。”可见，孔子作《春秋》是有所取义的。那数千义，当然不能入《春秋》本文，只好口授给门弟子。门弟子一代一代，相传下去，到西汉中叶，就先写定了《公羊传》和《穀梁传》。那二传失了孔子原意没有，当然很难担保。但其中总有一半是由孔子以下一代一代，口说相传的。还有的自然是汉儒根据孔子的标准，以意推定，不能说全是孔子原意。现在合并《公羊传》、《春秋繁露》、何休《公羊注》所说的春秋大义，也许还有数千。这数千义，有多少是孔子的，很难讲，但最少有一部分乃至一半。若依公羊家的眼光看来，那完全都是孔子的。

丢开《春秋》的大义不讲，就是本文，后来添了没有呢？今存的左氏、公羊、穀梁三家的经文，大段固然相同，小处的差异可太多了。就是说最后一页吧，《左氏传》是鲁哀公十六年，《公羊》、《穀梁》是鲁哀公十四年，就不同。《左氏传》因孔子死于十六年，想加上孔子死事，所以多添二年。（后来宗左的说左丘明续经。到底是谁续的？留到下面讲。）最少这二年不是孔子做的，因为孔子的《春秋》到“西狩获麟”就绝笔是含有深意的，这是一点。又《公羊》、《穀梁》记：“襄公二十一年，十一月庚戌，孔子生。”这当然不是孔子记的，因为他没有做“卿”，不配记生死，而且自己也决不会记自己的生死，这是二点。既然可以添上二年或一条，此外添了没有也难说，许有多少是添上去的。——这是讲添的话。

《春秋》完备不完备呢？有没有残阙呢？也有问题。司马迁、董仲舒所说的“文成数万”，当然是经文的字数。但《春秋》今本只有一万八千多字，还没有数万。董仲舒是传《春秋》的人，司马迁是刻意学《春秋》的人，不致乱说，“万”字又不是讹误的字，那么，《春秋》有阙文，可以知道，可以断定了。又如常有“正月”、“三月”经文下没有一事，既没有事，又何必记月份？解释者说：“《春秋》虽无事，岁首必书。”也许固然如此，也许没有此种体例也难讲。不过，若说《春秋》阙了去，却又难以解释。几时阙的？秦焚已阙犹可说。但董仲舒、司马迁为何说“文成数万”呢？汉代阙的？汉代已是经学昌明之时，若说董仲舒能见的何休不能见，也很讲不通，所以我们又不敢讲《春秋》一定阙了这许多。但提出问题，也很可供大家研究。——这是讲阙的话。

年代问题，开头就已讲明是孔子做的，当然就是孔子时代。但孔子编的书，到何时才成功？向来说“绝笔于获麟”，那么，《春秋》是鲁哀公十四年春（西纪前四八一年）成书的（这是公羊家说）。还有一说，孔子因有获麟的祥瑞才作《春秋》，那可很难相信。因为哀公十六年四月，孔子死了，上距获麟，刚好二年。二年能著成这部书吗？到底搜集史料于鲁史以外有多少？虽然不可确知，《公羊传疏》引纬书说，孔子命子夏等十四人求得百二十国宝书。虽然未能确信，但《春秋》记鲁国以外的事当然不单靠鲁史，当然要搜集外国史。虽未必有百二十国之多，多少总有。一定不是短时期所能整理清楚、二年所能成书的，所以我们比较的还是相信获麟绝笔之说为佳。从此以前不知编了几年，到此有感，或因年老了（七十一岁），或有他因，就搁笔不写下去了。这个相差有限，不过也得讲讲。——《春秋》算是讲完了。

乙 《左氏传》

三传在西汉只有二传盛行。汉武帝立《公羊》博士，元帝立《穀梁》博士，哀帝时刘歆才请立《左氏》博士。因群儒反对，到平帝时才成功。西汉一般解释《春秋》的人都说“《左氏》不传《春秋》”，刘歆引传文以解经，极力表彰，和群儒起了一场恶战。到东汉以后，《左氏》的价值一天一天比《公羊》、《穀梁》高了。现先讲《左氏》。

西汉末，群儒和刘歆一派的争辩，后人叫他“今古文之争”，群儒是今文家，刘歆是古文家，竟成经学界二个派别、二千年一大公案。后来的今文家对于《左氏》和刘歆起了种种的猜疑：有的说，《春秋左氏传》整个的由刘歆伪造；有的说，《左氏》本名《春秋》，不是《春秋传》；有的说，本来只有《国语》，刘歆从《国语》分出《左传》来。清儒自庄存与、刘申受起，至康南海先生和崔适，对于这问题都各有深入的研究，现在懒得称引他们的著作了。据我看，《左氏》与《国语》的体裁和文章都各不相同，并无割裂的痕迹。从战国到西汉末称引《左氏》的不止一书，可见《左氏》不是刘歆伪造或从《国语》分出来的。现在且分二层讲。

一、《左氏》是何时何人做的。

二、成书以后有人增窜否。

《左氏》的作者，向来都认为孔子弟子左丘明。刘歆还说："左丘明好恶与圣人同，亲见夫子，而公羊、穀梁在七十子后，传闻之与亲见之，其详略不同。"其实所谓左丘明是姓左名丘明呢？还是姓左丘名明呢？也还是只有左姓丘名的人而并没有左丘明？都还难说。且不管罢，就是承认有左丘明这个人，也还有问题。《论语》上，孔子曰："巧言、令色、足恭，左丘明耻之，丘亦耻之。匿怨而友其人，左丘明耻之，丘亦耻之。"这种语气，决不是先生对于学生说的，倒很像晚辈敬仰先辈说的，和"述而不作，信而好古，窃比于我老彭"一样。就是说不是先辈是学生罢，也不是年轻的学生。一定是老成高辈，和颜路、曾点一流，岁数和孔子不相上下。况且《史记·仲尼弟子列传》又没有左丘明这人，说左丘明是孔子的恐怕就是从刘歆起罢。且也不管他，左丘明假定做了《左氏》，那么，记事应该到孔子死时为止，因为他的年纪寿命不能比孔子多多少。现在的《左氏传》怎样呢？鲁悼公、赵襄子的谥法已给他知道了。赵襄子比鲁悼公死得更晚一点，是周威烈王元年（西纪前四二五年），上距孔子死时已五十四年了。和孔子年纪不相上下的左丘明到此时还能生存著述吗？——这可见《左氏》不是左丘明做的。

还有一点，《左氏》记的预言和卜卦，没有不奇中的。预言本不稀奇，对于某种现象有锐敏的观察者常常能猜中将来的现象。如《孟子》说："由今之道，无变今之俗，虽与之天下，不能一朝居也。"后来秦始皇得了天下，果然不久即亡。这也可说是政治家的预言奇中，但未必十拿九稳罢。如孔子说："天下有道，则礼乐征伐自天子出；天下无道，则礼乐征伐自诸侯出。自诸侯出，盖十世希不失矣；自大夫出，五世希不失矣；陪臣执国命，三世希不失矣。……禄之去公室五世矣，政逮于大夫四世矣，故夫三桓之子孙微矣。"这段话可失中了。自孔子死后百四十年，鲁国才灭亡，三桓的子孙握鲁政还过了四五世。我们看《左氏》怎么样？几乎有言必中。如襄公二十九年季札聘齐，谓："齐国之政将有所归。"适晋见韩赵魏三卿，说："晋其萃于三族乎？"齐王孱弱，田氏专横，锐敏的政治家也许能够预料将来的结果。晋国则六卿并列，中行范智三卿最强，韩魏赵还是弱族，季札怎么有这么大的本领可以断言韩赵魏必有晋国呢？像这种符验的预言，比烧饼歌还灵得多，政治家不见得有这么一回事吧？卜卦的灵验更高过一切。如庄公二十二年记："懿氏卜妻敬仲，其妻占之曰：'吉，是谓……有妫之后，将育于姜。五世其昌，至于正卿。八世之后，莫之与京。'"后来一点不差。无论如何迷信的人也不能不动疑，这当然是后史喜带小说的有趣味的叙述。看见三家握晋政，田氏将篡齐，乐得说些开心的故事，来点染点染。或许田氏和三家那时已造成了祖宗光荣的事迹，后史便采用，也未可知。总之，不是本有的事，但我们却因此知道《左氏》这书是当三家将分晋、田氏将篡齐而未成功时的产品。三家分晋比田氏篡齐早一点，是西纪前四〇三年。做《左氏》的似乎没有看到三家分晋，所以《左氏》成书至迟不过西纪前四〇二年，即周威烈王二十三年。

清华研究院有一位同学，卫聚贤君，研究《左氏》很有发明，我已酌量采用了。还有一种最重要的发明，就是"左氏"二字的解法。他说是地名，不是人名，不是姓。《韩非子·外储说》说吴起是卫国左氏人，《战国策》也有左氏这地名，《别录》说吴起曾传《左氏》，卫君因此断定《左氏》这书因吴起是左氏人，所以才名《左氏》，并不是因作者姓左才名《左氏》。假定这说不错，书果由地得名，果因吴起传下，那么，《左氏》成书总在吴起生前。吴起是周安王二十一年（西纪前三八一年）死的，那么，就是放弃前段的主张，《左氏》也一定是西纪前三八一年以前做成的，不能在此年以后。

《左氏》是什么时候才通行的呢？晋太康二年，汲郡人发魏襄王冢，得了许多书，其中有《论语》、《师春》一篇，书《左传》诸卜筮。据此，可见当魏襄王生前，《左氏》已通行了，所以师春才可以得来抄撮。魏襄王是周赧王十九年（西纪前二九六年）死的，可见《左氏》至迟到此时已通行了。——总观上面几段，可以说，《左氏》成书大约在西纪前四二五至四〇三这二十余年间，通行是在西纪前二九六年以前。至于到底是什么人做的，卫君说是子夏，不能武断，最多只能说有可能性。

关于第一问题，《左氏》的年代大概已如上决定了。但今本《左传》是当日《左氏》原本否？那当然不是，给后人增窜上去的不知有多少哩。如文公十三年，士会归晋一段，末尾有“其处者为刘氏”一语。上面分明说“秦人归其孥”，怎么又有处者呢？据后人考定，那时还没有刘氏，到刘邦得天下，才认尧为祖，士会为宗。《左氏》这句许是汉人加上去的。战国初年的作者不见得会恭维刘氏皇帝，给他拉拢阔祖宗吧。

但这还是小节，最主要的是《左氏》不传《春秋》的问题。今本《左传》如“不书即位，摄也”一类解经的话是真是假，今文古文之争全在这点。《汉书·刘歆传》明说：“初《左氏传》多古字古言，学者通训故而已。及歆治《左氏》，引传文以解经，转相发明，由是章句义理备焉。”从前《左氏》并不解经，到刘歆才引以解经。其实《左氏》是一部独立的真书，依仿孔子《春秋》而作，并非呆板的和《公羊》、《穀梁》

一样。他上面记的事，有的比《春秋》早数十年，有的比《春秋》迟数十年。尤其是叙晋的事，他和《春秋》对勘，有的事彼有此无，有的事彼无此反很详。可见《左氏》全是单行的、独立的、有价值的史书，绝对不传《春秋》。那些解经的话是刘歆捣的鬼，他想战胜他父亲一派的今文家，所以找一部和《春秋》无关、在西汉无人读习的书，添上些解经的话，来压倒公羊、穀梁二家。后人不察，大半给他蒙过了。有些激烈的今文家，又说《左传》全是刘歆伪造的。我们折衷的说，不承认刘歆伪造《左传》之说，而断定《左氏》是战国初年人做的。我们一面要知道《左氏》在史学上有非常的价值，欲研究春秋情形，非善读此书不可，不可因他有后人增窜的句子就贬损他的价值。一面也不能相信刘歆、杜预这些人的话，说左丘明禀承孔子的意思，作传以绍《春秋》。假使我们把解经的或假添的钩去（经过很细密的考证以后），那么，《左氏》是一部真书。

最后，《左氏》的书名也得讲清楚。现在通称《左传》，其实绝对不是原名。原名只是《左氏春秋》，和孔子的《春秋》、《虞氏春秋》、《吕氏春秋》一样，自成一家之言。孔子可作《春秋》，虞氏可作《春秋》，吕氏可作《春秋》，战国初年西纪前四二五至四〇三年间的作者也可作《春秋》。“春秋左氏传”是刘歆杜撰的名词，“左传”是后人的简称，所以现在《左传》这部书是真的（真中也有些伪），“左传”这个名词是假的。

《公羊传》、《穀梁传》的时代，以立学官的次第而论，《公羊》在前，《穀梁》在后。这二部书，什么时候才写成，作者据说是公羊高、穀梁赤，这二人是什么时候的人，都很难定。《孟子》有公明高，“明”、“羊”同韵，有人说是一人，也是揣测之辞。公羊是否高，穀梁是否赤，二书是否高、赤做的，似乎都不是。现在《公羊传》有“公羊子曰”，《穀梁传》有“穀梁子曰”的句子，可见书是公羊子、穀梁子以后成的。公羊子、穀梁子又未明说是赤是高，可见向来说是赤、高所作，也未必可信。《公羊传》又有尸子，《汉志》有尸佼，是否一人？若是一人，则《公羊传》成于商鞅之后。大约公羊是齐派，穀梁是鲁派，自孔子以后就各自口说流传，至汉乃垂之竹帛。本来西汉以前的儒者传经，多是口说的。但公、穀为什么不早垂竹帛，要到汉代才写出书来？据那些传经者说，因为孔子在《春秋》上暗中常常褒贬当世，不方便用笔写出，所以告诉他的弟子。弟子世代口传，但不写出的理由不必因有所褒贬，或者弟子当孔子作《春秋》时，听得些零碎的见解和主张，记在心里，传给他们自己的弟子。于是辗转口传，至若干年后，才觉得有写出的必要，这自在情理之中。至于公、穀所讲的话，到底对不对，那还是问题。《左氏》固然不传《春秋》，《公》、《穀》就能不失孔子本意吗？我们看，《公》、《穀》不是一个时代的产品。自孔子以后，一直到汉武帝、宣帝时，历代儒者各有一点见解渗透在里，积累得太多了，有一二人把他写成一部编年解经的书。所以二家都说是孔子口授的，却是彼此常常矛盾冲突的缘故，就是因为后儒各有一点见解渗透在里。我们懂得这点，看见董仲舒的《春秋繁露》、何休的《公羊注》和《公羊传》、《穀梁传》常有大同小异，才不会惊奇，才不是此非彼。关于《公羊传》、《穀梁传》的真伪和年代问题的解答，可以总绾一句，无所谓真伪，因为都不是一人做的。至于年代，从西纪前四八一年至西纪前一三六年，凡三百余年才写定成书。也不要确实指出什么年代，我们知道是孔门后学对于《春秋》研究的成绩大全就够了。

第六章 《论语》《孝经》《尔雅》《孟子》

所谓十三经，现在已讲完了九种，剩下的只有《论语》、《孝经》、《尔雅》、《孟子》四种。这四种中，最重要且最多问题的是《论语》。现在先拿来讲。

甲 《论语》

《论语》，比较的最可信。现在要研究孔子和儒家的学术，除了他没有第二书更好了。不过他的各篇各章，也须分别看待。为什么呢？因为他不是短时期内一个人做的。《汉志》说：“《论语》者，孔子应答弟子时人及弟子相与言而接闻于夫子者也。当时弟子各有所记，夫子既卒，门人相与辑而论篹，故谓之《论语》。”这段话不全对。《论语》固然有一部分是孔子生前孔子的弟子所记，但还有一部分是孔子死后数十年乃至百年，孔子的再传弟子所记。试看有子、曾子独称“子”，而其他自颜回、子夏以下都不称“子”，可知有许多是有子、曾子的弟子记的。又看许多称了谥法的人死在孔子死后数十年，那当然是时代很晚的人记的。《论语》本来不是有统系的书，和《孟子》不同。《孟子》的篇章都是有意义的衔接，似乎曾经孟子亲眼看过。《论语》不然，大约是孔子再传弟子编辑的，没有经过一人的裁定，所以后来《古论》、《齐论》、《鲁论》的参差多寡，却和《礼记》相似。《礼记》也是孔门后学追述孔子及其弟子的往言遗行，和《论语》的性质无异，所以也有《大戴礼记》、《小戴礼记》的不同。不过《礼记》的年代尤其晚，择别也没有《论语》的谨严。这类不是一时一人所记的书，近代也有，拿来比较，很有趣味。譬如王阳明的《传习录》，篇数不过三卷，年代却有数十年。最前的一部分是阳明三十八岁初设教以后数年内徐爱记的，最末十分之三是阳明死后黄省曾等记的。前面这十分之七和阳明本集的话相符，很得真相。后面这十分之三如“草木瓦石皆有良知”这类的话有许多不是阳明说的，已经刘蕺山、黄梨洲怀疑而且证明了。《传习录》完全是阳明弟子记的，尚且有真有假。《论语》只有一部分是孔子弟子记的，其余大部分都是孔子再传三传弟子记的，能够不失孔门的真相吗？说起《论语》只有一部分是孔子弟子记的，这并不稀奇。古时写字不便，所以有许多相传很久。前数十年听的，后数十年才记写成文。《论语》所以有大部分是孔子再三传记的，就是这个道理。他既然不是一人记的，当然各有不同。譬如我讲话，你们几十个人各有所记，不经我看过，自有异同，而且难得真相。所以《论语》的性质，并不纯粹是孔子的，并不从一个人手里出来。当口说相传，逐渐成文，以至最后辑为一书，不知参加了多少人的主观见解、荒谬传说。我们明白了这点，才可以读《论语》。所以这部书里，极得孔子真意的也有，不得孔子真意的也有，大谬不然的议论和事迹也有，乃至原书所本无，后人在别处偶有所闻，随手记在这书空白的也有。最后这种并不稀奇，现在可说个同样的故事。清初衡阳王船山不肯降清薙发，逃入荒山，没有法子得到纸张，应该不能著书了。他死后，家人搜寻他的著作，零零星星，却在历本账簿的书眉字缝的空白地方。近代尚且如此，古代写字在竹简上，多么麻烦。现在小小一本《论语》，古代的竹简至少有一大箱。所以古人读了别的书，听了别的事，懒得另外动用新的竹简，随手就记在现成的书上，那是情理中的事。不过像王船山写字在刻本上，后人还可看出，古人新写旧刻都一样，却无从分别。所以别人看了，常认为完整的书，没有想到参杂了别的。《论语》各篇末尾几乎都有一二章不相关的话，那自然是读书在这种情形之下，添上去的。不幸无识的编者，一味贪多，所以不但后人记得不对、荒谬不然的都收进去。就是这种毫无关系，随手写在空白上的也都收进去了。

《论语》虽说是这样一部杂凑的书，但自汉至清，历代尊重他的力量在学术界比任何书都大。所以大家始终不敢怀疑，几乎议及一字就是大逆不道。不过这样尊重太过了，反而灭损他的真价值。后人为非作恶，常常假托《论语》上那些荒谬事，说圣人尚且如此，别的人看着他这样也没有办法，真是可笑。其实若不太过尊重，让学者去考定真伪，把他们的虎皮揭去，他们就不敢假词作恶了。清代乾隆、嘉庆之间，有位崔东壁就抱这种思想。他是极力尊重《论语》的人，但和别人不一样，他对于《论语》的精粹真确处，尽情发挥；对《论语》的驳杂伪讹处，细心辨别。他这种态度和他的结论，我都赞成。今天所讲，就把他的意见转述一番。

崔东壁的结论：《论语》前十篇自《学而》到《乡党》最纯粹，几乎个个字都是精金美玉；后十篇稍差，尤其是最后五篇，最多问题——《子张篇》全记孔门弟子，非孔子言行，可不论。《季氏》、《阳货》、《微子》、《尧曰》却有许多不是真书了。他的看法有几方面：

一、从文体看，《论语》的词句是最简单不过的。“有教无类”一章才四个字，多的不能过一百字，大部分总是二三十字。所以那些长篇大论，洋洋数百言的，我们不免怀疑。如“子路、曾皙、冉有、公西华侍坐”一章有四百一十五字，“季氏将伐颛臾”一章有二百七十四字，这种文体到战国初年才有，孔子当年是不会有的。还有，《论语》的笔法是很直捷了当的，正文前面没有总帽子。前十篇，乃至前十五篇都如是。后五篇可不然，如《阳货篇》：“子张问仁于孔子。孔子曰：‘能行五者于天下，为仁矣。’请问之。曰：‘恭、宽、信、敏、惠。’……”假使子张不再请问，岂非一个闷葫芦？这种笔法，到《逸周书》才很多。《逸周书》是战国产品，《论语》后五篇不见得是春秋产品吧？

二、从称呼看，《论语》前十篇，弟子问孔子，只记做“子夏问孝”，“樊迟问知”，不会记做“子夏问孝于孔子”，“樊迟问知于孔子”。因为问是弟子跑去问，问于孔子是叫孔子来问，弟子当然不能叫孔子来问。后十篇可不然，《宪问篇》有“南宫适问于孔子”，《尧曰篇》有“子张问于孔子”，《季氏篇》更有不通的“冉有、季路见于孔子”这类不合文法的称呼，恐怕不见得是当时的真相罢。这是一点。前十篇称孔子说为“子曰”，后十篇称孔子说为“孔子曰”，又不同。固然称呼可以自由，但可知必非一时所记。也许后来称“子”的人太多了，所以后十篇的记者加上一个孔子以示分别，这是二点。春秋时代，当时谈话，不称夫子，单称子，如英语的 You。先生称学生，学生称先生，都可称子。如《述而篇》孔子称弟子为二三子，《公冶长篇》子路向孔子说“愿闻子之志”。那时虽然也称先生为夫子，但只能在背面时作第三人称。如《公冶长篇》子贡说“夫子之文章”，《八佾篇》仪封人说“天将以夫子为木铎”，都等于英语的 He。《论语》前十篇关于这点和原则相合，后十篇尤其是最后十篇——可不然。《左传》里的“夫子”也和原则相合，战国诸书可不然。由此可知《论语》后十篇——尤其是最后五篇——大概在战国时代才写成文章，这是三点。——综合三点来看，结论都是相同。

三、从事实看，《论语》的记事很有可笑的地方。最离奇的是“佛肸召，子欲往”一章和“公山弗扰以费畔，召，子欲往”一章，前面总论第一章已讲过。《左传》定公十二年，公山弗扰以费畔时，孔子正做司寇，和现在的司法总长一样，很用力打平那反畔的县长。以情理论，哪有现任阁员跟县长造反，借口想实行政策？佛肸造反，在赵襄子时。赵襄子当国在孔子死后五年，佛肸有何神通能从坟墓里掘出孔子来，孔子有何妙术，能死了还会说话?

这二章不是后人诬蔑孔子是什么?还有“季氏将伐颛臾”一章,说什么“冉有、子路见于孔子”。前段既已指出文法的不通,就是事实也不对。冉有、子路固然都做过鲁国的官,但后先并不同时。子路年长,和孔子同时做官。冉有年幼,到孔子晚年将返鲁之前才做官。《左传》在哀公时有一段说季氏欲加田赋,因为孔子是个元老,所以找他的弟子冉有去请教。冉有三问,孔子都不答复。那时孔子周游回国,声誉日高,已占有元老的地位。《论语》那段话恐怕就因此影射出来,也说季氏找孔子弟子去请教孔子。不料这二位弟子不接头,冉有做官时,子路已往卫国去了。就是丢开不管,那季氏伐颛臾的事根本就不必是真。《左传》两国相伐必书,季氏既伐了颛臾,《左传》为什么不书呢?孔子在《论语》这章说颛臾的话也和《左传》说的不对。综合这几种疑点,这章未必可靠吧。

四、从学说思想看,《论语》也有些部分不大对的。如“子路、曾皙、冉有、公西华侍坐”一章,说孔子称赞曾皙的志趣。后来宋学最重这章,周敦颐、程颢、陈献章最称道曾皙。这章固然很好,但和孔子思想却不十分对。孔子最重经济实用,这章却裁抑忧国救时的子路、冉有、公西华,奖励厌世清谈的曾皙,在孔门思想系统上显然冲突,这章自然靠不住。又如“长沮、桀溺耦而耕”一章,那种辟世的思想带了极浓厚的老庄色彩,不应在春秋时有。有亦不应这么浓厚,尤其不应在孔门产生。这章的年代自然不很早,快到庄子寓言的境界。

五、从突兀的事语看,《论语》有许多不是孔子或孔门的话和记事杂在里面,很没有道理。如《尧曰篇》共三章,三百六十九字,尧训舜、舜训禹一章占了一百五十二字。既不是孔子或孔门的话,又不和孔子或孔门有关系的事,记上去干吗?这类在后数篇的最末,差不多篇篇都有。如《微子篇》的“逸民”、“大师挚”、“周公”、“周有八士”四章,《季氏篇》的“邦君之妻”一章,都没有一点意思。还有一章近于诬蔑孔子、挖苦孔子的，如《雍也篇》："子见南子，子路不悦。夫子矢之曰：'予所否者，天厌之！天厌之！'"这更突兀。孔子就是见了南子，南子虽是个很坏的君夫人，子路何必不喜欢？孔子又何必发誓呢？

综合上述五方面，《论语》的十八九虽是精粹之作，其余的有些不相干，有些很荒谬，都不必真书。那些伪的来历如何，谁增窜的，当然是孔子死后乃至战国中叶、末叶的儒者增窜的。因为孔子刚死时，那些弟子还没有想到把听来的话记出来，只是口说相传，当然不免失了真相。后来渐渐写成文章，又不是一人的工作，大家不免各有主观参和。又刚好道家思潮汹涌，孔门弟子自然受了多少的影响，所以不知不觉的写成"长沮、桀溺耦而耕"一类的文章。这些带了道家色彩的，比较的晚出，快到孟子、庄子的时代了。还有那些极荒谬的话，如"佛肸召，子欲往"一类的，只能推为战国中叶那般无聊的政客，朝秦暮楚，有乳便是娘，人格扫地，却又对不起良心，捱不起恶骂，只好造孔子的假事，窜进《论语》，来做挡箭牌，说孔子也跟我一样。还有那些篇末的怪事和无干的话，或者是一二读者心血来潮，忽然想到别的事，随手填刻在空白里。后人不知就里，看做宝贝，去研究微言大义。若说穿了，那真一钱不值哩。还有"子见南子"一类的也是后来的话，或者有好事的人听了一种传说，不辨真伪就添上去，并不是原来编书的人有心要这章的。这是崔东壁推求出来的原因，大概都很对。

《论语》是驳杂的书，从传授方面也可看出。《汉志》："《论语古》二十一篇，《齐》二十二篇，《鲁》二十篇。"从前讲过先秦至汉，儒家有齐派、鲁派，各经皆大同小异。而鲁皆是今文，与古文不同。汉人所传的三种《论语》都已亡佚，只存篇目。《论语集解》序说："《齐论语》二十二篇，其二十篇中章句颇多于《鲁论》。……《齐论语》有《问王》、《知道》，多于《鲁论》二篇。《古论》亦无此二篇。分《尧曰》下章、《子张问》以为一篇，有两《子张》，凡二十一篇，篇不与齐、鲁论同"。因为他们都各有祖传，所以各不相淆。鲁派思想较正，齐派多谈玄学，《古论》又不相同。假使三部《论语》至今尚在，则可知何者所采能得孔子的真相。不料西汉末有个张禹把三部并成一部，现在不能见到原本如何了。张禹是个最有福气、做了大官、恭维王莽、乡愿气质十足的人。他传《论语》，因为三部不同，不方便，很冒昧的用己意合编。他删削了没有，不知道。《古论》、《齐论》比《鲁论》更多的都给他并入《鲁论》二十篇里了。他怎么样改动，也不知道。是前十篇没有动，把《古论》、《齐论》多的分别拨在《鲁论》后十篇里头了。《鲁论》原来的篇次如何，也不知道。我们看，《子张篇》全记孔门弟子的言事。从前大概在《鲁论》最末，因为前十九篇记孔子直接的，最末一篇记孔子间接的，很合理法。现在的《论语》却排《子张篇》在第十九，很奇。也许《尧曰篇》就是《齐论》的《问王》、《知道》。此外也许有《古论》、《齐论》，此有彼无，此无彼有的，也都补上《鲁论》里了，所以免不了有重出。《鲁论》固不能无假，而切实较得孔子真相，或可推定，因为孔子是鲁人。前十篇大概全是《鲁论》原有的，而添上的极少，有也在篇末。第十九篇应认为《鲁论》的最后一篇。第十六、十七、十八、二十，许多半是参杂了《齐论》、《古论》，所以和前十五篇时有冲突矛盾。

《论语》的真伪和年代问题，上文大略已解决了。除了"《子张篇》是《鲁论》末篇"和"篇末突兀记事，是读者随手从别处填入《论语》空白"两种主张以外，大都是崔东壁的话。我们要想精察求真，与其轻信，不如多疑，诸君欲知其详，可看《洙泗考信录》。

乙 《孝经》

《孝经》是十三经的一部。古人最重通经，若像这经，通起来最易。解释意义，读几年书的人就行。列为一经，本极可笑。若论他的文章，和

《礼记》相同，倒很像是《礼记》的一部分。因为汉儒重谶纬，《孝经》有元神契，说了什么“孔子志在《春秋》，行在《孝经》”，所以极力推尊《孝经》的就说是孔子所做了。其实那上面记的都是孔子和曾子问答之辞，不惟不是孔子做的，而且不是曾子做的，最早也不过是曾子门人做的。以文体论，若放进《礼记》，倒非常像。他的年代不能很古，在战国末至汉初才有。经的名词，从前没有。《汉志》还不称经而附六艺之末，西汉中叶才叫他经。《庄子》有“孔子翻十二经”之句，《墨子》有经上、经下篇。以经名书最早在墨、庄时代，不能阑入孔子时代。以六艺名六经，起自西汉。孔子并不以经名书，纵使跟汉人称呼，也只可以之称《诗》、《书》、《礼》、《乐》不可以之称《论语》、《孝经》。《论语》、《孝经》只是传记，不配称经。这个书名实在很糟，只有孝字，又不成名词。在汉以前，《易》、《书》、《诗》都可独称，《孝经》可不能。所以可推定，也许不是战国的书，而是汉代的书，最早不能过战国。这部书不是孔子做的，只可放入《礼记》，作为孔门后学推衍孝字的一部书。

丙 《尔雅》

《尔雅》是最古的训诂书，后来说是周公所作。里面有“张仲孝友”的话，张仲是周宣王时人，可见决不是周公作的。他所解释的字大半是《诗经》的，《诗经》大半是春秋作品，那当然他的年代又在《诗经》后。《释地》解九州五岳，乃是汉初地理，那么不惟非周公时书，且非孔子以前的书。所以可大概推定，《尔雅》是汉儒把过去和同时的人对于古书的训诂抄录下来，以便检查的书。换句话说，不过一部很粗浅的字典而已。其初并不独立，在《大戴礼记》或《小戴礼记》已有一篇。一直到三国张揖作《上广雅表》时还说：“爰暨帝刘，鲁人叔孙通撰置《礼记》，文不违古。今俗所传三篇《尔雅》，或言仲尼所增，或言子夏所益，或言叔孙通所补，或言沛郡梁文所考，皆解家所说，先师口传，既无正证，圣人所言，是故疑不能明也。”《礼记》最初是叔孙通编纂的，《尔雅》当初不过其中的一部分。现在《尔雅》有十二篇，是否完全是当时《礼记》的一部分，未可知。但《白虎通》所引的《礼记》语不见于今《礼记》，而见于今《尔雅·释亲》。《孟子》赵岐注所引的《礼记》语不见于今《礼记》，而见于今《尔雅·释亲》。《风俗通》所引的《礼记》语不见于今《礼记》，而见于今《尔雅·释乐》。《公羊》何休注所引的《礼记》语不见于今《礼记》而见于今《尔雅·释水》。那些作者都是东汉人，却没有看见今《尔雅》，可见东汉时代今《尔雅》尚未通行，尚未独立，而是《礼记》的一部分。假使今本已通行独立，他们为什么不叫他《尔雅》呢？但那时既附在《礼记》里，篇幅一定没有今本那么多。今本之多，由于刘歆。刘歆才特别提出这书来，有一回征募了千余能通《尔雅》的人，令各记字廷中。也许就因这回，《尔雅》才变成庞然大物。现在一般小学家以为这书很了不得，甚至仍旧看做周公做的。其实西汉人编的字典，刘歆又扩大些，干周公什么事呢？因为他有些古名物才保存，绝对不应列为经的一种。古来字典很少，西汉的《尔雅》自然比不上东汉的《说文》。《说文》较有系统，《尔雅》特为杂凑。我们若认为《尔雅》为经，便上了刘歆的当。

丁　《孟子》

谈到《孟子》这书，我们应该道谢赵岐。《史记·孟荀列传》只有《孟子》七篇，另外四篇为外书。刘向、刘歆正式承认有十一篇，所以《汉志》有《孟子》十一篇。到了东汉末，赵岐注《孟子》，以锐敏的眼光，说“外篇其文不能闳深”，非孟子所作，削去不注。后来那伪《外篇》亡了，很不足惜。现在《拜经楼丛书》里又有，乃是明姚士璘伪造，尤无价值。《孟子》自来是子书，应在讲诸子时讲，只因一面没有时间讲诸子，自宋以来又都公认《孟子》为经，所以只好顺便在讲经的最末讲讲。至于他的年代，是没有问题的。大约是孟子弟子所编，曾经孟子看过。现行七篇，也没有可疑为伪的地方。

这一堂讲演虽然经过了半年，但因次数太少，钟点太短，原来定的一小时，我虽然常常讲到两小时，仍旧不能讲得十分多，幸亏总算讲完经部各书了。最可惜的就是没有讲子部，子部最要紧，又最多伪书和年代不明的书。下年我能否再和诸君在一堂聚谈，很难自定。其故：一，像这样危疑震荡的时局，能否容许我们从容讲学，很是问题。二，我自己自从上年受过手术以后，医生忠告我，若不休息是不行的。好在我们相见的机会还很多，再见再见。

分论·子部

伪书之多，子部为最。自《汉书·艺文志》中九流、兵书、方技三略所列古书，班固已注明大半系后人依托。其后赝品，尤层出不穷，辨不胜辨。今兹所论，限于现存之书，其先后以所依托之年代古近为次。书虽非伪而其著者之年代有问题者，亦详论之。若不属子部或属而非依托两汉以前者，可无辞也。

《本草》

旧题神农撰。按，本草之名，始见于《汉书·平帝纪》及《楼护传》，皆与方术对举，不为一书专称。[①]《艺文志》中医经、经方二栏所列，俱无名本草之书。[②] 则西汉末年，虽有研究本草之人，而其著书尚不名本草，可知也。以本草名书，最早见于著录者，晋荀勗《中经簿》有《子仪本草经》一卷，[③] 但未言系神农所撰，子仪亦不知系何时人。梁阮孝绪《七录》始著录《神农本草》五卷，《神农本草属物》二卷，并有蔡邕、吴

① 《平帝纪》："诏天下举知方术本草者。"《楼护传》："护诵医经本草方术数十万言。"

② 孙星衍校定《神农本草经序》："予按《艺文志》有《神农黄帝食药》七卷，今本讹为'食禁'。贾公彦《周礼医师疏》引其文，正作'食药'。宋人不考，遂疑《本草》非《七略》中书。"按此可备一说，未为定论。

③ 贾公彦《周礼疏》引。

普、陶宏景等《本草》十六种。[①] 及隋唐而大半亡佚，《隋书·经籍志》仅有《神农本草》八卷，又一种四卷，又一种三卷。则名《神农本草经》，各家内容与《神农本草》内容之同异，今不可考。是否各自单行，毫无关系，亦无由知。[②] 然蔡邕、吴普系东汉三国间人，则东汉三国间已以本草名书。《中经簿》无《神农本草》，而《七录》有之，则神农撰《本草》之说，起自南北朝，俱信而有征也。医学在战国盖已发达。[③] 战国固诸子托古自尊之时，意当时已有神农尝百草之说。若许行之为神农之言然，西汉一代，言医者谓之治方术，言药者谓之治本草，医经方术本草之书，已有数十万言。《汉志》所录医经、经方之书且五百卷，则本草草创，或由斯时。东汉三国间，始以本草名书。吴普又华佗弟子，是今本《本草》与华佗、吴普有密切之关系，或即以吴普《本草》为基础，亦有可能性的。《中经簿》之《子仪本草》或亦彼时之书，彼时初无神农撰《本草》之说，所谓某某《本草》者，特某某研究药性所著之书耳。初不必千篇一律，皆祖述神农。晋人清谈，亦好托古，有似战国，以《本草》归之神农，或酝酿于晋代，故梁人《七录》遂有《神农本草》及某某《本草经》。其时旧经止一卷，药三百六十五种。陶宏景增《名医别录》，亦三百六十五种，因注释为七卷。[④] 自后，代有增益，多至六七倍。[⑤] 而犹假号神

---

① 《隋书·经籍志》自注引，除蔡、吴、陶三家外，尚有随费、秦承祖、王季璞、李谠之、徐叔向、甘浚之、赵赞诸家。书之卷数，自一卷、二卷、三卷至五卷、六卷、七卷、九卷、十卷不等，可见各家内容，未必尽同，或且迥异。

② 《隋志》另有《甄氏本草》三卷，无自注。《本草经》四卷，注云："蔡英撰。"《本草》二卷，注云："徐大山撰。"据此，则隋唐尚存之《本草》，各家仍不相谋，且一家著书，亦可称《本草经》，不必神农。故《七录》所列诸家《本草》之内容，亦不必皆与《神农本草》从同。以《本草》归之神农者，特其中一家之言耳。

③ 先秦遗书多有载医理及医生实迹者。

④ 据陈振孙《直斋书录解题》，陶宏景所注《本草》，至隋唐间已亡佚。其《名医别录》则混入《本草》旧文，尚存而不可辨。

⑤ 《直斋书录解题》："唐显庆又增（药）一百十四种，广为二十卷，谓之《唐本草》。（宋）开宝中，又益一百三十三种，蜀孟昶又尝增益，谓之《蜀本草》。及嘉祐中，掌禹锡、林亿等重加校正，更为补注，以朱墨书为之别，凡新旧药一千八十二种，盖亦备矣。今（唐）慎微复有所增益。"按唐氏之本，即所谓大观本也。后明人李时珍又广为《本草纲目》，篇幅益富。

农，此其荒谬，不论可知。即所谓旧经一卷，俗医犹有信为神农作品者，不知南北朝人即已不置信，宋人且已断言系东汉末人所编述。陶宏景《本草序》云："轩辕已前，文字未传，药性所主，当以识识相因。至于桐（君）雷，（公）乃著在于编简，此书当与《素问》同类。"则陶氏已不坚持神农撰《本草》之说。又云："所出郡县乃后汉时制，疑（张）仲景、（华）元化等所记。"同时稍后，北齐颜之推亦有同样结论。[①] 至宋晁公武《郡斋读书志》始因此直认为《本草》为张机、华佗所编述，非神农或桐雷所撰著。[②] 故此书在东汉三国间盖已有之，至宋齐间则已成立规模矣。著者之姓名虽不能确指，著者之年代则不出东汉末讫宋齐之间，可为定论。若仍固执俗说，附会证据，若清人孙星衍之所论，则嫌于辞费耳。[③]

《素问》、《灵枢》、《甲乙经》

旧皆题黄帝撰。其谬与《本草》题神农撰相同。按，医学在战国已有蓬勃之气，《吕氏春秋》多有讨论摄生治病之篇，皆推本于哲理。战国学界竞尚托古，而阴阳五门之论亦甚盛。今《素问》有黔首、夜半、平旦等词，盖秦人用语。有失王、失侯等词，则汉代新事，而又每以阴阳五行解释病理，自受阴阳家盛行之影响。全书体裁托为黄帝与岐伯问答，则又与《庄子》托为黄帝与广成子问答同也。由是言之，《素问》全书非黄帝所撰，其一部分不失为先秦遗说，其大部分则自两汉至三国若仓公、张机、华佗之徒所附益而成者。《汉志》不录而有《黄帝内经》，说者谓即是书，

---

① 颜之推《家训》："《本草》，神农所述，而有豫章、朱崖、赵国、常山、奉高、真定、临淄、冯翊等郡县名，出诸药物，皆由后人所羼入，非本文。"

② 《郡斋读书志》："书中有后汉郡县名，盖上世未著文字，师学相传，至张机、华佗始为编述。"

③ 详见孙氏所作《校定神农本草经序》，其说不足辨。

亦附会之词耳。[①]《灵枢》较《素问》尤晚出。《素问》犹见录于《隋志》，则犹隋唐以前之书。《灵枢》则汉、隋、唐志皆所不录，而唐王冰犹谓即《黄帝内经》十八卷之九也。夫谁信之？自宋晁公武《郡斋读书志》即已引或人之说谓："好事者于皇甫谧所集《内经·仓公论》中抄出之，名为古书。"然犹未列证据。清杭世骏《遗古堂集·灵枢经跋》始云："余观其文义浅短，与《素问》之言不类，又似窃取《素问》而铺张之，其为王冰所伪托可知。后人莫有传其书者。至宋绍兴中……始出，未经高保衡、林亿等校定也。其中《十二经水》一篇，黄帝时无此名，冰特据身所见而妄臆度之。"是则《灵枢》且较《甲乙经》为晚出。若目之为唐虞以前之书，则失之远矣。《甲乙经》，《汉志》不录。《隋志》录而不著撰人姓名，且冠之以黄帝二字，世俗遂传为黄帝之书。今卷首有晋皇甫谧序，称："《七略》、《艺文志》'《黄帝内经》十八卷'。今有《针经》九卷，《素问》九卷，二九十八卷，即《内经》也……又有《明堂孔穴针灸治要》，皆黄帝岐伯选事也。三部同归，文多重复，错互非一。甘露中，吾……乃撰集三部，使事类相从，删其浮辞，除其重复，论其精要，至为十二卷"。而名其书名《黄帝三部针灸甲乙经》。按，皇甫谧强目《针经》、《素问》为《黄帝内经》，纯出私臆。[②]《明堂孔穴针灸治要》未见录于《汉志》，自非西汉以前之书。则合三部以为《甲乙经》，《甲乙经》即皇甫谧之书耳，与黄帝无涉也。总之，《素问》出于汉人，[③]《甲乙经》出于晋皇甫谧，《灵枢》出于唐王冰。谓含有古人遗说则可，谓出于黄帝，则反肆诸伪书之林矣。

---

① 此段多采姚际恒《古今伪书考》之说。

② 亦采姚际恒说。

③《四库全书总目》："《汉书·艺文志》载《黄帝内经》十八篇，无《素问》之名。后汉张机《伤寒论》引之，始称《素问》。晋皇甫谧《甲乙经序》称《针经》九卷，《素问》九卷，皆为《内经》，与《汉志》之数合。则《素问》之名，起于汉晋间矣。故《隋书·经籍志》始著录也。"按此虽认为《内经》即《素问》，实则反可证明《素问》出于汉人。

《阴符经》

旧题黄帝撰。按，《战国策》谓“苏秦得太公阴符之谋”，阴符之名始此。《史记》则谓“苏秦得周书阴符”，不知其书究以何名为正。《汉志》不载《阴符》而有《太公谋》八十一篇，不知是否同是一书。《隋志》有《太公阴符钤录》一卷，《周书阴符》九卷，不知孰为战国之书，且亦未称经也。《唐志》乃有《集注阴符经》一卷，为太公、范蠡、鬼谷子、张良、诸葛亮、李淳风、李筌、李治、李鉴、李锐、阳晟十一家注。又有《骊山母传阴符玄义》一卷，注云：“筌于嵩山虎口岩石壁得《黄帝阴符本》，题云：‘魏道士寇谦之传诸名山。’筌至骊山，老母传其说。”宋黄庭坚曰：“《阴符》出于李筌，熟读其文，知非黄帝书也。盖杂以兵家语，又妄说太公、范蠡、鬼谷、张良、诸葛亮训注，尤可笑。”清姚际恒曰：“必寇谦之所作，而筌得之耳……或谓即筌所为，亦非也。”王谟曰：“《阴符》是太公书兵法，以为黄帝书固谬。”余则谓其文简洁，不似唐人文字。姚、王所言甚是，特亦未必太公或寇谦之所作。置之战国之末，与《系辞》、《老子》同时可耳，盖其思想与二书相近也。

以上分论系十六年二月至六月在北京燕京大学讲义

读书分月课程

序

今人闻谈古事，乡曲人道城市，不乐听之者无有也。故虽乡曲陋民，胸中必有一二城乡古事义理，故谓天下皆学人也。然而语以穷极古今之故、中外之事、天地之大、圣人之道、贤达之论，则裹足掩耳而欲遁逃。则或一邑一郡无通人乐闻小而恶闻大，此岂人之情也哉？其书太繁，其道太远，其力太苦，而卒无所得。望海无舟，其向若而惊。归而浮游溪沼之间以自娱乐，乃人之情也。今夫昔之之京师，裹粮三月而后能至。近者轮舶往来，不旬日抵津沽矣。假有铁路，则一日程耳。康熙时，索额图奉命至雅克隆，与俄人划界。行六月，迷道而归。今大设公站，不逾月至。假有铁路，岂待半月哉？故学者为学，患不知道。既知道矣，患无精练之舟车。二者既备，其功百倍至千万倍焉。方今国事之艰，皆由士人之谬陋寡学，无才任之。每念叹息。顷游桂林，既略言条理，为《桂学答问》一卷，以告桂人。尚虑学者疑其繁博，属门人梁启超抽绎其条，以为新学知道之助。其诸学者，亦有乐于是欤？南海康祖诒叙。

学要十五则

学者每苦于无门径。四库之书，浩如烟海，从何处读起耶？古人经学，必首《诗》、《书》，证之《论语》、《礼记》、《荀子》皆然。然自伪古文既行，今文传注，率经阙失。《诗》之鲁、齐、韩，《书》之欧阳、二夏侯，荡劫尤甚，微言散坠，索解甚难。惟《春秋》公羊、穀梁二传，岿然独存。圣人经世之大义，法后王之制度，具在于是。其礼制无一不与群经相通。故言经学，必以《春秋》为本。

《春秋》之义，《公》、《穀》并传。然《穀梁》注劣，故义甚暗智；《公羊》注善，故义益光大。又加以董子《繁露》，发明更多。故言《春秋》，尤以《公羊》为归。

读《公羊》可分义、礼、例三者求之。如元年春王正月条下，“王者孰谓？谓文王也。曷为先言王而后言正月？王正月也”之类，所谓义也。“立嫡以长不以贤，立子以贵不以长”、“子以母贵，母以子贵”之类，所谓礼也。“公何以不言即位”之类，据常例书，即位为问，所谓例也。余可类推。然凡一礼一制，必有大义存焉，例者亦反复以明其义而已。然则义并可该礼与例也，故孔子曰：“其义则丘窃取之矣。”

何邵公《解诂》本胡毋生《条例》，皆《公羊》先师口说也，宜细读。《春秋繁露》反复引申，以明《公羊》之义，皆《春秋》家最善之书。学者初读《公羊》，不知其中蹊径，可先读刘礼部《公羊释例》。卒业后，深究《何注》、《繁露》两书，日读十叶，一月而《春秋》毕通矣。

经学繁重，莫甚于礼制。礼制之轇轕，由于今文与伪古文之纷争。伪古文有意诬经，颠倒礼说，务与今文相反。如今文言祭天在郊，祭地在社，而古文谓祭天南郊，祭地北郊。今文言天子娶十二女，而古文谓天子一后三夫人九嫔二十七世妇八十一御妻之类。两说聚讼，何以能通？即辨今古分真伪，则了如列眉矣。如是则通礼学甚易，既通礼学，于治经斯过半矣。

欲分真伪辨今古，则莫如读《新学伪经考》。其近儒攻伪经之书可并读。

既读辨伪诸书，能分今古，则可以从事礼学。《王制》与《春秋》，条条相通，为今文礼一大宗。《五经异义》述今古文礼之异说，划若鸿沟，最易畅晓。惟许、郑皆古文家，不能择善而从，学者胸有成竹，不必徇其说也。《白虎通》全书皆今文，礼极可信据。既读此二书，复细玩二戴记，以求制礼之本，以合之于《春秋》之义，则礼学成矣。

古人通经，皆以致用。故曰不为章句举大义而已，又曰存其大体玩经文。然则经学之以明义为重明矣。国朝自顾亭林、阎百诗以后，学者多务碎义。戴东原、阮云台承流，益畅斯风，斤斤辨诘，愈出愈歧，置经义于不问，而务求之于字句之间。于是《皇清经解》之书汗牛充栋，学者尽数十寒暑，疲力于此，尚无一心得，所谓博而寡要劳而少功也。康先生划除无用之学，独标大义，故用日少而蓄德多，循其次第之序以治经。一月可通《春秋》，半载可通礼学，度天下便易之事，无有过此者矣。学者亦何惜此一月半载之力而不从事乎？即以应试获科而论，一月半载之功，已可以《春秋》、三礼专门之学试于有司，亦是大快事也。治经之外，厥惟读史。康先生教人读史，仿苏文忠公八面受敌之法，分为六事：一曰政，典章制度之文是也。二曰事，治乱兴亡之迹是也。三曰人，为贤为恶可法戒者是也。四曰文，或骈或散可诵习者是也。五曰经义，《史记》、《汉书》

最多而他史亦有。六曰史裁，《史记》、《新五代史》最详而他史略及。学者可分此六事求之。上四门是陆桴亭语，下两门乃康先生所定。

太史公最通经学，最尊孔子。其所编世家、列传，悉有深意。是编不徒作史读，并可作周秦学案读。《汉书》全本于刘歆之续《史记》，其中多伪古文家言，宜分别观之。《后汉》名节最盛，风俗最美，读之令人有向上之志。其文字无《史》、《汉》之朴拙，亦无《齐》、《梁》之藻缛，庄雅明丽，最可学亦最易学，故读史当先《后汉书》。

孔子之后，诸子并起。欲悉其源流，知其家数，宜读《史记·太史公自序》中论六家要指一段，《汉书·艺文志》中九流一门，《庄子·天下篇》，《荀子·非十二子篇》，然后以次读诸子。

学问之道，未知门径者以为甚难。其实则易易耳，所难者莫如立身。学者不求义理之学以植其根柢，虽读尽古今书，只益其为小人之具而已，所谓藉寇兵而赍盗粮不可不警惧也。故入学之始，必惟义理是务，读象山、上蔡学案以扬其志气，读《后汉书·儒林党锢传》、《东林学案》以厉其名节，熟读《孟子》以悚动其神明。大本既立，然后读语类及群学案以养之。凡读义理之书，总以自己心得能切实受用为主。既有受用之处，则拳拳服膺，勿使偶失，已足自治其身，不必以贪多为贵也。

子羽能知四国之为，孔子称之。《春秋》之作，先求百十二国宝书。以今方古，何独不然？方今海禁大开，地球万国，犹比邻也。家居而不知比邻之事，则人笑之。学者而不知外国之事，何以异是。王仲任曰："知今而不知古，谓之盲瞽；知古而不知今，谓之陆沉。"今日中国积弱，见侮小夷，皆由风气不开，学人故见自封，是以及此。然则言经世有用者，不可不知所务也。

读西书，先读《万国史记》以知其沿革，次读《瀛环志略》，以审其形势，读《列国岁计政要》以知其富强之原，读《西国近事汇编》以知其近日之局。至于格致各艺，自有专门，此为初学说法，不琐及矣。

读书莫要于笔记，朱子谓当如老吏断狱，一字不放过。学者凡读书，必每句深求其故，以自出议论为主。久之触发自多，见地自进，始能贯串群书，自成条理。经学、子学尤要。无笔记则必不经心，不经心则虽读犹不读而已。黄勉斋云“真实心地，刻苦功夫”，学者而不能刻苦者，必其未尝真实者也。

以上诸学，皆缺一不可。骤视似甚繁难，然理学专求切己受用。无事贪多，则未尝繁也。经学专求大义，删除琐碎，一月半载已通，何繁之？有史学大半在证经，亦经学也。其余者则缓求之耳。子学通其流派，知其宗旨，专读先秦诸家，亦不过数书耳。西学所举数种，为书不过二十本，亦未为多也。遵此行之，不出三年，即当卒业，已可卓然成为通儒学者。稍一优游，则此三年已成白驹过隙，亦何苦而不激其志气以务求成就乎？朱子曰：“惟志不立，天下无可为之事。”是在学者。

最初应读之书

既于群学言其简要易入之道，但所读之书篇第先后，尚虑学者未知所择，故更综而录之如下。其所论列，颛以便适新学为主，间有抽择全文，倒乱原次，割裂谫陋，可笑已甚。通人詧其用意，谅不见哂也。

经 学 书

先读刘申受《公羊释例》。《皇清经解》中有此书。

《释例》中先读王鲁例、次通三统例、张三世例、阙疑例、名例、建始例、讳例。

次读《公羊传》及何君注。

康先生有批本，何君最要徐疏可略。

次读《春秋繁露》。

先读俞序篇，次正贯篇、十指篇，次楚庄王篇、玉杯、竹林、玉英精华篇，次三代改制质文篇、王道篇。

次读《礼记·王制篇》。

因其制度与《公羊》相通，读《春秋》时即当读之，余篇俟从事礼学时再读。

次读《穀梁传》。

范注、杨疏皆不必读。

◎以上《春秋》学

次读《新学伪经考》。

先秦焚六经未尝亡缺考，次《汉书》河间献王鲁恭王传辨伪，次汉儒愤攻伪经考，次《汉书·艺文志》辨伪，次《史记》经说足证歆伪考，次《汉书·儒林传》辨伪。

次刘申受《左氏春秋考证》。《皇清经解》。

次读邵位西《礼经通论》。《经解续篇》。

次读魏默深《诗古微》。《经解续篇》。

先读开卷数篇。

◎以上辨伪经

次读《礼记》。

先《王制》，次《礼器》、《郊特牲》，次《儒行》，次《檀弓》，次《礼运》、《中庸》，次以原序读诸篇。

次读《大戴礼记》。

次读《五经异义》。《皇清经解》陈氏辑本。

此书言今古文礼制之异。学者但从其异处观之，许、郑之多从古文，陈氏之和合今古皆谬说，不必为所惑。

次读《白虎通》。

专言今文礼制，其中亦间有古文数条，则贾逵、班固所为也。然究为今文礼之宗。

◎以上礼学

次群经。

史学书

先读《史记·儒林传》。

次《汉书·儒林传》。

次《汉书·艺文志》。

次《史记·孔子世家》、《仲尼弟子列传》、《孟子荀卿列传》。

此为孔子学案。

次《后汉书·儒林传》。

次《后汉书·党锢传》。

次《史记·老子韩非列传》、《游侠列传》、《刺客列传》、《日者列传》、《龟策列传》。

此为周秦诸子学案。老子、韩非为老氏之学，游侠、刺客为墨氏之学，日者、龟策为阴阳家之学，其余尚有十三家，见于《孟子荀卿列传》。

次《史记·太史公自序》。

其中言《春秋》最精。论六家要指，亦为诸子学案。

◎以上皆言学派《党锢传》激扬名节，不在此数。

次《后汉书》。

《后汉书》择其列传先读之，余可缓读。列传中武臣之传，亦可缓读。史以读志为最要，然当俟专求掌故时始读，故亦从缓。

次群史。

子学书

先读《庄子·天下篇》。

次《荀子·非十二子篇》。

次《韩非子·显学篇》。

次《墨子·非儒篇》、《公孟篇》。

周末墨学最盛，专与儒家为难，必观其相攻之言，然后知孔学之颠扑不破。

◎以上皆论家法

次《孟子》。

读《孟子》可分养心、厉节、经世、尊孔、论性五门求之。

次《荀子》。

读《荀子》可分辨性劝学（荀言性本恶，故贵学以变化之）、崇礼、经国、尊师法、辟异学数门求第。

次《管子》。

《管子》多存旧制，伪《周礼》所本。

次《墨子》。

墨氏一家之学。

次《老子》。

老氏一家之学。

次《庄子》。

《庄子》本孔学，但往而不返，闲遁于老耳。

次《列子》。

《列子》本后人摭拾老庄为之，然精论甚多。

次《吕氏春秋》、《淮南子》。

二书皆杂家，《淮南》则多近于道家。然二书言诸子学术行事甚多，亦极要，宜于老墨二书卒业后，即读之。

次群子。

理　学　书

先读《象山学案》（宋元）。

次《上蔡学案》（宋元）。

次《东林学案》（明儒）。

次《姚江学案》（明儒）。

次《泰州学案》（明儒）。

次《江右王门学案》（明儒）。

次《浙中王门学案》（明儒）。

次《白沙学案》（明儒）。

次《伊川学案》（宋元）。

次《横渠学案》（宋元）。

次《濂溪学案》（宋元）。

次《明道学案》（宋元）。

次《百源学案》（宋元）。

次《东莱学案》（宋元）。

次《南轩学案》（宋元）。

次《艮斋学案》、《止斋学案》、《龙川学案》、《水心学案》（宋元）。

朱子之学，《宋元学案》所编甚陋，宜读《语类》。

《朱子语类》。

先读《总论·为学之方卷》，次《论力行卷》，次《论读书卷》，次《论知卷》，次《训门人卷》，次《自述卷》，次《论治道卷》，次《论本朝卷》。

西学书

《万国史记》

《瀛环志略》

《列国岁计政要》

《格致须知》

《西国近事汇编》

《谈天》

《地学浅识》

读书次第表

学者每日不必专读一书，康先生之教，特标专精、涉猎二条。无专精则不能成，无涉猎则不能通也。今将各门之书，胪列其次第，略仿朝经暮史，昼子夜集之法，按月而为之表，有志者可依此从事焉。

	经学	史学	子学	理学	西学
第一月	《公羊释例》 《释例》择其要者数篇先读之，一二日可卒业，再读其诸篇，六七八日可卒业矣。 《公羊传注》 共为书三本，十日可卒业矣。 《春秋繁露》 先择其言春秋之义者读之，其言阴阳天人者暂缓之。五日可卒业矣。	《史记·儒林传》 《汉书·儒林传》 《汉书·艺文志》 《后汉书·儒林传》 《后汉书·党锢传》 读《儒林传》、《艺文志》以知经学源流，读《党锢传》以厉志气。	《孟子》 宜专留心其言养气厉节各条。 《荀子·非十二子篇》 《庄子·天下篇》 《韩非子·显学篇》 《墨子·非儒篇》	《象山学案》 《上蔡学案》 《朱子语类·总论·为学之方》 《东林学案》 《白沙学案》	

第二月	可以半月之功再温《公羊注》《繁露》二书。 《穀梁传》 可求其义例、礼制与《公羊》同异之处。 《王制》 当与《公》《穀》并读。	《史记·太史公自序》《孔子世家》《仲尼弟子列传》《孟子荀卿列传》《老子韩非列传》并游侠以下四列传	《荀子》	《姚江学案》 《江右王门学案》 《泰州学案》 《浙中王门学案》 《朱子语类·训门人》	
第三月	《新学伪经考》 《左氏春秋考证》 《礼经通论》 《诗古微》	《后汉书》 先以次读列传。	《荀子》 《墨子》	遍读《宋元学案》《明儒学案》《国朝学案》各总序并读其取编次诸儒之传 其言论姑暂缓。	《瀛环志略》
第四月	《五经异义》 《白虎通》	《后汉书》 《史记》 从本纪读起。	《墨子》 《管子》	《濂溪学案》 《百源学案》 《明道学案》 《伊川学案》 《横渠学案》	《瀛环志略》 《万国史记》
第五月	《礼记》	《史记》	《管子》 《老子》 《吕氏春秋》	《晦翁学案》 甚劣，姑读耳。 《东莱学案》 《南轩学案》 《甬上四先生学案》 艮斋、止斋、水心、龙川学案 《朱子语类》	《万国史记》

第六月	《大戴礼记》《繁露》之言阴阳天人者至此可读之	《史记》《汉书》	《吕氏春秋》《淮南子》	《朱子语类》	《列国岁计政要》《谈天》《地学浅识》

国学入门书要目及期读法

序

两月前《清华周刊》记者以此题相属，蹉跎久未报命。顷独居翠微山中，行箧无一书，而记者督责甚急，乃竭三日之力，专凭忆想所及草斯篇。漏略自所不免，且容有并书名篇名亦忆错误者，他日更当补正也。

中华民国十二年四月二十六日

启超作于碧摩岩揽翠山房

（甲）修养应用及思想史关系书类

《论语》、《孟子》

《论语》为二千年来国人思想之总源泉，《孟子》自宋以后势力亦与相埒，此二书可谓国人内的外的生活之支配者。故吾希望学者熟读成诵，即不能，亦须翻阅多次，务略举其辞，或摘记其身心践履之言以资修养。

《论语》、《孟子》之文，并不艰深，宜专读正文，有不解处，方看注释。注释之书，朱熹《四书集注》，为其生平极矜慎之作，可读。但其中有堕入宋儒理障处，宜分别观之。清儒注本，《论语》则有戴望《论语注》，《孟子》则有焦循《孟子正义》最善。戴氏服膺颜习斋之学，最重实践，所注似近孔门实际，其训诂亦多较朱注为优，其书简洁易读。焦氏服膺戴东原之学，其《孟子正义》在清儒诸经新疏中为最佳本。但文颇繁，宜备置案头，遇不解时，或有所感时则取供参考。

戴震《孟子字义疏证》，乃戴氏一家哲学，并非专为注释《孟子》而作。但其书极精辟，学者终须一读，最好是于读《孟子》时并读之，既知戴学纲领，亦可以助读《孟子》之兴味。

焦循《论语通释》，乃摹仿《孟子字义疏证》而作，将全部《论语》拆散，标准重要诸义，如言仁、言忠恕等等，列为若干目。通观而总诠之，可称治《论语》之一良法，且可应用其法以治他书。

上两书篇叶皆甚少，易读。

陈澧《东塾读书记》中读《孟子》之卷，取《孟子》学说分项爬梳，最为精切。其书不过二三十叶，宜一读以观前辈治学方法，且于修养亦有益。

《易经》

此书为孔子以前之哲学书。孔子为之注解，虽奥衍难究，然总须一读。吾希望学者将《系辞传》、《文言传》熟读成诵，其卦象传六十四条，则用别纸抄出，随时省览。

后世说《易》者言人人殊，为修养有益起见，则程颐之《程氏易传》差可读。

说《易》最近真者，吾独推焦循。其所著《雕菰楼易学》三书（《易通释》、《易图略》、《易章句》）皆称精诣。学者如欲深通此经，可取读之，否则可以不必。

《礼记》

此书为战国及西汉之“儒家言”丛编，内中有极精纯者，亦有极破碎者。吾希望学者将《中庸》、《大学》、《礼运》、《乐记》四篇熟读成诵，《曲礼》、《王制》、《檀弓》、《礼器》、《学记》、《坊记》、《表记》、《缁衣》、《儒行》、《大传》、《祭义》、《祭法》、《乡饮酒义》诸篇，多浏览数次，且摘录其精要语。

若欲看注解，可看《十三经注疏》内郑注孔疏。

《孝经》之性质与《礼记》同，可当《礼记》之一篇读。

《老子》

道家最精要之书，希望学者将此区区五千言熟读成诵。

注释书未有极当意者，专读白文自行寻索为妙。

《墨子》

孔、墨在先秦时，两圣并称，故此书非读不可。除《备城门》以下各篇外，余篇皆宜精读。

注释书以孙诒让《墨子间诂》为最善，读《墨子》宜即读此本。

《经》上、下，《经说》上、下四篇，有张惠言《墨子经说解》及梁启超《墨经》两书可参观，但皆有未精惬处，《小取篇》有胡适新诂可参观。

梁启超《墨子学案》，属通释体裁，可参观助兴味，但其书为临时讲义，殊未精审。

《庄子》

内篇七篇及杂篇中之《天下篇》最当精读。注释有郭庆藩之《庄子集释》差可。

《荀子》

《解蔽》、《正名》、《天论》、《正论》、《性恶》、《礼论》、《乐论》诸篇，最当精读，余亦须全部浏览。

注释书王先谦《荀子注》甚善。

《尹文子》、《慎子》、《公孙龙子》

今存者皆非完书，但三子皆为先秦大哲，虽断简亦宜一读，篇帙甚少，不费力也。《公孙龙子》之真伪，尚有问题。

三书皆无善注，《尹文子》、《慎子》易解。

《韩非子》

法家言之精华，须全部浏览。（其特别应精读之诸篇，因手边无原书，胪举恐遗漏，他日补列。）

注释书王先谦《韩非子集解》差可。

《管子》

战国末年人所集著者，性质颇杂驳，然古代各家学说存其中者颇多，宜一浏览。

注释书戴望《管子校正》甚好。

《吕氏春秋》

此为中国最古之类书，先秦学说存其中者颇多，宜浏览。

《淮南子》

此为秦汉间道家言荟萃之书，宜稍精读。

注释书闻有刘文典《淮南鸿烈集解》颇好。

《春秋繁露》

此为西汉儒家代表的著作，宜稍精读。

注释书有苏舆《春秋繁露义证》颇好。

康有为之《春秋董氏学》，为通释体裁，宜参看。

《盐铁论》

此书为汉代儒家、法家对于政治问题对垒抗辩之书，宜浏览。

《论衡》

此书为汉代怀疑派哲学，宜浏览。

《抱朴子》

此书为晋以后道家言代表作品，宜浏览。

《列子》

晋人伪书，可作魏晋间玄学书读。

上所列为汉晋以前思想界之重要著作，六朝隋唐间思想界著光采者为佛学，其书目当别述之。以下举宋以后学术之代表书，但为一般学者节啬精力计，不愿多举也。

《近思录》朱熹著　江永注

读此书可见程朱一派之理学其内容何如。

《朱子年谱附朱子论学要语》王懋竑著

此书叙述朱学全面目最精要，有条理。

若欲研究程朱学派，宜读**《二程遗书》**及**《朱子语类》**，非专门斯业者可置之。

南宋时与朱学对峙者尚有吕东莱之文献学一派，陈龙川、叶水心之功利主义一派，及陆象山之心学一派。欲知其详，宜读各人专集。若观大略，可求诸《宋元学案》中。

《传习录》王守仁语　徐爱　钱德洪等记

读此可知王学梗概。欲知其详，宜读**《王文成公全书》**。因阳明以知行合一为教，要合观学问事功，方能看出其全部人格，而其事功之经过，具见集中各文，故阳明集之重要，过于朱、陆诸集。

《明儒学案》黄宗羲著

《宋元学案》黄宗羲初稿　全祖望　王梓材两次续成

此二书为宋元明三朝理学之总纪录，实为创作的学术史。《明儒学案》中姚江、江右、王门、泰州、东林、蕺山诸案最精善。《宋元学案》中象山案最精善；横渠、二程、东莱、龙川、水心诸案亦好；晦翁案不甚好；百源（邵雄）、涑水（司马光）诸案，失之太繁，反不见其真相；末附荆公（王安石）新学略最坏，因有门户之见，故为排斥。欲知荆公学术，宜看**《王临川集》**。

此二书卷帙虽繁，吾总望学者择要浏览，因其为六百年间学术之总汇，影响于近代甚深，且汇诸家为一编，读之不甚费力也。

清代学术史，可惜尚无此等佳著。唐鉴之《国朝案小识》，以清代最不振之程朱学派为立脚点，褊狭固陋，万不可读。江藩之《国朝汉学师承记》、《国朝宋学渊源记》，亦学案体裁，较好。但江氏学识亦凡庸，殊不能叙出各家独到之处，万不得已，姑以备参考而已。启超方有事于《清儒学案》，汗青尚无期也。

《日知录》、《亭林文集》顾炎武著

顾亭林为清学开山第一人，其精力集注于《日知录》，宜一浏览。读文集中各信札，可见其立身治学大概。

《明夷待访录》黄宗羲著

黄梨洲为清初大师之一，其最大贡献在两学案，此小册可见其政治思想之大概。

《思问录》王夫之著

王船山为清初大师之一。非通观全书，不能见其精深博大，但卷帙太繁，非别为系统的整理，则学者不能读。聊举此书发凡，实不足以代表其学问之全部也。

《颜氏学记》戴望编

颜习斋为清初大师之一。戴氏所编学记，颇能传其真。徐世昌之《颜李学》，亦可供参考，但其所集《习斋语要》、《恕谷（李塨）语要》，将攻击宋儒语多不录，稍失其真。

顾、黄、王、颜四先生之学术，为学者所必须知，然其著述皆浩博，或散佚，不易寻绎，启超行将为系统的整理记述，以饷学者。

《东原集》戴震著

《雕菰楼集》焦循著

戴东原、焦里堂为清代经师中有精深之哲学思想者，读其集可知其学，并知其治学方法。

启超所拟著之《清儒学案》，东原、里堂学两案，正在属稿中。

《文史通义》章学诚著

此书虽以文史标题，实多论学术流别，宜一读。胡适著《章实斋年谱》，可供参考。

《大同书》康有为著

南海先生独创之思想在此书，曾刊于《不忍杂志》中。

《国故论衡》章炳麟著

可见章太炎思想之一斑。其详当读**《章氏丛书》**。

《东西文化及其哲学》梁漱溟著

有偏宕处，亦有独到处。

《中国哲学史大纲》上卷胡适著

《先秦政治思想史》梁启超著

将读先秦经部、子部书，宜先读此两书，可引起兴味，并启发自己之判断力。

《清代学术概论》梁启超著

欲略知清代学风，宜读此书。

（乙）政治史及其他文献学书类

《尚书》

内中惟二十八篇是真书，宜精读，但其文诘屈聱牙，不能成诵亦无妨。余篇属晋人伪撰，一浏览便足。（真伪篇目，看启超所著《古书之真伪及其年代》，日内当出版。）

此书非看注释不能解，注释书以孙星衍之《尚书今古文注疏》为最好。

《逸周书》

此书真伪参半，宜一浏览。

注释书有朱右曾《逸周书集训校释》颇好。

《竹书纪年》

此书现通行者为元、明人伪撰。其古本，清儒辑出者数家，王国维所辑最善。

《国语》、《春秋左氏传》

此两书或本为一书，由西汉人析出，宜合读之。《左传》宜选出若干篇熟读成诵，于学文甚有益。读《左传》宜参观顾栋高《春秋大事表》，可以得治学方法。

《战国策》

宜选出若干篇熟读，于学文有益。

《周礼》

此书西汉末晚出，何时代人所撰，尚难断定。惟书中制度，当有一部分为周代之旧，其余亦战国秦汉间学者理想的产物，故总宜一读。

注释书有孙诒让《周礼正义》最善。

《考信录》崔述著

此书考证三代史事实最谨严，宜一浏览，以为治古史之标准。

《资治通鉴》

此为编年政治史最有价值之作品，虽卷帙稍繁，总希望学者能全部精读一过。

若苦干燥无味，不妨仿《春秋大事表》之例，自立若干门类，标治摘记作将来著述资料。（吾少时曾用此法，虽无成书，然增长兴味不少。）

王船山**《读通鉴论》**，批评眼光，颇异俗流。读《通鉴》时取以并读，亦助兴之一法。

《续资治通鉴》毕沅著

此书价值远在司马原著之下，自无待言，无视彼更优者，姑以备数耳。

或不读正《资治通鉴》而读九种纪事本末，亦可，要之非此则彼，必须有一书经目者。

《文献通考》、《续文献通考》、《皇朝文献通考》

三书卷帙浩繁，今为学者摘其要目：《田赋考》、《户口考》、《职役考》、《市籴考》、《征榷考》、《国用考》、《钱币考》、《兵考》《刑考》、《经籍考》、《四裔考》，不必读；《王礼考》、《封建考》、《象纬考》，绝对不必读；其余或读不读随人。（手边无原书，不能具记其目，有漏略当校补。）

各人宜因其所嗜，择类读之。例如欲研究经济史、财政史著，则读前七考。余仿此。

马氏《文献通考》，本依仿杜氏《通典》而作。若尊创作，应举《通典》。今舍彼取此者，取其资料较丰富耳。吾辈读旧史，所贵者惟在原料，炉锤组织，当求之在我也。

《两汉会要》、《唐会要》、《五代会要》，可与《通考》合读。

《通志》二十略

郑渔仲史识、史才皆迈寻常。《通志》全书卷帙繁，不必读，二十略则其精神所聚，必须浏览，其中与《通考》门类同者或可省。最要者，《氏族略》、《六书略》、《七音略》、《校雠略》等篇。

《二十四史》

《通鉴》、《通考》，已浩无涯涘，更语及彪大之《二十四史》，学者几何不望而却走？然而《二十四史》终不可不读，其故有二：（一）现在既无满意之通史，不读《二十四史》，无以知先民活动之遗迹；（二）假令虽有佳的通史出现，然其书自有别裁。《二十四史》之原料，终不能全行收入。以故《二十四史》，终久仍为国民应读之书。

书既应读，而又浩瀚难读，则如之何？吾今试为学者拟摘读之法数条。

一曰就书而摘。《史记》、《汉书》、《后汉书》、《三国志》俗称四史，其书皆大史学家一手著述，体例精严，且时代近古，向来学人诵习者众，在学界之势力与六经诸子埒，吾辈为常识计，非一读不可。吾希望学者将此四史之列传，全体浏览一过，仍摘出若干篇稍为熟诵，以资学文之助，因四史中佳文最多也。（若欲吾举其目亦可，但手边无原书，当以异日。）四史之外，则《明史》共认为官修书中之最佳者，且时代最近，亦宜稍为详读。

二曰就事分类而摘读志。例如欲研究经济史、财政史，则读《平准书》、《食货志》；欲研究音乐，则读《乐书》、《乐志》；欲研究兵制，则读《兵志》；欲研究学术史，则读《艺文志》、《经籍志》，附以《儒林传》；欲研究宗教史，则读《北魏书·释老志》（可惜他史无之）。每研究一门，则通各史此门之志而读之，且与《文献通考》之此门合读。当其读时，必往往发现许多资料散见于各传者，随即跟踪调查其传以读之。如此引申触类，渐渐便能成为经济史、宗教史等等之长编，将来荟萃而整理之，便成著述矣。

三曰就人分类而摘读传。读名人传记，最能激发人志气。且于应事接物之智慧，增长不少，古人所以贵读史者以此。全史各传既不能遍读（且亦不必），则宜择伟大人物之传读之，每史亦不过二三十篇耳。此外又可就其所欲研究者而择读，如欲研究学术史，则读《儒林传》及其他学者之专传；欲研究文学史，则读《文苑传》及其他文学家之专传。用此法读去，恐只患其少，不患其多矣。

又各史之《外国传》、《蛮夷传》、《土司传》等，包含种族史及社会学之原料最多，极有趣，吾深望学者一读之。

《二十二史札记》赵翼著

学者读正史之前，吾劝其一浏览此书。记称“属辞比事《春秋》之教”，此书深得“比事”之诀，每一个题目之下，其资料皆从几十篇传中，零零碎碎觅出，如采花成蜜。学者能用其法以读史，便可养成著述能力。（内中校勘文字异同之部约占三分一，不读亦可。）

《圣武记》魏源著

《国朝先正事略》李元度著

清朝一代史迹，至今尚无一完书可读，最为遗憾，姑举此二书充数。魏默深有良史之才，《圣武记》为纪事本末体裁，叙述绥服蒙古、勘定金川、抚循西藏……诸役，于一事之原因结果，及其中间进行之次序，若指诸掌，实罕见之名著也。李次青之《先正事略》，道光以前人物略具，文亦有法度，宜一浏览，以知最近二三百年史迹大概。

日本人稻叶君山所著**《清朝全史》**尚可读（有译本）。

《读史方舆纪要》顾祖禹著

此为最有组织的地理书，其特长在专论形势，以地域为经，以史迹为纬，读之不感干燥。

此书卷帙虽多，专读其叙论（至各府止），亦不甚费力，且可引起地理学兴味。

《史通》刘知几著

此书论作史方法，颇多特识，宜浏览。章氏《文史通义》，性质略同，范围较广，已见前。

《中国历史研究法》梁启超著

读之可增史学兴味，且知治史方法。

（丙）韵文书类

《诗经》

希望学者能全部熟读成诵，即不尔，亦须一大部分能举其词。

注释书，陈奂《诗毛氏传疏》最善。

《楚辞》

屈宋作宜熟读，能成诵最佳，其余可不读。

注释书，朱熹《楚辞集注》较可。

《文选》

择读。

《乐府诗集》郭茂倩编

专读其中不知作者姓名之汉古辞，以见魏六朝乐府风格，其他不必读。

魏晋六朝人诗宜读以下各家：

曹子建、阮嗣宗、陶渊明、谢康乐、鲍明远、谢玄晖。

无单行集者，可用张溥**《汉魏百三家集》**本，或王闿运**《五代诗选》**本。

《李太白集》、《杜工部集》、《王右丞集》、《孟襄阳集》、《韦苏州集》、《高常侍集》、《韩昌黎集》、《柳河东集》、《白香山集》、《李义山集》、《王临川集》（诗宜用李壁注本）

《苏东坡集》、《元遗山集》、《陆放翁集》

◎以上唐宋人诗文集。

《唐百家诗选》王安石选

《宋诗钞》吕留良抄

◎以上唐宋诗选本。

《清真词》（周美成）、**《醉翁琴趣》**（欧阳修）、**《东坡乐府》**（苏轼）、**《屯田集》**（柳永）、**《淮海词》**（秦观）、**《樵歌》**（朱敦儒）、**《稼轩词》**（辛弃疾）、**《后村词》**（刘克庄）、**《白石道人歌曲》**（姜夔）、**《碧山词》**（王沂孙）、**《梦窗词》**（吴文英）

◎以上宋人词集。

《西厢记》、《琵琶记》、《牡丹亭》、《桃花扇》、《长生殿》

◎以上元明清人曲本。

本门所列书，专资学者课余讽诵，陶写情趣之用。既非为文学专说家法，尤非为治文学史者说法，故不曰文学类，而日韵文类。文学范围，最少应包含古文（骈散文）及小说。吾以为苟非欲作文学专家，则无专读小说之必要。至于古文，本不必别学，吾辈总须读周秦诸子、《左传》、《国策》、四史、《通鉴》及其关于思想、关于记载之著作，苟能多读，自能属文，何必格外标举一种，名曰古文耶？故专以文鸣之文集不复录。（其余学问有关系之文集，散见各门。）《文选》及韩、柳、王集聊附见耳。学者如必欲就文求文，无已，则姚鼐之**《古文辞类纂》**、李兆洛之**《骈体文钞》**、曾国藩之**《经史百家杂钞》**可用也。

清人不以韵文见长，故除曲本数部外，其余诗词皆不复列举，无已，则于最初期与最末期各举诗词家一人：吴伟业之**《梅村诗集》**与黄遵宪之**《人境庐诗集》**、成德之**《饮水词》**与文焯之**《樵风乐府》**也。

（丁）小学书及文法书类

《说文解字注》段玉裁著

《说文通训定声》朱骏声著

《说文释例》王筠著

段著为《说文》正注，朱注明音与义之关系，王著为《说文》通释，读此三书，略可通《说文》矣。

《经传释词》王引之著

《古书疑义举例》俞樾著

《文通》马建忠著

读此三书，可知古人语法文法。

《经籍纂诂》阮元编

此书汇集各字之义训，宜置备检查。

文字音韵，为清儒最擅之学。佳书林立，此仅举入门最要之数种。若非有志研究斯学者，并此诸书不读，亦无妨耳。

（戊）随意涉览书类

学问固贵专精，又须博涉以辅之。况学者读书尚少时，不甚自知其性所近者为何。随意涉猎，初时并无目的，不期而引起问题，发生趣味，从此向某方面深造研究，遂成绝业者，往往而有也。吾固杂举有用或有趣之各书，供学者自由翻阅之娱乐。

读此者不必顺叶次，亦不必求终卷也（各书亦随忆想所杂举，无复诠次）。

《四库全书总目提要》

清乾隆间四库馆，董其事者皆一时大学者，故所作提要，最称精审，读之可略见各书内容（中多偏至语自亦不能免）。宜先读各部类之叙录，其各书条下则随意抽阅。

有所谓存目者，其书被屏，不收入四库者也。内中颇有怪书，宜稍注意读之。

《世说新语》刘义庆撰

将晋人谈玄语分类纂录，语多隽妙，课余暑假之良伴侣。

《水经注》郦道元撰　戴震校

六朝人地理专书，但多描风景，记古迹，文辞华妙，学作小品文最适用。

《文心雕龙》刘勰撰

六朝人论文书，论多精到，文亦雅丽。

《大唐三藏慈恩法师传》慧立撰

此为玄奘法师详传。玄奘为第一位留学生，为大思想家，读之可以增长志气。

《徐霞客游记》徐霞客撰

霞客晚明人，实一大探险家，其书极有趣。

《梦溪笔谈》沈括撰

宋人笔记中含有科学思想者。

《困学纪闻》王应麟撰　阎若璩注

宋人始为考证学者，顾亭林《日知录》颇仿其体。

《通艺录》程瑶田撰

清代考证家之博物书。

《癸巳类稿》俞正燮撰

多为经学以外之考证，如考棉花来历，考妇人缠足历史，辑李易安事迹等；又多新颖之论，如论妒非妇人恶德等。

《东塾读书记》陈澧撰

此书仅五册，十余年乃成，盖合数十条笔记之长编，乃成一条笔记之定稿，用力最为精苦，读之可识搜集资料及驾驭资料之方法。书中《论郑学》、《论朱学》、《论诸子》、《论三国》诸卷最善。

《庸盦笔记》薛福成撰

多记清咸丰、同治间掌故。

《张太岳集》张居正撰

江陵为明名相，其信札益人神智，文章亦美。

《王心斋先生全书》王艮撰

吾常名心斋，为平民的理家学，其人有生气。

《朱舜水遗集》朱之瑜撰

舜水为日本文化之开辟人，唯一之国学输出者，读之可见其人格。

《李恕谷文集》李塨撰

恕谷为习斋门下健将，其文劲达。

《鲒琦亭集》全祖望撰

集中记晚明掌故甚多。

《潜研堂集》钱大昕撰

竹汀在清儒中最博洽者，其对伦理问题，亦颇有新论。

《述学》汪中撰

容甫为治诸子学之先登者，其文格在汉晋间，极遒美。

《洪北江集》洪亮吉撰

北江之学长于地理，其小品骈体文，描写景物，美不可言。

《定盦文集》龚自珍撰

吾少时心醉此集，今颇厌之。

《曾文正公全集》曾国藩撰

《胡文忠公集》胡林翼撰

上二集信札最可读，读之见其治事条理及朋友风义。曾滌生文章尤美，桐城派之大成。

《苕溪渔隐丛话》胡仔撰

丛话中资料颇丰富者。

《词苑丛谈》徐釚撰

唯一之词话，颇有趣。

《语石》叶昌炽撰

以科学方法治金石学，极有价值。

《书林清话》叶德辉撰

论列书源流及藏书掌故，甚好。

《广艺舟双楫》康有为撰

论写字，极精博，文章极美。

《剧说》焦循撰

《宋元戏曲史》王国维撰

二书论戏剧，极好。

既谓之涉览，自然无书不可涉，无书不可览。本不能胪举书目，若举之非累数十纸不可。上所列不伦不类之寥寥十余种，随杂忆所及当坐谭耳，若绳以义例，则笑绝冠缨矣。

附录一　最低限度之必读书目

上所列五项，倘能依法读之，则国学根柢略立，可以为将来大成之基矣。惟青年学生校课既繁，所治专门别有在，恐仍不能人人按表而读。

今再为拟一真正之最低限度如下：

《四书》、《易经》、《书经》、《诗经》、《礼记》、《左传》、《老子》、《墨子》、《庄子》、《荀子》、《韩非子》、《战国策》、《史记》、《汉书》、《后汉书》、《三国志》、《资治通鉴》（或《通鉴纪事本末》）、《宋元明史纪事本末》、《楚辞》、《文选》、《李太白集》、《杜工部集》、《韩昌黎集》、《柳河东集》、《白香山集》。其他词曲集，随所好选读数种。

以上各书，无论学矿、学工程……皆须一读。若并此未读，真不能认为中国学人矣。

附录二 治国学杂话

学生做课外学问是最必要的，若只求讲堂上功课及格，便算完事，那么，你进学校，只是求文凭，并不是求学问，你的人格，先已不可问了。再者，此类人一定没有“自发”的能力，不特不能成为一个学者，亦断不能成为社会上治事领袖人才。

课外学问，自然不专指读书，如试验，如观察自然界……都是极好的。但读课外书，最少要算课外学问的主要部分。

一个人总要养成读书趣味。打算做专门学者，固然要如此，打算做事业家，也要如此。因为我们在工厂里、在公司里、在议院里……做完一天的工作出来之后，随时立刻可以得着愉快的伴侣，莫过于书籍，莫便于书籍。

但是将来这种愉快得着得不着，大概是在学校时代已经决定，因为必须养成读书习惯，才能尝着读书趣味。人生一世的习惯，出了学校门限，已经铁铸成了，所以在学校中，不读课外书，以养成自己自动的读书习惯，这个人，简直是自己剥夺自己终身的幸福。

读书自然不限于读中国书，但中国人对于中国书，最少也该和外国书作平等待遇。你这样待遇他，他给回你的愉快报酬，最少也和读外国书所得的有同等分量。

中国书没有整理过，十分难读，这是人人公认的。但会做学问的人，觉得趣味就在这一点。吃现成饭，是最没有意思的事，是最没有出息的人才喜欢的。一种问题，被别人做完了四平八正的编成教科书样子给我读，读去自然是毫不费力。但从这不费力上头结果，便令我的心思不细致不刻入。专门喜欢读这类书的人，久而久之，会把自己创作的才能汩没哩。在纽约、芝加哥笔直的马路崭新的洋房里舒舒服服混一世，这个人一定是过的毫无意味的平庸生活。若要过有意味的生活，须是哥仑布初到美洲时。

中国学问界，是千年未开的矿穴，矿苗异常丰富，但非我们亲自绞脑筋绞汗水，却开不出来。翻过来看，只要你绞一分脑筋一分汗水，当然还你一分成绩，所以有趣。

所谓中国学问界的矿苗，当然不专指书籍，自然界和社会实况，都是极重要的。但书籍为保存过去原料之一种宝库，且可为现在各实测方面之引线。就这点看来，我们对于书籍之浩瀚，应该欢喜谢他，不应该厌恶他。因为我们的事业比方要开工厂，原料的供给，自然是越丰富越好。

读中国书，自然像披沙拣金，沙多金少。但我们若把他作原料看待，有时寻常人认为极无用的书籍和语句，也许有大功用。须知工厂种类多着呢，一个厂里头还有许多副产物哩，何止金有用，沙也有用。

若问读书方法，我想向诸君上一个条陈。这方法是极陈旧的，极笨极麻烦的，然而实在是极必要的。什么方法呢？是抄录或笔记。

我们读一部名著，看见他征引那么繁博，分析那么细密，动辄伸着舌头说道："这个人不知有多大记忆力，记得许多东西，这是他的特别天才，我们不能学步了。"其实哪里有这回事。好记性的人不见得便有智慧，有智慧的人，比较的倒是记性不甚好。你所看见者是他发表出来的成果，不知他这成果，原是从铢积寸累困知勉行得来。大抵凡一个大学者平日用功，总是有无数小册子或单纸片，读书看见一段资料，觉其有用者即刻抄下（短的抄全文，长的摘要记书名、卷数、页数）。资料渐渐积得丰富，再用眼光来整理分析他，便成一篇名著。想看这种痕迹，读赵瓯北的《二十二史札记》、陈兰甫的《东塾读书记》，最容易看出来。

这种工作，笨是笨极了，苦是苦极了，但真正做学问的人，总离不了这条路。做动植物的人，懒得采集标本，说他会有新发明，天下怕没有这种便宜事。

发明的最初动机在注意，抄书便是促醒注意及继续保存注意的最好方法。当读一书时，忽然感觉这一段资料可注意，把他抄下，这件资料，自然有一微微的印象印入脑中，和滑眼看过不同。经过这一番后，过些时碰着第二个资料和这个有关系的，又把他抄下。那注意便加浓一度。经过几次之后，每翻一书，遇有这项资料，便活跳在纸上，不必劳神费力去找了。这是我多年经验得来的实况。诸君试拿一年工夫去试试，当知我不说谎。

先辈每教人不可轻言著述，因为未成熟的见解公布出来，会自误误人，这原是不错的。但青年学生"斐然当述作之誉"，也是实际上鞭策学问的一种妙用。譬如同是读《文献通考》的《钱币考》，各史《食货志》中钱币项下各文，泛泛读去，没有什么所得。倘若你一面读一面便打主意做一篇《中国货币沿革考》，这篇考做的好不好另一问题，你所读的自然加几倍受用。譬如同读一部《荀子》，某甲泛泛读去，某乙一面读，一面打主意做部《荀子学案》。读过之后，两个人的印象深浅，自然不同。所以我很奖劝青年好著书的习惯，至于所著的书，拿不拿给人看，什么时候才认成功，这还不是你的自由吗？

每日所读之书，最好分两类，一类是精熟的，一类是涉览的。因为我们一面要养成读书心细的习惯，一面要养成读书眼快的习惯。心不细则毫无所得，等于白读；眼不快则时候不够用，不能博搜资料。诸经、诸子、四史、通鉴等书，宜入精读之部，每日指定某时刻读他，读时一字不放过，读完一部才读别部，想抄录的随读随抄；另外指出一时刻，随意涉览，觉得有趣，注意细看，觉得无趣，便翻次叶，遇有想抄录的，也俟读完再抄，当时勿窒其机。

诸君勿因初读中国书，勤劳大而结果少，便生退悔。因为我们读书，并不是想专向现时所读这一本书里讨现钱现货的，得多少报酬，最要紧的是涵养成好读书的习惯，和磨炼出善读书的脑力。青年期所读各书，不外借来做达这两个目的的梯子。我所说的前提倘若不错，则读外国书和读中国书当然都各有益处。外国名著，组织得好，易引起趣味，他的研究方法，整整齐齐摆出来，可以做我们模范，这是好处；我们滑眼读去，容易变成享现成福的少爷们，不知甘苦来历，这是坏处。中国书未经整理，一读便是一个闷头棍，每每打断趣味，这是坏处；逼着你披荆斩棘，寻路来走，或者走许多冤枉路（只要走路断无冤枉，走错了回头，便是绝好教训），从甘苦阅历中磨炼出智慧，得苦尽甘来的趣味，那智慧和趣味却最真切，这是好处。

还有一件，我在前项书目表中有好几处，写“希望熟读成诵”字样，我想诸君或者以为甚难，也许反对说我顽旧，但我有我的意思。我并不是奖励人勉强记忆，我所希望熟读成诵的有两种类：一种类是最有价值的文学作品，一种类是有益身心的格言。好文学是涵养情趣的工具，做一个民族的分子，总须对于本民族的好文学十分领略，能熟读成诵，才在我们的“下意识”里头，得着根柢，不知不觉会“发酵”。有益身心的圣哲格言，一部分久已在我们全社会上形成共同意识，我既做这社会的分子，总要彻底了解他，才不至和共同意识生隔阂。一方面我们应事接物时候，常常仗他给我们的光明，要平日摩得熟，临时才得着用。我所以有些书希望熟读成诵者在此，但亦不过一种格外希望而已，并不谓非如此不可。

最后我还专向清华同学诸君说几句话，我希望诸君对于国学的修养，比旁的学校学生格外加功。诸君受社会恩惠，是比别人独优的，诸君将来在全社会上一定占势力，是眼看得见的。诸君回国之后，对于中国文化有无贡献，便是诸君功罪的标准。

任你学成一位天字第一号形神毕肖的美国学者，只怕于中国文化没有多少影响。若这样便有影响，我们把美国蓝眼睛的大博士抬一百几十位来便够了，又何必诸君呢？诸君须要牢牢记着你不是美国学生，是中国留学生。如何才配叫做中国留学生，请你自己打主意罢。

附录三 评胡适之的《一个最低限度的国学书目》

胡君这书目，我是不赞成的，因为他文不对题。胡君说："并不为国学有根柢的人设想，只为普通青年人想得一点系统的国学知识的人设想。"依我看，这个书目，为"国学已略有根柢而知识绝无系统"的人说法，或者还有一部分适用。我想，《清华周刊》诸君，所想请教胡君的并不在此，乃是替那些"除却读商务印书馆教科书之外没有读过一部中国书"的青年们打算。若我所猜不错，那么，胡君答案，相隔太远了。

胡君致误之由，第一在不顾客观的事实，专凭自己主观为立脚点。胡君正在做《中国哲学史》、《中国文学史》，这个书目正是表示他自己思想的路径，和所凭的资料（对不对又另是一问题，现在且不讨论）。殊不知一般青年，并不是人人都要做哲学史家、文学史家。不是作哲学史家、文学史家，这里头的书十有七八可以不读。真要做哲学、文学史家，这些书却又不够了。

胡君第二点误处，在把应读书和应备书混为一谈，结果不是个人读书最低限度，却是私人及公共机关小图书馆之最低限度（但也不对，只好说是哲学史、文学史家私人小图书馆之最低限度）。殊不知青年学生（尤其清华），正苦于跑进图书馆里头不知读什么书才好，不知如何读法，你给他一张图书馆书目，有何用处？何况私人购书，谈何容易？这张书目，如何能人人购置？结果还不是一句话吗？

我最诧异的，胡君为什么把史部书一概屏绝？一张书目名字叫做“国学最低限度”，里头有什么《三侠五义》、《九命奇冤》，却没有《史记》、《汉书》、《资治通鉴》，岂非笑话？若说《史》、《汉》、《通鉴》是要“为国学有根柢的人设想”才列举，恐无此理。若说不读《三侠五义》、《九命奇冤》，便够不上国学最低限度，不瞒胡君说，区区小子便是没有读过这两部书的人。我虽自知学问浅陋，说我连国学最低限度都没有，我却不服。

平心而论，做文学史（尤其做白话文学史）的人，这些书自然该读，但胡君如何能因为自己爱做文学史便强一般青年跟着你走？譬如某人喜欢金石学，尽可将金石类书列出一张系统的研究书目；某人喜欢地理学，尽可以将地理类书列出一张系统的研究书目。虽然只是为本行人说法，不能应用于一般。依我看，胡君所列各书，大半和《金石萃编》、《窓斋集古录》、《殷墟书契考释》（金石类书）、《水道提纲》、《朔方备乘》、《元史释文证补》（地理类书）等等同一性质，虽不是不应读之书，却断不是人人必应读之书。胡君复《清华周刊》信说：“我的意思，是要一班留学生，知道《元曲选》等是应该知道的书。”依着这句话，留学生最少也该知道《殷墟书契考释》、《朔方备案》……是应该知道的书。那么，将一部《四库全书总目》搬字过纸更列举后出书千数百种便了，何必更开最低限度书目？须知“知道”是一件事，“必读”又别是一件事。

我的主张，是很平淡无奇。我认定史部书为国学最主要部分，除先秦几部经书、几部子书之外，最要紧的便是读正史、通鉴、宋元明纪事本末和九通中之一部分，以及关系史学之笔记、文集等，算是国学常识，凡属中国读书人都要读的。有了这种常识之人不自满足，想进一步做专门学者时，你若想做哲学史家、文学史家，你就请教胡君这张书目；你若想做别一项专门家，还有许多门，我也可以勉强照胡君样子，替你另开一张书目哩。

胡君对于自己所好的两门学问，研究甚深，别择力甚锐，以为一般青年也该如此，不必再为别择，所以把许多书目胪列出来了。试思一百多册的《正谊堂全书》千篇一律的“理气性命”，叫青年何从读起？何止《正谊堂》，即以浙刻《二十二子》论，告诉青年说这书该读，他又何从读起？至于其文学史之部，所列《全上古三代秦汉三国六朝文》、《全汉三国晋南北朝诗》、《古文苑》、《续古文苑》、《唐文粹》、《全唐诗》、《宋文鉴》、《南宋文范》、《南宋文录》、《宋诗钞》、《宋六十家词》、《四印斋宋元词》、《疆村所刻词》、《元曲选百种》、《金文最》、《元文类》、《明文在》、《列朝诗集》、《明诗综》、《六十种曲》等书，我大略估计，恐怕总数在一千册以上，叫人从何读起？青年学生，因为我们是“老马识途”，虚心请教，最少也应告诉他一个先后次序，例如唐诗该先读某家，后读某家，不能说你去读《全唐诗》便了。宋词该先读某家，不能说请你把王幼霞、朱古微所刻的都读。若说你全部读过后自会别择，诚然不错，只怕他索性不读了。何况青年若有这许多精力日力来读胡君指定的一千多册文学书，何如用来读二十四史、九通呢？

还有一层，胡君忘却学生没有最普通的国学常识时，有许多书是不能读的。试问连《史记》没有读过的人，读崔适《史记探源》，懂他说的什么？连《尚书》、《史记》、《礼记》、《国语》没有读过的人，读崔述《考信录》，懂他说的什么？连《史记·儒林传》、《汉书·艺文志》没有读过的人，读康有为《新学伪经考》，懂他说的什么？这不过随手举几个例，其他可以类推。假如有一位学生（假定还是专门研究思想史的学生），敬谨道依胡君之教，顺着他所列书目读去，他的书明明没有《尚书》、《史记》、《汉书》这几部书，你想这位学生，读到崔述、康有为、崔适的著述时，该怎么样狼狈呢？

胡君之意，或者以这位学生早已读过《尚书》、《史记》、《汉书》为前提，以为这样普通书，你当然读过，何必我说？那么，四书更普通，何以又列入呢？总而言之，《尚书》、《史记》、《汉书》、《资治通鉴》为国学最低限度不必要之书，《正谊堂全书》、《缀白裘》、《儿女英雄传》，反是必要之书，真不能不算石破天惊的怪论。（思想之部，连《易经》也没有，什么原故，我也要求胡君答复。）

总而言之，胡君这篇书目，从一方面看，嫌他罣漏太多，从别方面看，嫌他博而寡要，我认为是不合用的。

附梁先生致《清华周刊》记者书

《清华周刊》记者足下：《国学入门书要目及其读法》一篇呈上，别属开留美应带书目，颇难着笔。各书内容，拙著中已简单论及，诸君一读后，可择所好者购携。大学普通重要诸书，各校图书馆多有，自不必带，所带者总是为自己随时讽诵或用功时任意批注而设。试择其最普通者：《四书集注》、石印《正续文献通考》、相台本《五经单注》、石印《文选》、石印浙刻《二十二子》、《李太白集》、《墨子间诂》、《杜工部集》、《荀子集解》、《白香山集》、铅印《四史》、《柳柳州集》、铅印《正续资治通鉴》、《东坡诗集》。若欲带选本，诗则《古诗源》、《唐诗别裁》，勉强可用。欲带选本词，则张皋文《词选》、周止庵《宋四家词选》、谭仲修《箧中词》勉强可用（此五书原目皆未列）。其余涉览书类，择所喜者带数种亦可，因此等书外国图书馆或无有也。

要籍解题及其读法

自　序

我对于学问，件件都有兴味，因为方面太多，结果没有一方面做得成功。著述更不必说，始终没有专心致志好好的著成一部书。近几年来我名下的出版物，都不过一个学期中在一个学校的讲义，而且每学期所讲总是两门以上的功课，所编总是两种以上的讲义。我生平有种坏癖气，曾经讲过的功课，下次便不愿再讲。每次所讲总是新编的，匆匆忙忙，现蒸热卖，哪里能有满意之作？所以每次讲完之后，便将讲义搁起，预备从新校改一番才付印。但每到休讲期间，又贪着读别的书去了，假期满后，又忙着别的讲义。因此旧稿总没有时候整理，只好把他放在箧底再说，两三年此类的讲稿有好几种哩。这部《要籍解题及其读法》便是其中之一种。

这部讲义，是两年前在清华学校讲的。清华当局指定十来部有永久价值的古书，令学生们每学期选读一部或两部，想令他们得些国学常识，而且养成自动的读书能力。这种办法，我原是很赞成的。当局因请我把这十几部书的大概，和学生们讲讲，我答应了。每隔一星期来讲一次，一学期间，讲了从《论语》到《礼记》这几部。本来下学期还打算续讲，不幸亡妻抱病，跟着出了丧事，我什么功课都做不下去，因此向学校辞职，足足休讲了一年。

现在虽再来学校，也没有续讲的机会。

说“要籍”吗？中国最少也有一百几十种。像这部讲义讲的不伦不类几部书，算什么东西呢？何况是现蒸热卖的粗制品。当起稿时，已经没有多翻参考书的余裕，脱稿后，连复看的工夫也没有。这样作品，如何可以见人？所以许久不愿付印，为此。

清华同学们不答应，说各处纷纷函索传抄，不胜其扰。说现在《清华周刊》要编辑丛书，决定把他充当第一种，已经付印了。而且要求我作一篇序文，我无法拒绝，也只好随顺。

我想，一个受过中学以上教育的中国人，对于本国极重要的几部书籍，内中关于学术思想者若干种，关于历史者若干种，关于文学者若干种，最少总应该读过一遍。但是，生当今日而读古书，头一件，苦于引不起兴味来。第二件，苦于没有许多时间，向浩如烟海的书丛中埋头钻研。第三件，就令耐烦费时日勉强读去，也苦难得其要领。因此，学生们并不是不愿意读中国书，结果还是不读拉倒。想救济这种缺点，像"要籍解题"或"要籍读法"一类书，不能不谓为适应于时代迫切的要求。我这几篇虽然没有做得好，但总算在这条路上想替青年们添一点趣味，省一点气力。我希望国内通学君子多做这类的作品，尤其希望能将我所做的加以是正，例如钱先生新近在《清华周刊》发表的《论语解题及其读法》之类。同时我也要鞭策自己在较近期内，对于别的要籍，能再做些与此同类的工作。

这部书里头所讲有许多是前人讲过的，并非全属自己创见。为什么不一一注明呢？因为（一）编讲义时间匆忙，没有查原书。（二）为学生们方便起见，若噜噜苏苏的引那一说驳那一说，倒反令人头痛，不如直捷了当，我认为可采之说就采入，省些闲文。总而言之，这部书不是著述，不过讲堂上临时演说，凡有与著述体例不符之处，希望读者原谅。

"先入为主"，原是做学问最大毛病，但人人都知道这是毛病，却人人都不容易破除。即如我这部分，讲《论语》推重戴望，讲《史记》推重崔适，也可以说是我个人的僻见，其实教一般青年不该如此。此外，各篇犯这类毛病还不少，我所以不甚愿意立刻付印，就是为此。即已付印，我不能不声明一下。

临了，我还想和青年们说几句话——诸君对于中国旧书，不可因“无用”或“难读”这两个观念，便废止不读。有用无用的标准，本来很难确定，何以见得横文书都有用，线装书都无用？依我看，著述有带时代性的，有不带时代性的。不带时代性的书，无论何时都有用，旧书里头属于此类者确不少。至于难读易读的问题呢？不错，未经整理之书，确是难读，读起来没有兴味，或不得要领，像是枉费我们的时光。但是，从别方面看，读这类书，要自己用刻苦工夫，披荆斩棘，寻出一条路来，因此可以磨炼自己的读书能力，比专吃现成饭的得益较多。所以我希望好学的青年们最好找一两部自己认为难读的书，偏要拼命一读，而且应用最新的方法去读他。读通之后，所得益处，在本书以内的不算，在书以外的还多着哩。

民国十四年十一月十七日　梁启超　清华北院二号

《论语》《孟子》附论《大学》《中庸》《孝经》及其他

总　说

《论语》、《孟子》两书，近人多呼为“经书”。古代不然，汉儒对于古书之分类，以《诗》、《书》、《礼》、《乐》、《易》、《春秋》为“六艺”，亦谓之“六经”，实为古书中之最见宝贵者。次则名为“记”或“传”，乃解释或补注诸经者，《论语》即属此类。又次则为诸子，乃于六经之外别成一家言者，《孟子》即属此类。故《论》、《孟》两书，在汉时不过二三等书籍。然汉文帝时已将此二书置博士，（“置博士”者，在大学中专设一科，以专门之博士任教授也。）是曾经特别崇重，然不久亦罢。（罢博士者，废此专科也。）六朝隋唐以来，《论语》研究尚盛，《孟子》则亦仅侪于诸子之列耳。自宋儒从《礼记》中抽出《大学》、《中庸》两篇，合诸《论》、《孟》，称为“四书”。明清两代，以八股取士，试题悉出“四书”。于是“四书”之诵习，其盛乃驾“六经”而上之。六七百年来，数岁孩童入三家村塾者，莫不以四书为主要读本，其书遂形成一般常识之基础，且为国民心理之总关键。

《论语》编辑者及其年代

《汉书·艺文志》云："《论语》者，孔子应答弟子时人及弟子相与言而接闻于夫子之语也。当时弟子各有所记。夫子既卒，门人相与辑而论纂，故谓之《论语》。"据此，则谓《论语》直接成于孔子弟子之手。虽然，书中所记如鲁哀公、季康子、子服景伯诸人，皆举其谥，诸人之死皆在孔子卒后。书中又记曾子临终之言，曾子在孔门齿最幼，其卒年更当远后于孔子。然则此书最少应有一部分为孔子卒后数十年七十子之门人所记，无疑。书中于有子、曾子皆称"子"。全书第一章记孔子语，第二章即记有子语，第三章记孔子语，第四章即记曾子语。窃疑纂辑成书，当出有子、曾子门人之手，而所记孔子言行，半承有、曾二子之笔记或口述也。

《论语》之真伪

先秦书赝品极多，学者最宜慎择。《论语》为孔门相传宝典，大致可信。虽然，其中未尝无一部分经后人附益窜乱，大抵各篇之末，时有一二章非原本者。盖古用简书，传抄收藏皆不易，故篇末空白处，往往以书外之文缀记填入。在本人不过为省事备忘起见，非必有意作伪，至后来辗转传抄，则以之误混正文。周秦古书中似此者不少，《论语》中亦有其例。如《雍也篇》末"子见南子"章，《乡党篇》末"色斯举矣"章，《季氏篇》末"齐景公"章，《微子篇》末"周公谓鲁公"、"周有八士"章，皆或与孔门无关，或文义不类，疑皆非原文。然此犹其小者，据崔东壁（述）所考证，则全书二十篇中，末五篇——《季氏》、《阳货》、《微子》、

《子张》、《尧曰》——皆有可疑之点。因汉初有所传有“鲁论”、“齐论”、“古论”之分，篇数及末数篇之篇名各有不同，文句亦间互异。王莽时佞臣张禹者合三本而一之，遂为今本（见《汉书·艺文志》、《张禹传》及何晏《论语集解序》）。此末五篇中，最少应有一部分为战国末年人所窜乱。其证据：一，《论语》通例，称孔子皆曰“子”，惟记其与君大夫问答乃称“孔子”。此五篇中，屡有称“孔子”或“仲尼”者。二，《论语》所记门弟子与孔子对面问答，亦皆呼之为“子”。对面呼“夫子”，乃战国时人语，春秋时无之，而此五篇中屡称“夫子”。三，《季氏篇》“季氏将伐颛臾，冉有、季路见于孔子”云云，考冉有、季路并无同时仕于季氏之事。四，《阳货篇》记“公山弗扰以费畔，召，子欲往”云云，又记“佛肸以中牟畔，召，子欲往”云云。考弗扰叛时，孔子正为鲁司寇，率师堕费，弗扰正因反抗孔子政策而作乱，其乱亦由孔子手平定之，安有以一造反之县令而敢召执政，其执政方督师讨贼，乃欲应以召？且云“其为东周”，宁有此理？佛肸以中牟叛赵，为赵襄子时事，见《韩诗外传》。赵襄子之立，在孔子卒后五年，孔子何从与肸有交涉？凡此诸义，皆崔氏所疏证，大致极为精审。（参观《崔东壁遗书》内《洙泗考信录》，《畿辅丛书》中亦有此书。）由此言之，《论语》虽十有八九可信，然其中仍有一二出自后人依托，学者宜分别观之也。

《论语》之内容及其价值

《论语》一书，除前所举可疑之十数章外，其余则字字精金美玉，实人类千古不磨之宝典。盖孔子人格之伟大，宜为含识之俦所公认，而《论语》则表现孔子人格唯一之良书也。其书编次体例，并无规定，篇章先后，似无甚意义。内容分类，亦难得正确标准，略举纲要，可分为以下各类：

一、关于个人人格修养之教训。

二、关于社会伦理之教训。

三、政治谈。

四、哲理谈。

五、对于门弟子及时人因人施教（注重个性的）的问答。

六、对于门弟子及古人时人之批评。

七、自述语。

八、孔子日常行事及门人诵美孔子之语（映入门弟子眼中之孔子人格）。

上所列第一、二项，约占全书三分之二，其余六项约合占三之一。第一项人格修养之教训，殆全部有历久不磨的价值。第四项之哲理谈，虽着语不多（因孔子之教，专贵实践，罕言性与天道），而皆渊渊入微。第二项之社会伦理，第三项之政治谈，其中一部分对当时阶级组织之社会立言，或不尽适于今日之用，然其根本精神，固自有俟诸百世而不惑者。第五项因人施教之言，则在学者各自审其个性之所近所偏而借以自鉴。第六项对人的批评，读之可以见孔子理想人格之一斑。第七项孔子自述语及第八项别人对于孔子之观察批评，读之可以从各方面看出孔子之全人格。《论语》全书之价值大略如此。要而言之，孔子这个人有若干价值，则《论语》这部书，亦连带的有若干价值也。

读《论语》法

吾侪对于如此有价值之书，当用何法以善读之耶？我个人所认为较简易且善良之方法如下：

第一，先注意将后人窜乱之部分剔出，以别种眼光视之，免使朦混真相。

第二，略依前条所分类，将全书纂抄一过，为部分的研究。

第三，或作别种分类，以教义要点——如论“仁”、论“学”、论“君子”等为标准，逐条抄出，比较研究。

第四，读此书时，即立意自作一篇《孔子传》或《孔子学案》，一面读便一面思量组织法且整理资料，到读毕时自然能极彻底极正确的了解孔子。

第五，读此书时，先要略知孔子之时代背景，《左传》、《国语》，实主要之参考书。

第六，此书文义并不艰深，专读白文自行紬绎其义最妙，遇有不解时，乃翻阅次条所举各注。

上所举者，为书本上知识方面之研究法。其实我辈读《论语》之主要目的，还不在此。《论语》之最大价值，在教人以人格的修养。修养人格，决非徒恃记诵或考证，最要是身体力行，使古人所教变成我所自得。既已如此，则不必贪多务广，果能切实受持一两语，便可以终身受用。至某一两语最合我受用，则全在各人之自行领会，非别人所能参预。别人参预，则已非自得矣。要之，学者苟能将《论语》反复熟读若干次，则必能睪然有见于孔子之全人格，以作自己祈向之准鹄。而其间亦必有若干语句，恰与自己个性相针对，读之别有会心，可以作终身受持之用也。《论语》文并不繁，熟读并不费力，吾深望青年勿蔑弃此家宝也。

《论语》注释书及关系书

《论语》注释，有汉郑康成注，已佚，近人有辑本。有魏何晏《集解》、宋邢昺《义疏》，现行《十三经注疏》所载者即是。但其中要语，多为后人新疏所以采，不读亦得。为便于学者计，列举以下之注释书及关系书各种：

一、宋朱熹《论语集注》、《论语或问》

《集注》简而明，最便读者，但其中有稍涉理障处。《或问》时于《集注》外有所发明。

二、清戴望《论语注》

此书亦简明，训诂视朱注为精审，但多以公羊家言为解，穿凿附会，间亦不免。

三、清刘宝楠《论语正义》

最精博，但太繁，非专家研究者不必读。

四、清颜元《四书正误》《论语》之部

此书正朱注之误也，可见习斋一家学说。

五、清焦循《论语通释》

此书将《论语》教义要点分类研究，其方法最可学。

六、清阮元《揅经堂集》中《论语论仁解》

此书一短篇文，专取《论语》言“仁”之一部抄下通贯研究，其方法可学。

七、清崔述《洙泗考信录附余录》

此书为最谨严之孔子传，其资料十九取自《论语》，辨《论语》窜乱之部分，当略以此书所疑者为标准。

◎以上说《论语》竟。

《孟子》之编纂者及篇数

《史记·孟子荀卿列传》云：“孟子乃述唐、虞、三代之德，是以所如者不合。退而与万章之徒序诗书，述仲尼之意，作《孟子》七篇。”赵岐《孟子题辞》云：“退而论集，所与高第弟子公孙丑、万章之徒，难疑问答，又自撰其法度之言，著书七篇二百六十一章三万四千六百八十五字。”

据此则汉儒传说，皆谓此书为孟子自撰。然书中称时君皆举其谥，如梁惠王、襄王、齐宣王、鲁平公、邹穆公皆然，乃至滕文公之年少亦毕如是。其人未必皆先孟子而卒，何以皆称其谥？又书中于孟子门人多以“子”称之，乐正子、公都子、屋庐子、徐子、陈子皆然，不称子者无几。果孟子所自著，恐未必自称其门人皆曰子。细玩此书，盖孟子门人万章、公孙丑等所追述，故所记二子问答之言最多，而二子在书中亦不以子称也。其成书年代虽不可确指，然最早总在周赧王十九年（西纪前二九六年）梁襄王卒之后，上距孔子卒一百八十余年，下距秦始皇并六国七十余年也。今本《孟子》七篇，而《汉书·艺文志》儒家云“《孟子》十一篇”，应劭《风俗通·穷通篇》亦云然，赵岐《题辞》云：“又有《外书》四篇——《性善》、《辨文》、《说孝经》、《为政》，其文不能宏深，不与《内篇》相似，似非《孟子》本真，后人依放而托也。”据此，知汉时所流传者，尚有《外书》四篇，与今七篇混为一本。赵邠卿（岐）鉴定为赝品，故所作《孟子章句》，惟释七篇。此后赵注独行，而《外篇》遂废，后人或以为惜。但吾侪颇信邠卿鉴别力不谬，其排斥《外篇》，不使珷玞乱玉，殆可称《孟子》功臣。今《外篇》佚文，见于《法言》、《盐铁论》、《颜氏家训》、李善《文选注》等书有若干条，经近人辑出，诚有如邠卿所谓“不能宏深，不与《内篇》相似”也。至明季姚士璘所传《孟子外书》四篇，则又伪中出伪，并非汉时之旧，更不足道矣。

《孟子》之内容及其价值

孟子与荀卿，为孔门下两大师。就学派系统论，当时儒、墨、道、法四家并峙，孟子不过儒家一支流，其地位不能比老聃、墨翟，但《孟子》在文化史上有特别贡献者二端：

一、高唱性善主义，教人以自动的扩大人格，在哲学上及教育学上成为一种有永久价值之学说。

二、排斥功利主义，其用意虽在矫当时之弊，然在政治学、社会学上最少亦代表一面真理。

其全书要点略如下：

一、哲理谈。穷究心性之体相，证成性善之旨。《告子》上下篇、《尽心》上篇，多属此类。

二、政治谈。发挥民本主义，排斥国家的功利主义，提出经济上种种理想的建设。《梁惠王》上下篇、《滕文公》上篇，全部皆属此类，其余各篇亦多散见。

三、一般修养谈。多用发扬蹈厉语，提倡独立自尊的精神，排斥个人的功利主义。《滕文公》、《告子》、《尽心》三篇最多，余篇亦常有。

四、历史人物批评。借古人言论行事证成自己的主义。《万章篇》最多。

五、对于他派之辩争。其主要者如后儒所称之辟杨墨，此外如对于告子论性之辩难，对于许行、陈仲子之呵斥，对于法家者流政策之痛驳等皆是。

六、记孟子出处辞受及日常行事等。

上各项中，惟第四项之历史谈价值最低，因当时传说，多不可信，而孟子并非史家，其著书宗旨又不在综核古事，故凡关于此项之记载及批评，应认为孟子借事明义，不可当史读。第五项辩争之谈，双方皆持之有故言之成理，未可偏执一是。第二项之政治谈，因时代不同，其具体的制度自多不适用，然其根本精神固有永久价值。余三项价值皆极高。

读《孟子》法

读《论语》、《孟子》一类书，当分两种目的：其一为修养受用，其一为学术的研究。为修养受用起见，《论语》如饭，最宜滋养；《孟子》如药，最宜袪除及兴奋。读《孟子》，第一，宜观其砥砺廉隅，崇尚名节，进退辞受取与之间竣立防闲，如此然后可以自守而不至堕落。第二，宜观其气象博大，独往独来，光明俊伟，绝无藏闪，能常常诵习体会，人格自然扩大。第三，宜观其意志坚强，百折不回，服膺书中语，对于环境之压迫，可以增加抵抗力。第四，宜观其修养下手工夫简易直捷，无后儒所言支离玄渺之二病。要之《孟子》为修养最适当之书，于今日青年尤为相宜。学者宜摘取其中精要语熟诵，或抄出常常阅览，使其精神深入我之“下意识”中，则一生做人基础可以稳固，而且日日向上，至老不衰矣。

学术的研究，方面极多，宜各随兴味所注，分项精求。惟每研究一项，必须对于本书所言彻头彻尾理会一番，且须对于他书有关系的资料博为搜采参核。试举数例：

一、如欲研究《孟子》哲学，必须先将书中所谓性、所谓心、所谓情、所谓才、所谓义、所谓理……种种名词，仔细推敲，求得其正确之意义。复又须贯通全书，求得某几点为其宗旨之主脑，然后推寻其条理所由衍出。

又须将别派学说与之对照研究，如《荀子》、《春秋繁露》等书，观其所自立说，及批驳《孟子》者何如。

二、欲研究《孟子》之政治论，宜先提挈出几个大纲领——例如民本主义、统一主义、非功利主义等等，观其主张之一贯。又须熟察时代背景，遍观反对派学说，再下公正的批评。

三、《孟子》辟异端，我辈不必随声附和。然可从书中发见许多“异端”的学说，例如杨朱、许行、宋牼、陈仲子、子莫、白圭、告子、淳于髡等，其书皆不传，且有并姓名亦不见于他书者，从《孟子》书中将其学说摭拾研究，便是古代学术史绝好资料。

四、将本书所载孟子所见之人所历之地及其行事言论钩稽排比，可以作一篇极翔实的《孟子小传》。

以上不过略举数例，学者如有研究兴味，则方面尚多，在各人自择而已。

《孟子》之注释书及关系书

最古之《孟子》注释书为东汉赵岐之《孟子章句》，且每章缀以章指，其书现存。全文见焦循《孟子正义》中，今不另举。

一、宋朱熹《孟子集注》

性质及价值皆同《论语集注》。

二、清焦循《孟子正义》

考证最精审，且能发明大义，现行各注疏未有其比。

三、清戴震《孟子字义疏证》

此书乃戴氏发表自己哲学意见之作，并非专为解释《孟子》，但研究《孟子》哲学，自应以此为极要之参考品。

四、清陈澧《东塾读书记》内《孟子》之卷

此卷将《孟子》全书拆散而比观之，所发明不少，其治学方法最可学。

五、清崔述《孟子事实录》

此书为极谨严孟子小传。

◎以上说《孟子》竟。

附论《大学》、《中庸》

《大学》、《中庸》，本《小戴礼记》中之两篇。《礼记》为七十子后学者所记，其著作年代，或在战国末或在西汉不等，其价值本远在《论》、《孟》下。自宋程正叔抽出此二篇特别提倡，朱晦庵乃创为四子书之名。其次序：一《大学》，二《论语》，三《孟子》，四《中庸》。于是近七八百年来，此二篇之地位骤高，几驾群经而上之，斯大奇矣。

区区《大学》一篇，本不知谁氏作，而朱晦庵以意分为经、传两项。其言曰："经一章，盖孔子之言而曾子述之；传十章，则曾子之意而门人记之。"然而皆属意度，羌无实证。晦庵又因其书有与自己理想不尽合者，乃指为有错简，以意颠倒其次序；又指为有脱漏，而自作补格致传一章。此甚非学者态度所宜出也。而明清两朝，非惟以《大学》侪诸经，且几将朱氏补传与孔子之言同视矣。中间王阳明主张"《大学》古本"对于朱氏所改、所补而倡异议，然重视《大学》之观念，迄未稍变。惟清初有陈乾初确者，著《大学辨》一篇，力言此书非孔子曾子作，且谓其"专言知不言行，与孔门教法相戾"。此论甫出，攻击蜂起，共指为非圣无法。后亦无人过问。自此书列于四书之首，其篇中"致知格物"四字，惹起无数异说。辩难之作，可汗十牛。然以此为孔子教人入德之门，非求得其说不可。由吾侪观之，此篇不过秦汉间一儒生之言，原不值如此之尊重而固守也。

《中庸》篇，朱晦庵谓"子思作之以授孟子"，其言亦无据。篇中有一章袭孟子语而略有改窜，据崔东壁所考证，则其书决出孟子之后也。此篇论心论性，精语颇多，在哲学史上极有价值。

要而论之，《大学》、《中庸》，不失为儒门两篇名著，读之甚有益于修养，且既已人人诵习垂千年，形成国民常识之一部分，故今之学者，亦不可以不一读。但不必尊仰太过，反失其相当之位置耳。

附论《孝经》

《孝经》自汉以来，已与《论语》平视，今且列为十三经之一。共传

"孔子志在《春秋》，行在《孝经》"，以为孔子手著书即此两种。其实此二语出自纬书，纯属汉人附会。"经"之名，孔子时并未曾有。专就命名论，已足征其妄。其书发端云："仲尼居，曾子侍。"安有孔子著书而作此称谓耶？书中文义皆极肤浅，置诸《戴记》四十九篇中犹为下乘，虽不读可也。

附论其他关于孔子之记载书

记载孔子言论行事之书，惟《论语》为最可信，其他先秦诸子所记，宜以极严冷谨慎之态度观之。盖凡一伟大人物，必有无数神话集于其身，不可不察也。今传《孔子家语》、《孔丛子》两书，皆晋人伪作，万不可读。有《孔子集语》一书，乃宋人采集群书言孔子事者，大半诬孔子而已。学者诚诵法孔子，则一部《论语》，终身受用不尽，"岂买菜也，而求添乎"？

◎以上附论竟。

《史　记》

《史记》作者之略历及其年代

《史记》百三十篇，汉太史令司马迁作。迁字子长，（见扬雄《法言》及王充《论衡》。）左冯翊夏阳人，（据自序“司马氏入少梁”语，案推汉地。）今陕西之同州韩城县也。司马氏世典周史。迁父谈，以汉武帝建元元封间仕为太史令。谈卒，迁袭官。迁生卒年不见于《太史公自序》及《汉书·司马迁传》，惟据《自序》云：“为太史令，五年而当太初元年。”张守节正义云：“案：迁年四十二岁。”以此推算，知迁生于景帝中元五年（西纪前一四五年）。父谈，学《天官》于唐都，受《易》于杨何，习道论于黄子。迁皆传其学，迁又受业孔安国治《尚书》，闻《春秋》于董仲舒，喜游历，足迹遍天下，其所经行之地见于本书者如下：

《五帝本纪》：“余尝西至空同，北过涿鹿，东渐于海，南浮江淮矣。”

《河渠书》：“余南登庐山，观禹疏九江，遂至于会稽大湟，上姑苏，望五湖；东窥洛汭、大邳，迎河，行淮、泗、济、漯洛渠；西瞻蜀之岷山及离碓；北自龙门至于朔方。”

《齐太公世家》：“吾适齐，自泰山属之琅邪，北被于海，膏壤二千余里。”

《魏世家》："吾适故大梁之墟。"

《孔子世家》："余适鲁，观仲尼庙堂。"

《伯夷列传》："余登箕山，其上盖有许由冢云。"

《孟尝君列传》："吾尝过薛，其俗闾里率多暴桀子弟，与邹鲁殊。"

《信陵君列传》："吾过大梁之墟，求问其所谓夷门。夷门者，城之东门也。"

《春申君列传》："吾适楚，观春申君故城宫室，盛矣哉。"

《屈原贾生列传》："余适长沙，观屈原所自沉渊。"

《蒙恬列传》："吾适北边，自直道归，行观蒙恬取为秦筑长城亭障。"

《淮阴侯列传》："吾如淮阴，淮阴人为余言韩信。""余视其母冢。"

《樊郦滕灌列传》："吾适丰沛，问其遗老，观故萧、曹、樊哙、滕公之冢。"

《太史公自序》："二十而南游江淮，上会稽，探禹穴，窥九疑，浮于沅、湘；北涉汶、泗，讲业齐鲁之都，观孔子之遗风，乡射邹峄；戹困鄱、薛、彭城，过梁、楚以归。""奉使西征巴、蜀以南，南略邛、笮、昆明。"

吾侪试取一地图，按今地，施朱线，以考迁游踪，则知当时全汉版图，除朝鲜河西岭南诸新开郡外，所历殆遍矣。迁初仕为郎中，及继父任太史令，则奉诏修《太初历》。自发议迄颁定，皆迁主之，始末具详《汉书·律历志》。修历事毕，从事作史。史未成，因上书救李陵，获罪下蚕室。已而为中书令，尊宠任事。其卒年无考，大率在武帝末年。今据王静安国维所著《太史公系年考略》，略表其行历年代如下：

西纪前一四五年（景帝中元五年）迁生。

前一四〇年（武帝建元元年）六岁。

前一三六年（建元五年）十岁。《自序》云："年十岁则诵古文。"

前一三四年（元光元年）十二岁。

前一二八年（元朔元年）十八岁。

前一二六年（元朔三年）二十岁。《自序》云：“二十而南游江、淮……过梁、楚以归。”（全文见前。）所记或不止一年事，要之自二十岁起游学四方也。

前一二二年（元狩元年）二十四岁。《史记》所记事，讫于是年，说详下。

前一一六年（元鼎元年）三十岁。《自序》云：“于是迁仕为郎中。”其年无考，大约在元狩元鼎间。

前一一〇年（元封元年）三十六岁。《自序》云：“奉使西征巴、蜀……还报命。是岁，天子始建汉家之封。”迁归自南，见父谈于河淮之间。未几，谈卒，遗命使迁撰史。

前一〇八年（元封三年）三十八岁。始为太史令，《自序》云：“太史公卒三岁，而迁为太史令，细纳石室金匮之书。”

前一〇四年（太初元年）四十二岁。据《汉书·律历志》，元封七年，因太史令司马迁等言历法废坏，宜改正朔，乃诏以明年为太初元年，命迁等造汉历，选邓平及民间治历者二十余人参其事。事竣，诏迁颁所造八十一分历，即所谓《太初历》也。迁生平事业，造历之功，盖亚于作史云。

《史记》盖以是年属稿，《自序》云：“五年（为太史令后之五年）而当太初元年……太史公曰：孔子卒后至于今五百岁……小子何敢让焉……于是论次其文……”

前一〇〇年（天汉元年）四十六岁。

前九八年（天汉三年）四十八岁。下狱被刑，《自序》云：“七年而太史公遭李陵之祸，幽于缧绁。”徐广注云：“天汉三年。”（据《李将军列传》及《匈奴列传》，李陵降匈奴，在天汉二年。）是时《史记》尚未成书，故《报任安书》云：“草创未就，适会此祸，惜其不成，是以就极刑而无愠色。”

前九六年（太始元年）五十岁。《汉书·本传》云：“迁既被刑之后，为中书令尊宠任职事。”当在此数年中。

前九三年（太始四年）五十三岁。是年有报益州刺史任安书，书见《汉书·本传》，不著年月，惟书中有“会东从上来”语，又有“涉旬月迫季冬，仆又薄从上雍”语。考《汉书·武帝纪》：“是年春三月，行幸太山。夏四月，幸不其。五月，还幸建章宫。”即所谓“东从上来”也。又“冬十二月，行幸雍，祠五畤”，即所谓“季冬从上雍”也。故知报书在是年，迁时为宦侍，故每出必扈行也。

前九二年（征和元年）五十四岁。

前八八年（后元元年）若迁尚在，则其年五十八岁。明年武帝崩，迁卒年，绝无可考。惟据《汉书·宣帝纪》载武帝后元二年遣使尽杀长安狱囚，内谒者令郭穰夜至郡邸狱云云。案《后汉书·百官志》，知内谒者令即中书谒者令，亦即中书令。然则其时迁已不在中书，计当前卒矣。大约迁之年代与武帝相始终也。

《史记》之名称及其原料

《史记》之名，非迁书原名也。其见于《汉书》者，《艺文志》述刘歆《七略》称“太史公百三十篇”，《杨恽传》谓之“太史公记”，应劭《风俗通》（卷一、卷六）同，《宣元六王传》谓之“太史公书”，班彪《略论》、王充《论衡》同，而《风俗通》（卷二）时或称“太史记”，是知两汉时并未有名迁书为“史记”者。本书中“史记”之名凡八见：（一）《周本纪》云：“太史伯阳读史记。”（二）《十二诸侯年表》云：“孔子论史记旧闻。”（三）《十二诸侯年表》云：“左丘明因孔子史记具论其语。”（四）《六国表》云：“秦烧天下书，诸侯史记尤甚。”（五）《六国表》云：“史记独藏周室。”（六）《天官书》云：“余观史记考事。”

（七）《孔子世家》云："乃因鲁史记作《春秋》。"（八）《太史公自序》云："紬史记石室金匮之书。"皆指古史也。"史记"之名，盖起于魏晋间，实"太史公记"之省称耳。

《史记》所据之原料，据班彪《略论》，则（一）《左传》，（二）《国语》，（三）《世本》，（四）《战国策》，（五）陆贾《楚汉春秋》。

今考本书中自述其所取材者如下：

《五帝本纪》："予观《春秋》、《国语》。"

《殷本纪》："自成汤以来，采于《诗》、《书》。"

《秦始皇本纪》："吾读秦记。"

《孝武本纪》："余究观方士祠官之言。"

《三代世表》："余读谍记，稽其历谱。"

《十二诸侯年表》："太史公读春秋历谱谍。""秦记不载日月，其文略不具。""余于是因秦记，踵春秋之后……著诸，所闻兴坏之端。"

《吴太伯世家》："余读《春秋》古文。"

《卫康叔世家》："余读世家言。"

《伯夷列传》："学者载籍极博，犹考信于六艺。"

《管晏列传》："吾读管氏《牧氏》、《山高》、《乘马》、《轻重》、《九府》及《晏子春秋》。"

《司马穰苴列传》："余读司马兵法。"

《孙吴列传》："《孙子》十三篇，吴起兵法，世多有。"

《仲尼弟子列传》："悉取《论语》弟子问，并次为篇。"

《孟子荀卿列传》："余读孟子书。""自如孟子至于吁子，世多有其书。"

《商鞅列传》："余尝读商君开塞耕战书。"

《屈原贾生列传》："余读《离骚》、《天问》、《招魂》《哀郢》。"

《郦生陆贾列传》："余读陆生《新语书》。"

《儒林列传》："余读功令。"

大抵除班彪所举五书外，史公所采主要材料：（一）六艺，（二）秦史记，（三）谍纪（或即世本），（四）诸子著书现存者，（五）功令官书，（六）方士言。而秦火后"诸侯史记"之湮灭，则史公最感苦痛者也。

史公史料，多就地采访，观前条所列游踪可见，各篇中尚有明著其所亲见闻者如下：

《项羽本纪》："吾闻之周生。"

《赵世家》："吾闻冯王孙。"

《魏世家》："吾适故大梁之墟，墟中人言曰。"

《淮阴侯列传》："吾如淮阴，淮阴人为余言。"

《樊郦滕灌列传》："余与他广通，为言高祖功臣之兴时若此云。"

《冯唐传》："唐子遂与余善。"

《韩长孺列传》："余与壶遂定律历，观韩长孺之义。"

《李将军列传》："余睹李将军，悛悛如鄙人。"

《卫将军骠骑列传》："苏建语余曰。"

《游侠列传》："吾观郭解状貌不如中人。"

凡此皆《史记》资料多取诸载籍以外之证也。

《史记》著述之旨趣

《史记》自是中国第一部史书，但吾侪最当注意者，"为作史而作史"，不过近世史学家之新观念。从前史家作史，大率别有一"超史的"目的，而借史事为其手段。此在各国旧史皆然，而中国为尤甚也。孔子所作《春秋》，表面上像一部二百四十年的史，然其中实孕含无数"微言大义"，故后世学者不谓之史而谓之经。司马迁实当时春秋家大师董仲舒之受业弟子，其作《史记》盖窃比《春秋》，故其《自序》首引仲舒所述孔子之言曰："我欲载之空言，不如见之于行事之深切著明也。"其意若曰，吾本有种种理想，将以觉民而救世，但凭空发议论，难以警切，不如借现成的历史上事实做个题目，使读者更为亲切有味云尔。《春秋》旨趣既如此，则窃比《春秋》之史记可知。故迁《报任安书》云："欲以究天人之际，通古今之变，成一家之言。"《自序》亦云："略以拾遗补蓺，成一家之言，厥协六经异传，整齐百家杂语，藏诸名山，副在京师，俟后世圣人君子。"由此观之，其著书最大目的，乃在发表司马氏"一家之言"，与荀卿著《荀子》，董生著《春秋繁露》，性质正同。不过其"一家之言"，乃借史的形式以发表耳，故仅以近世的观念读《史记》，非能知《史记》者也。

《史记》之史的价值

然则《史记》不复有史的价值耶？是又不然。据《自序》"司马氏世典周史"，古代学术，率为官府所专有，而史官尤为其渊海。谈、迁父子入汉，世守其业。《自序》云："百年之间，天下遗文古事，靡不毕集太史公。太史公仍父子相续纂其职。"盖当时具备作史资格者，无如迁父子。故谈临终以此责迁，而迁亦毅然以此自任。前此史家著述成绩何如，今不可尽考。略以现存之几部古史观之，大抵为断片的杂记，或顺按年月纂录。其自出机杼，加以一番组织，先定全书规模然后驾驭去取各种资料者，盖未之前有。有之，自迁书始也。《自序》云："余所谓述故事整齐其世传，所谓作也。"此迁自谦云尔。作史安能凭空自造，舍"述"无由？史家惟一职务，即在"整齐其世传"，"整齐"即史家之创作也。能否"整齐"，则视乎其人之学识及天才。太史公知整齐之必要，又知所以整齐，又能使其整齐理想实现，故太史公为史界第一创作家也。

《史记》创造之要点，以余所见者如下：

一、以人物为中心。历史由环境构成耶？由人物构成耶？此为史界累世聚讼之问题。以吾侪所见，虽两方势力俱不可蔑，而人类心力发展之功能，固当畸重。中国史家，最注意于此，而实自太史公发之。其书百三十篇，除十表八书外，余皆个人传记，在外国史及过去古籍中无此体裁。以无数个人传记之集合体成一史，结果成为人的史而非社会的史，是其短处。然对于能发动社会事变之主要人物，各留一较详确之面影以传于后，此其所长也。长短得失且勿论，要之太史公一创作也。

二、历史之整个的观念。从前的史，或属于一件事的关系文书——如《尚书》；或属于各地方的记载——如《国语》、《战国策》；或属于一时代的记载——如《春秋》及《左传》；《史记》则举其时所及知之人类全体自有文化以来数千年之总活动冶为一炉。自此始认识历史为整个浑一的，为永久相续的，非至秦汉统一后。且文化发展至相当程度，则此观念不能发生。而太史公实应运而生，《史记》实为中国通史之创始者。自班固以下，此意荒矣。故郑渔仲樵、章实斋学诚力言《汉书》以后“断代史”之不当。虽责备或太过，然史公之远识与伟力，则无论何人不能否定也。

上二项就理想方面论。

三、组织之复杂及其联络。《史记》以十二本纪、十表、八书、三十世家、七十列传组织而成。其本纪及世家之一部分为编年体，用以定时间的关系。其列传则人的记载，贯彻其以人物为历史主体之精神。其书则自然界现象与社会制度之记述，与“人的史”相调剂。内中意匠特出，尤在十表。据桓谭《新论》谓其“旁行斜上并效周谱”，或以前尝有此体制亦未可知。然各表之分合间架，出诸史公之惨澹经营。表法既立，可以文省事多，而事之脉络亦具。《史记》以此四部分组成全书，互相调和，互保联络，遂成一部博大谨严之著作。后世作断代史者，虽或于表、志门目间有增灭，而大体组织，不能越其范围。可见史公创作力之雄伟，能笼罩千古也。

四、叙列之扼要而美妙。后世诸史之列传，多借史以传人。《史记》之列传，惟借人以明史。故与社会无大关系之人，滥竽者少。换一方面看，立传之人，并不限于政治方面，凡与社会各部分有关系之事业，皆有传为之代表。以行文而论，每叙一人，能将其面目活现。又极复杂之事项——例如《货殖列传》、《匈奴列传》、《西南夷列传》等所叙，皆能剖析条理缜密而清晰，其才力固自夐绝。

上二项就技术方面论。

要之《史记》价值，久为学界所公认。吾侪赞美，适成赘词。反不如攻其阙失，犹足附于史公忠臣之列。今姑述此四项，致吾敬仰云尔。

《史记》成书年代及后人补续窜乱之部分

现存古书，十有九非本来面目，非加一番别择整理工夫。而贸然轻信，殊足以误人。然别择整理之难，殆未有甚于《史记》者。今欲从事研究，盖有先决问题二：一为《史记》是否已成书之问题，二为《史记》记事最终年限问题。

《史记》是否已成书耶？按《自序》则百三十篇粲然具备，似悉出史公手定，故此问题，二千年从未发生。然据《汉书·司马迁传》已云“十篇有录无书”，《后汉书·班彪传》亦云“十篇缺焉”，注家谓“迁没之后亡”，则认为书本完成后乃亡佚云尔。吾细考史公年历，则不能无疑。《报任安书》自述下狱时事，云：“草创未就，会遭此祸，惜其不成，是以就极刑而无愠色。”则其时书尚未成可知，时天汉三年也。自此以后，去太史令职而为中书令，“金匮石室之藏”不复能如昔时之恣其细读。又近侍尊宠，每有巡幸，无役不从。依《汉书·武帝纪》所载：“太始二年，正月，行幸回中，登陇首。三年，正月，行幸甘泉。五月，行幸东海至琅邪成山，登之罘，冬乃归。四年，三月，行幸泰山。四月，幸不其。十二月，行幸雍，四至安定北地。”此皆史公官中书时事，计数年间能安居京师从事著述者殆无几日。《报任安书》所谓“卒卒无须臾之间得竭志意”，盖实情也。《报任安书》已经考定为太始四年冬间作，玩其语气，史确未成。《书》云：“仆诚已著此书，则偿前辱之责，虽万被戮岂有悔哉。”下又云：“是以肠一日而九迴，居则忽忽若有所亡，出则不知其所往。每念斯耻，汗未尝不发背沾衣也。”则书未成而前辱未偿明甚。越二年而巫蛊难作，史公存亡已不可考矣。然则书竟不成而赍志以没，未可知也。信如是也，则《史记》之有缺篇，非亡佚而原缺也。而今本乃百三十篇，一无所欠，其果为迁书之旧耶？否耶。

《史记》所记事，以何年为最终年限耶？据《自序》曰：“故述往事，思来者。卒述陶唐以来，至于麟止。”集解：“张晏曰：‘武帝获麟，以为述事之端。上包黄帝，下至麟止，犹春秋止于获麟也。’”《汉书·扬雄传》云：“太史公记六国，历楚汉，讫麟止。”《后汉书·班彪传》云：“太史令司马迁，上自黄帝，下讫获麟，作本纪、世家、列传、书、表凡百三十篇。”上据迁所自言及扬雄、班固言，（《扬雄传》，雄所自作，班书全采之。《班彪传》，班固作、范书全采之。）则“麟止”一语，殆为铁案。案：武帝获麟，在元狩元年冬十月（西纪前一二二年）。孔子作《春秋》，讫于鲁哀公十四年西狩获麟。《史记》窃比《春秋》，时亦适有获麟之事，故所记以此为终限。然则《武帝本纪》当叙至元狩元年十月止，年表、世家、列传称是。凡此年以后之记事，皆非原文，此标准宜为最可信据者。

虽然，本书所载元狩元年以后之事甚多，而年限亦有异说。其年限之异说，则：

一、讫太初说。《太史公自序》最末一段云：“余述历黄帝以来，至太初而讫。”《汉书·叙传》云：“太初以后，阙而不录。”太初凡四年，若讫太初四年（西纪前一〇一年），则逾麟止之限二十二年。

二、讫天汉说。《汉书·司马迁传》赞云：“述楚汉春秋，接其后事，讫于天汉。”《史记》之集解、索隐、正义皆主是说。天汉接太初后，凡四年。若讫天汉四年（西纪前九七年），则逾麟止之限二十六年。

三、讫武帝末说。《建元以来侯者年表》末附：“褚先生曰：太史公记事，尽于武帝之末。”武帝最末一年为后元二年（西纪前八七年）。若讫于此，则逾麟止之限三十六年。

上第二、第三两种异说出自后人之口，且暂置不理。惟第一异说之讫太初，则与讫麟止语同出《自序》。一篇之中，矛盾至此，实令人迷惑。查“讫麟止”语，在《自序》大序之正文中，“讫太初”语，乃在小序之后另附一行，文体突兀不肖。又《汉书》本传全录《自序》而不载此一行，似班固所见《自序》原本，并无此语。衡以史公窃比《春秋》之本意，固宜以“麟止”为断也。但太初天汉事，尚为史公所及见耳。今本《史记》，不独太初天汉事盈篇累幅也，乃至记武帝后事者，且不一而足。如：

一、《酷吏传》载：“杜周捕治桑弘羊昆弟子。”事在昭帝元凤间（西纪前八〇至七五年），距武帝崩六年至十二年。

二、《楚元王世家》：“地节二年中人上书告楚王谋反。”宣帝地节二年（西纪前六八年）距武帝崩十九年。

三、《齐悼惠王世家》载：“建始三年，城阳王景卒。同年菑川王横卒。”成帝建始三年（西纪前三〇年）距武帝崩五十七年。

四、《将相名臣表》，武帝后续以昭、宣、元、成四帝，直至鸿嘉元年止。成帝鸿嘉元年（西纪前二〇年）距武帝崩六十七年。

上不过举数条为例，书中所记昭、宣、元、成间事，盖更仆难数。无论如何曲解，断不能谓太史公及见建始鸿嘉时事。然而此诸条者，固明明在今本正文中。稍粗心读去，绝不能辨矣。吾侪据此等铁证，可以断言今本《史记》决非史公之旧，其中有一部分乃后人羼乱。

然则《史记》何故容后人羼乱耶？某部分属于后人羼乱耶？其来由及

种类约有三：

第一类，原本缺亡而后人补作者。《汉书·司马迁传》云：“十篇缺，有录无书。”颜注引张晏曰：“亡《景纪》、《武纪》、《礼书》、《乐书》、《兵书》、《汉兴以来将相年表》、《日者列传》、《三王世家》、《龟策列传》、《傅靳列传》。元、成之间褚先生补缺，作《武帝纪》、《三王世家》、《日者》、《龟策列传》，言辞鄙陋，非迁本意也。”案：今本《三王世家》、《日者》、《龟策》两传，皆有褚先生补文，附于赞词之后，而史公原文，似亦未尝缺。若《武帝纪》则并褚补字样而无之，而其文乃割裂《封禅书》，赞语亦全与《封禅书》同，非原文明矣。其余张晏所举诸篇，今本皆现存，其不足信益明。又《三代世表》、《建元以来侯者年表》、《陈涉世家》、《外戚世家》、《梁孝王世家》、《田叔列传》等篇，皆各有“褚先生曰”一段补文附于赞语后，则褚补原不仅四篇也。如《张丞相列传》于赞语后有一大段补文，但并无“褚先生曰”字样，知补者又不独一褚先生也。补文别附赞后者，吾辈能识别之。若如《武帝纪》之类，竟以补文作正文，或所补并非褚先生之旧者，则后人从何辨耶？

第二类，后人续撰者。《汉书·艺文志》于“《太史公》百三十篇”（《史记》本名《太史公书》）之后，接列“冯商所续《太史公》七篇”。刘知几《史通·正史篇》云：“《史记》太初已后，阙而不录。其后刘向、向子歆，及诸好事者若冯商、卫衡、扬雄、史岑、梁审、肆仁、晋冯、段肃、金丹、冯衍、韦融、萧奋、刘恂等相次撰续，迄于哀平间，犹名《史记》。”（《后汉书·班彪传》注亦列举续《史记》者，尚有阳城卫、史孝山二人，孝山当即岑。）据此，则西汉、东汉之交，续《史记》者将二十家，而皆仍其旧名，即班彪续作数十篇，亦仅名为《后传》。（见《彪传》。）盖自冯商、刘向以迄班、彪，其意皆欲各据所立时代以次递续，不别为书。其截采《史记》记汉初以来之一部分，续以昭宣迄哀平之部分，以成断代之史，则自班固始耳。（然《汉书·古今人表》所表皆汉以前人，则其体裁仍是补续《史记》也。）当初既未有印书，传抄皆用竹木简或缣帛，奔携两艰，用之弥啬，各家所续本，或即以涂附于原抄本中。即不然，而学者辗转诵习，竟将续本与原本合抄以图省便。亦意中事。故今本《史记》，有冯商、刘向、刘歆……诸人手笔杂入其中者，定不少也。

总之书中关于汉事之记载，若严格的甄别，宜以元狩元年以前为断，即稍宽，亦只能截至太初末而止。其有溢出此年限外者，决非史公之旧也。然此犹较易辨别，其最难者，则有：

第三类，后人故意窜乱者。西汉末学界一大公案起焉，曰今古文之争。事缘刘歆典校中秘书，自称发现各种古文经传，其主要者则《春秋左氏传》、《周礼》、《古文尚书》，其余群经亦皆有古本，而其学说十九与汉初以来诸师所传者相背戾。又有各种纬书，亦皆起自哀平间，其言荒诞不可究诘。东汉以后，多数学者，皆信此等书为先秦古籍，而今文家则谓是皆歆及其徒党所伪造以媚王莽而助其篡。内中与《史记》问题关系最密切者，尤在《尚书》、《左传》两书。今文家“谓《尚书》为备，（意谓汉初诸师所传二十八篇之《尚书》已完备无缺，无所谓百篇及《书序》也。）谓《左氏》不传《春秋》”，（意谓《左氏春秋》即《国语》，纯属别行之史，并非为春秋传也。）然则史公所述三代前及春秋间事，宜以《尚书》二十八篇及原本《左氏春秋》——即《国语》为限，而今《史记》乃多有助“古文家言”张目者。严鞫此谳，乃不能不归狱于歆等之有意窜乱。

然则歆等窜乱，果有可能性耶？曰：有。其一，据《汉书·王莽传》：“元始四年，征天下有《逸礼》、《古书》（即《古文尚书》）、《毛诗》、《周官》、《尔雅》、天文、图谶、钟律、月令、兵法、史篇、文字，通知其意者，皆诣公车。前后至者千数，皆令记说廷中，将令正乖缪壹异说。”古文学说之掩袭天下，自此役始。盖此千数人者，皆承莽、歆意旨以改窜古书为职者也，而“史篇”亦在其中。则迁书之遭蹂躏，实意中事。时歆方典中秘书，则彼之所改，自称定本，谁复能与抗辩？其二，续《史记》

者十六人，而歆与居一。歆所续今虽不传，然其人学博名高，其书必有可观，故班固《汉书》多采之。（黄省曾《西京杂记》序谓“班固《汉书》全取刘歆”，虽言或太过，然歆书为固书最重要之原料，殆不可疑。）今本《史记》以后人补续之语羼入正文者，既所在多有，（见前文。）且尤有后世妄人取《汉书》窜补者，（见下文。）则其中有一部分为歆手笔，并无足怪。

上所举第一、第二类，清代乾嘉诸儒考证颇详。其第三类，则吾师康南海先生（有为）之《新学伪经考》初发此疑，近人崔觯甫（适）著《史记探原》大发其覆。虽其中有过当之处，而大致盖可取。今略综诸家之说，推考各篇真伪如下：

第一，全篇原缺后人续补者。《汉书》本传明言：“十篇缺，有录无书。”班固所不及见者，后人何由得见？故下列十篇，应认为全伪。

《孝景本纪》，张晏云：“亡。”司马贞云：“取班书补之。”

《孝武本纪》，张晏云：“武纪亡，褚先生补作也。”司马贞云：“褚先生集合武帝事以编年，今止取《封禅书》补之，信其才之薄也。”今案：此纪即《封禅书》之下半，疑并不出褚先生手，或褚补亦亡，后人再割裂他篇充数耶。

《汉兴以来将相名臣年表》，张晏云：“亡。”裴骃云：“太始以后，后人所续。”案：当从张说，全篇为后人补续。

《礼书》，张晏云：“亡。”司马贞云：“取荀卿《礼论》。”

《乐书》，张晏云：“亡。”司马贞云：“取《礼记》、《乐记》。”

《律书》，张晏云：“兵书亡。”颜师古云：“序目无兵书。”司马贞云：“兵书，迁没之后，亡，褚少孙以律书补之。”

《三王世家》，张晏云：“亡，褚先生补。”案：今本于太史公赞后附录褚补文，而赞前则录三封荣，实则前后皆褚补也。

《日者列传》、《龟策列传》，张晏云：“亡，褚先生补。”案：此两篇文甚芜鄙，是否即褚补原本，尚未敢信。

《傅靳蒯成列传》，张晏云：“亡。”案：今本盖后人从《汉书》录补。

第二，明著续之文及补续痕迹易见者。

《三代世表》，篇末自“张夫子问褚先生曰”以下。

《张丞相传》，篇末自“孝武时丞相多”以下。

《田叔列传》，篇末自“褚先生曰”以下。

《平津侯主父列传》，篇末自“太皇太后诏”以下，又自“班固称曰”以下。

《滑稽列传》，篇末“褚先生曰”以下。

以上各条，今武英殿版本皆改为低一格，以示识别。

第三，全篇可疑者。班固称有录无书者虽仅十篇，然吾侪因此已得知《史记》确为未成之书，或虽成而已有亡佚。原书未成之推定，说已详前。即已成之部分，亦有亡佚之可能性。以卷帙浩瀚之书，在传写极艰之时代，散亡甚易，略可想见。《汉书》本传云：“迁既死后其书稍出。”据此，似是一部分陆续传布。《后汉书·窦融传》云：“光武赐融以太史公《五宗世家》、《外戚世家》、《魏其侯列传》。”则摘篇别写单行，固有明例矣。则各家抄本有一部分亡缺，亦事理之常。要之原缺续补者既有十篇，则所缺所补亦可至十篇以外，《淮南子》所谓凿一孔而百隙随也。今本《史记》中多有与《汉书》略同，而玩其文义，乃似《史记》割裂《汉书》，非《汉书》删取《史记》者。崔适指出各篇如下：

《孝武本纪》，妄人录《汉书·郊祀志》。

《律书》、《历书》，妄人录《汉书·律历志》。

《天官书》，妄人录《汉书·天文志》。

《封禅书》，妄人录《汉书·郊祀志》。

《河渠书》，妄人录《汉书·沟洫志》。

《平准书》，妄人录《汉书·食货志》。

《张丞相列传》，妄人录《汉书》。

《南越尉佗列传》，妄人录《汉书》。

《循吏列传》，妄人所补。

《汲郑列传》，妄人录《汉书》。

《酷吏列传》，妄人录《汉书》。

《大宛列传》，妄人录《汉书·张骞李广列传》。

崔氏疑古太勇，其言虽未可据为典要，然既对于此诸篇提出问题，且颇能言之有故，持之成理，则吾辈固宜一为推勘矣。

第四，元狩或太初以后之汉事为后人续补，窜入各篇正文者。此类在年表、世家、列传中甚多，不复枚举。

第五，各篇正文中为刘歆故意窜乱者。此项辨别甚难，举要点数端如下：

一、凡言“终始五德”者，《五帝本纪》、《秦始皇本纪》、《十二诸侯年表》、《孟子荀卿列传》、张苍传等篇。

二、凡言“十二分野”者，《十二诸侯年表》、齐宋郑世家、张苍传等篇。

三、凡言《古文尚书》及所述《书序》，夏殷周本纪、齐鲁卫宋世家等篇。

四、凡记汉初古文传授者，《儒林列传》、张苍传等篇。

以上所论关于《史记》真本之种种考证，多采自近人著作而略断以己意，其言颇繁重，或为读者所厌，吾所以不惮烦为此者，欲学者知今本《史记》非尽原文而已。着手读《史记》以前，必须认定此事实，否则必至处处捍格难通也。

读《史记》法之一

读《史记》有二法：一，常识的读法，二，专究的读法。两种读法，有共同之入门准备。

一、先读《太史公自序》及《汉书·司马迁传》，求明了作者年代、性行、经历及全书大概。

二、读《汉书·叙传》论《史记》之部，刘知几《史通》之《六家篇》、《二体篇》、《正史篇》，郑樵《通志·总序》论《史记》之部，《隋书·经籍志》及《四库提要》之史部正史类关于记述《史记》之部分，求略识本书在史学界之位置及价值。

今先论常识的读法。《史记》为正史之祖，为有组织、有宗旨之第一部古史书，文章又极优美，二千年来学者家弦户诵，形成国民常识之一部，其地位与六经诸子相并。故凡属学人，必须一读，无可疑者。惟全篇卷帙颇繁，卒业不易，今为节啬日力计，先剔出以下各部分：

一、十表但阅序文，表中内容不必详究，但浏览其体例，略比较各表编次方法之异同便得。

一、八书本为极重要之部分，惟今所传似非原本，与其读此，不如读《汉书》各志，故可全部从省。

一、世家中吴、齐、鲁、管蔡、陈杞、卫、宋、晋、楚、越、郑各篇，原料十九采自《左传》，既读《左传》，则此可省。但战国一部分之世家仍须读，因《战国策》太无系统故。

一、《武帝纪》、《日者传》、《龟策传》等，已证明为伪书，且芜杂浅俚，自可不读。《扁鹊仓公传》等，似是长编非定本，一涉猎便足。

以上所甄别，约当全书三分之一，所省精力已不少，其余各部分之读法略举如下：

第一，以研究著述体例及宗旨为目的而读之。《史记》以极复杂之体裁混合组织，而配置极完善，前既言之矣。专就列传一部分论，其对于社会文化确能面面顾及。政治方面代表之人物无论矣；学问艺术方面，亦盛水不漏。试以刘向《七略》比附之，如《仲尼弟子》、《老庄申韩》、《孟子荀卿》等传，于先秦学派网罗略具，《儒林传》于秦汉间学派渊源叙述特详，则六艺略、诸子略之属也；如《司马穰苴》、《孙子吴起》等传，则兵书略之属也；如《屈原贾生》、《司马相如》等传，则诗赋略之属也；如《扁鹊仓公传》，则方技略之属也；如《龟策》、《日者》两传，则术数略之属也。又如《货殖传》之注重社会经济，《外戚》、《佞幸》两传暗示汉代政治祸机所伏，处处皆具特识。又其篇目排列，亦似有微意。如本纪首唐、虞，世家首吴泰伯，列传首伯夷，皆含有表章让德之意味。此等事前人多已论列，不尽穿凿附会也。

若以此项目的读《史记》，宜提高眼光，鸟瞰全书，不可徒拘拘于寻行数墨，庶几所谓“一家之言”者，可以看出。

第二，以研究古代史迹为目的而读之。《史记》既为最古之通史，欲知古代史迹，总应以之为研究基础。为此项目的而读，宜先用“观大略”的读法，将全篇一气呵成浏览一过，再用自己眼光寻出每个时代之关键要点所在，便专向几个要点有关系之事项，注意精读。如此方能钩元提要，不至泛滥无归。

第三，以研究文章技术为目的而读之。《史记》文章之价值，无论何人当不能否认。且二千年来相承诵习，其语调字法，早已形成文学常识之一部。故专为学文计，亦不能不以此书为基础。学者如以此项目的读《史记》，则宜择其尤为杰作之十数篇精读之。孰为杰作，此凭各人赏会，本难有确定标准。吾生平所最爱读者，则以下各篇：《项羽本纪》、《信陵君列传》、《廉颇蔺相如列传》、《鲁仲连邹阳列传》、《淮阴侯列传》、《魏其武安侯列传》、《李将军列传》、《匈奴列传》、《货殖列传》、《太史公自序》。

上诸篇皆肃括宏深，实叙事文永远之模范。班叔皮称，史公“善序述事理，辩而不华，质而不俚，文质相称，良史之才。”如诸篇者，洵足当之矣。学者宜精读多次，或务成诵，自能契其神味，辞远鄙倍。至如明清选家最乐道之《伯夷列传》、《管晏列传》、《屈原贾生列传》等，以吾论之，反是篇中第二等文字耳。

读《史记》法之二

今当继论专究的读法。《史记》为千古不朽之名著，本宜人人共读。徒以去今太远，文义或诘屈难晓，郡国名物等事，世嬗称易，或不审所指，加以传写讹舛，窜乱纷纭，时或使人因疑生蔑，后辈诵习渐希。盖此之由，谓宜悉心整理一番，俾此书尽人乐读。吾夙有志，未能逮也。谨述所怀条理以质当世，有好学者或独力或合作以成之，亦不朽之盛事也。

一、《史记》确有后人续补窜乱之部分，既如前述。宜略以前文所论列为标准，严密考证。凡可疑者，以朱线围之，俾勿与原本相混，庶几渐还史公之真面目。学者欲从事此种研究，可以崔适《史记探源》为主要参考书，而以自己忠实研究的结果下最后之判断。

二、吾辈之重视《史记》，实在其所记先秦古事。因秦汉以后事，有完备之《汉书》可读。唐、虞、三代、春秋、战国之事，有组织的著述，未或能过《史记》也。而不幸《史记》关于此点，殊不足以餍吾辈所期，后人窜乱之部分无论矣。即其确出史公手者，其所述古史可信之程度，亦远在所述汉事下。此事原不能专怪史公，因远古之史，皆含有半神话的性质，极难辨别。此各国所同，不独我国为然矣。近古——如春秋、战国，资料本尚不少，而秦焚一役，“诸侯史记”荡尽，凭借缺如，此亦无可如何者。顾吾辈所致憾于史公，不在其搜采之不备，而在其别择之不精。善夫班叔皮之言也：“迁之著作，采获古今，贯穿经传，至广博也。一人之精，文重思烦，故其书刊落不尽，尚有盈辞，多不齐一。”（《后汉书·班彪传》）试将《史记》古史之部分与现存先秦古籍相较，其中芜累诬诞之辞，盖实不少。即本书各篇互相矛盾，亦所在而有，此非“文重思烦，刊落不尽”之明效耶？然居今日而治古史，则终不能不以《史记》为考证之聚光点。学者如诚忠于史公，谓宜将汉以前之本纪、世家、年表全部磨勘一度，从本书及他书搜集旁证、反证，是正其讹谬而汰存其精粹，略用裴注《三国志》之义例，分注于各篇各段之下，庶几乎其有信史矣。学者欲从事此种研究，则梁玉绳《史记志疑》、崔述《考信录》实最重要之参考书。钱大昕《廿二史考异》、王鸣盛《十七史商榷》、赵翼《二十二史札记》三书中《史记》之部，次之。其余清儒札记、文集中，亦所在多有。然兹事既极繁重，且平决聚讼，殊大非易。成功与否，要视其人之学力及判断何如耳。然有志之青年，固不妨取书中一二篇为研究之尝试。纵令不能得满意之结果，其于治学之方法及德性，所裨已多矣。

三、《史记》之训诂名物，有非今之人所能骤解者，故注释不可少。然旧注非失之太简，即失之太繁，宜或删或补。最好以现今中学生所难了解者为标准，别作简明之注，再加以章节、句读之符号，庶使尽人能读。

四、地理为史迹筋络，而古今地名殊称，直读或不知所在。故宜编一地名检目，古今对照。

五、我国以帝王纪年，极难记忆。春秋、战国间，各国各自纪年，益复杂不易理。宜于十表之外补一大事年表，贯通全书。以西历纪，而附注该事件所属之朝代或国邑纪年于其下。其时代则从《十二诸侯年表》，以共和元年起，盖前乎此者无征也，其事件则以载于本书者为限。

以上五项，为整理《史记》方法之纲要。学者如能循此致力，则可以《史记》之学名其家，而裨益于后进者且不赀矣。至如就《史记》内容分类研究，或比较政治组织，或观察社会状态，则问题甚多，取材各异，在学者自择也。

《荀子》

荀卿之年代及行历

吾辈对于国中大思想家，莫不欲确知其年代及其行历。然而世愈古则所知愈少，故思想界关系最大之先秦诸子，其事迹往往绝无可考。或仅有单词孤证，不能窥全迹十之一二。如荀卿者，著书虽数万言，而道及本身历史殊少。《史记》虽有列传，而文甚简略，且似有讹舛。故非悉心考证，不足以语于知人论世也。今遍引各书关于荀卿之资料而参验论次如下：

《史记·孟子荀卿列传》

荀卿，赵人。年五十始来游学于齐……田骈之属皆已死，齐襄王时，而荀卿最为老师。齐尚修列大夫之缺，而荀卿三为祭酒焉。齐人或谗荀卿，荀卿乃适楚，而春申君以为兰陵令。春申君死而荀卿废，因家兰陵。李斯尝为弟子，已而相秦。

《史记·春申君列传》

楚考烈王元年，以黄歇为相，封为春申君……春申君相楚八年，以荀卿为兰陵令……春申君相楚之二十五年，考烈王卒，李园伏死士刺春申君斩其头。

《史记·李斯列传》

李斯……从荀卿学帝王之术，学已成……欲西入秦，辞于荀卿……至秦，会庄襄王卒，李斯乃求为秦相吕不韦舍人……二十余年，秦并天下，以斯为丞相……李斯置酒于家，百官长皆前为寿……斯喟然而叹曰："嗟乎！吾闻之荀卿曰'物禁太盛'……当今人臣之位无居臣上者，可谓富贵极矣。物极则衰，吾未知所税驾也。"

本书刘向《叙录》

孙卿，赵人，名况。方齐威王、宣王时，聚天下贤士于稷下，尊宠之，若邹衍、田骈、淳于髡之属甚众，号曰列大夫，皆世所称，咸作书刺世。是时，孙卿有秀才，年五十，始来游学……至齐襄王时，孙卿最为老师。齐尚修列大夫之缺，而孙卿三为祭酒焉。齐人或谗孙卿，孙卿乃适楚，楚相春申君以为兰陵令。人或谓春申君曰："汤以七十里，文王以百里。孙卿贤者也，今与之百里地，楚其危乎！"春申君谢之。孙卿去，之赵。后客谓春申君曰："伊尹去夏入殷，殷王而夏亡……今孙卿，天下贤人，所去之国，其不安乎？"春申君使人聘孙卿。孙卿遗春申君书，刺楚国，因为歌赋以遗春申君。春申君恨，复固谢孙卿。孙卿乃行，复为兰陵令。春申君死而孙卿废……李斯尝为弟子，已而相秦。及韩非、浮丘伯皆受业为名儒。孙卿之应聘于诸侯，见秦昭王。昭王方喜战伐，而孙卿以三王之法说之。及秦相应侯，皆不能用也。至赵，与孙膑议兵赵孝成王前，孙膑为变诈之兵，孙卿以王兵难之，不能对也。卒不能用。孙卿道守礼义，行应绳墨，安贫贱。孟子者，亦大儒，以为人之性善。孙卿后孟子百余年。孙卿以为人之性恶，故作《性恶》一篇以非孟子……

应劭《风俗通·穷通篇》

……孙卿有秀才，年十五始来游学……（余略同刘向《叙录》。）

《战国策·楚策》

……孙子去而之赵，赵以为上卿。春申君使请孙子。孙子为书谢之曰，鄙语曰"厉怜王……"此为劫杀死亡之主言之也……

桓宽《盐铁论·论儒篇》

齐湣王奋二世之余烈，南举楚淮，北并巨宋……矜功不休……诸儒谏不从，各分散……而孙卿适楚，内无良臣，故诸侯伐之。

《盐铁论·毁学篇》

李斯之相秦也，始皇任之，人臣无二。然而荀卿为之不食，睹其罹不测之祸也。

《韩非子·难四篇》

燕王哙贤子之而非荀卿，故身死为僇。

本书《儒效篇》

秦昭王问孙卿子曰……

本书《议兵篇》

临武君与孙卿子议兵于赵孝成王前……

本书《强国篇》

应侯问孙卿子曰，入秦何见……荀卿子说齐相曰……处胜人之势，不以胜人之道，索为匹夫不可得也……今巨楚县吾前，大燕鰌吾后，劲魏钩吾右……是一国作谋，则三国必起而乘我……

群书所记载荀卿事迹，略尽于此。其中年岁最明显者，则西纪前二五五年——即楚考烈王八年，荀卿仕楚为兰陵令。此事史文记载详确，宜据为荀卿传迹之中心。虽然，若依《韩非子》所说，则荀卿及见燕王哙。哙在位九年，汉西纪前三二〇至三一二年，下距考烈王八年几六十余年。依《盐铁论》所说，则荀卿及见李斯相秦。斯相秦始皇三十四年，当西纪前二一三年，上距考烈王八年凡四十一年，前后相去已百余年。若如后人所解《史记》本传及刘向《叙录》之文，则荀卿当齐威、宣时，年五十来游学。齐威王在位三十年，自前三七八至三四三年，宣王在位十九年，自前三四二至三二四年。即以宣王末年卿五十计，则至李斯相秦时，荀卿当百六十一岁。天下安有此情理？且刘向言"孙卿后孟子百余年"，若卿及见齐燕王哙，则与孟子并世矣。故《韩非子》之说，当然不可信。（此又关涉《韩非》真伪问题，当别论之。）而《史记》及刘向之文，亦当仔细紬绎，别下解释。彼文记齐威、宣间稷下列大夫之事，乃是追叙，并非谓荀卿及见威、宣，故《史记》云“田骈之属皆已死”。宣王后为湣王，凡四十年。湣王后为襄王，凡十九年。荀卿游齐，盖在湣王末年。旋因进谏不用，遂去齐适楚。及襄王时再游齐，则年辈已尊，三为祭酒也。然自湣王最末一年下至秦始皇三十四年，亦已七十一年。若荀卿其时年五十，则亦必百二十余岁始能见李斯之相，其说仍不可通。“年五十”之文，《风俗通》作“年十五”，似较近真。今本《史记》及刘向叙，或传写为讹耳。荀卿及见李斯相秦与否，亦一问题。《盐铁论》云云，或因李斯述荀卿“物禁太盛”一语而增益附会之，未可知也。要之齐湣王末年，荀卿年当在二十前后。李斯为相时，卿存没虽难确考，然斯之贵盛，则卿尚及见。似此推定，则卿年寿盖八九十岁，虽不中当不远矣。今略依此设为假定谱荀卿年历如下：

前二九三年（齐湣王三十一年），假定是年荀卿年十五，始游学于齐。

前二八六年（齐湣王三十八年），是年齐灭宋。

前二八五年（齐湣王三十九年），荀卿有说齐相书，见本书《强国篇》。说既不行，遂去齐适楚。（《盐铁论·论儒篇》所言即指是年事，知说齐相书在是年者。因书中叙四邻强国举楚燕魏而不及宋，知在灭宋后矣。时齐君相方“矜功不休”，而荀卿已料“一国作谋，三国起乘”，齐人不能听，卿遂去之。明年而五国伐齐，湣王为僇矣。）

前二八四至二六八年（齐襄王元年至十七年），荀卿复游齐，三为祭酒，当在此十余年间。

前二六七年（齐襄王十八年）（秦昭王四十一年），是年秦以范雎为相，号为应侯。本书《儒效篇》与秦昭王问答，《强国篇》与应侯问答，皆当在本年以后。

前二六六年（赵孝成王元年），本书《议兵篇》与孝成王及临武君问答，当在本年以后。（临武君，姓名无考。《叙录》指为孙膑，恐非是，其年代不相及也。）

前二六二年（楚考烈王元年），是年春申君相楚。

前二五五年（楚考烈王八年），假定是年荀卿五十三岁，是年春申君以卿为兰陵令。（列传言："齐人或谗孙卿，孙卿乃适楚。"去齐适楚之年，难确考，要当在本年以前也。"《战国策》又言春申君客谗孙卿。卿去楚适赵，赵以为上卿"事，当在本年以后。其见秦昭王及赵孝成王，疑皆在兰陵令去职之后。）

前二四六年（秦始皇元年），《史记·李斯列传》言："斯辞荀卿入秦，会庄襄王卒。"事当在此一两年间。

前二三六年（秦始皇十一年）（楚考烈王二十五年），是年李园杀春申君，荀卿遂废居兰陵。假定是年荀卿七十二岁。（据《战国策》及刘向《叙录》，荀卿似尝两度为兰陵令，其第二次任职当在本年之前数年间。）

前二一三年（秦始皇三十四年），是年李斯相秦。是年荀卿若尚生存，则假定为九十五岁。

关于荀卿年代行历之参考书

（以下各篇，王先谦《荀子集解》汇录于卷首，可参看。）

宋唐仲友《荀子序》。

宋晁公武《郡斋读书志》子部儒家类荀子条。

宋王应麟《汉书艺文志考证》荀子条。

《四库全书总目》子部儒家类荀子条。

清汪中《述学·荀卿子通论附年表》。

清胡元仪《荀卿别传附考异》。

《荀子》书之著作及其编次

本书刘向《叙录》云："孙卿卒不用于世，老于兰陵，疾浊世之政，亡国乱君相属，不遂大道，而营乎巫祝，信机祥，鄙儒小拘，如庄周等又滑稽乱俗；于是推儒墨道德之行事，兴坏序列，著数万言而卒。"是以《荀子》书为荀卿所手著也。今案读全书，其中大部分固可推定为卿自著，然如《儒效篇》、《议兵篇》、《强国篇》，皆称"孙卿子"似出门弟子记录。内中如《尧问篇》末一段，纯属批评荀子之语，其为他人所述尤为显然。又《大略》以下六篇，杨倞已指为荀卿弟子所记卿语及杂录传记。然则非全书悉出卿手盖甚明。

《荀子》书初由汉刘向校录，名《孙卿新书》。《汉书·艺文志》著录，名《孙卿子》。（颜注云："本曰《荀卿》，避宣帝讳故曰孙。"）唐杨倞为作注，省称《荀子》，今遂为通名。刘向《叙录》云："所校雠中孙卿书凡三百二十二篇，以相校，除复重二百九十篇，定著三十二篇。"言中秘所藏孙卿之书共三百二十二篇，实三十二篇，余皆重复之篇也。《汉书·艺文志》作三十三篇，王应麟谓传写之讹，殆然。《隋书·经籍志》作十二卷，旧《唐志》同。今本二十卷，乃杨倞所析，编次亦颇易其旧。倞自序云："以文字繁多，故分旧十二卷三十二篇为二十卷。其篇第亦颇有移易，使以类相从。"今将新旧篇第列表对照如下：

（刘向本）	（杨倞本）
劝学篇第一	同
修身篇第二	同
不苟篇第三	同
荣辱篇第四	同
非相篇第五	同

非十二子篇第六	同
仲尼篇第七	同
成相篇第八	第二十五
儒效篇第九	第八
王制篇第十	第九
富国篇第十一	第十
王霸篇第十二	第十一
君道篇第十三	第十二
臣道篇第十四	第十三
致仕篇第十五	第十四
议兵篇第十六	第十五
强国篇第十七	第十六
天论篇第十八	第十七
正论篇第十九	第十八
乐论篇第二十	同
解蔽篇第二十一	同
正名篇第二十二	同
礼论篇第二十三	第十九
宥坐篇第二十四	第二十八
子道篇第二十五	第二十九
性恶篇第二十六	第二十三
法行篇第二十七	第三十
哀公篇第二十八	第三十一
大略篇第二十九	第二十七
尧问篇第三十	第三十二
君子篇第三十一	第二十四

赋篇第三十二　　　　第二十六

杨倞所改编是否惬当，另为一问题。但刘向旧本，亦不过就中秘所藏三百余篇之丛稿订讹芟复，从新编次。原非必荀卿时之旧，故改编亦不必指为紊古也。（汪容甫《荀卿子通论》谓：“其书始于《劝学》，终于《尧问》，篇次实仿《论语》。”恐是附会。）

但刘向本篇第，是否即向之旧，似仍有问题。《汉书·艺文志》儒家载“《孙卿子》三十三篇”，而赋家复载“《孙卿赋》十篇”，知刘向裒定《七略》时，两书本各别行。乃今本则《赋篇》即在三十二篇中，而其赋又仅五首，颇难索解。今案《成相篇》纯属韵文文学，其格调绝类今之鼓儿词，亦赋之流。《汉志》杂赋十二家别有《成相杂辞》十一篇，知古代本有此体，而作者非独荀卿矣。本书《成相篇》亦以五首组成，故知《汉志》所谓“赋十篇”者，实即本书《成相篇》、《赋篇》之各五首也。（此说采自胡元仪，但胡谓合此二篇即《成相杂辞》之十一篇，而谓《汉志》“《孙卿赋》十篇”之文为脱去“一”字，则误也。）以此论之，则所谓“孙卿子”者，当除此两篇外别有三十二篇。今乃合此两篇共成三十二篇，不已缺其二耶？案：本书《大略篇》首“大略君人者隆礼尊贤而王……”“大略”二字与下文不相属，明是标题（杨倞注已言之）。而《儒效篇》篇末一段云：“人论志不免于曲私……”“人论”二字不与下连。《王制篇》篇中一段云：“序官宰爵知宾客……”“序官”二字与下不连，体例正如《大略篇》。是“人论”、“序官”本为两篇名，略可推见。（王念孙谓“论当读为伦”，未免求之太深，“人论”为一篇名，正如书中《天论》、《礼论》、《乐论》诸篇耳。）然则后此何故失此二目而将四篇并为两篇耶？当缘有传抄者以“孙卿子”与“孙卿赋”合为一书，将赋十篇（并《成相》言）附于末。二度传抄者，不解“成相”之义，见其文与“非相”相近，遂提前置诸第八篇。三度传抄者，觉增此二篇与“三十二篇”之数不符，而当时各篇名，或皆如《大略篇》之仅著于篇首，并未提行另写，抄者失察，遂合四为二。谓符原数。信如是也，则《仲尼篇》第七之下，宜次以《儒效篇》第八，《人论篇》第九，《王制篇》第十，《序官篇》第十一，其《富国》、《王霸》至《尧问》、《君子》诸篇以次从第十二递推至三十二，而《成相》、《赋》两篇则别为“孙卿赋”而不以入《荀子》，庶几还中垒校录之旧观矣。此问题前此绝未尝有人提起，吾所推论，亦别无旁证，姑悬之以俟好事者疏证云尔。

大小戴两《礼记》，文多与《荀子》相同，今互举其篇名如下：

《小戴·三年问篇》 ↖		
		《荀子·礼论篇》
《大戴·礼三本篇》 ↙		
《小戴·乐记篇》 ↖		
		《荀子·乐论篇》
《小戴·乡饮酒义篇》 ↙		
《小戴·聘义篇》	⟶	《荀子·法行篇》
《大戴·劝学篇》	⟶	《荀子·劝学篇》
	↗	《荀子·修身篇》
《大戴·曾子立事篇》		
	↘	《荀子·大略篇》

凡此皆当认为《礼记》采《荀子》，不能谓《荀子》袭《礼记》，盖《礼记》本汉儒所裒集之丛编，杂采诸各家著述耳。然因此可推见两《戴记》中其摭拾荀卿绪论而不著其名者或尚不少。而《荀子》书中，亦难保无荀卿以外之著作搀入。盖《荀子》书亦由汉儒各自传写，诸本共得三百余篇，未必本本从同。刘向将诸本冶为一炉，但删其重复。其曾否悬何种标准以鉴别真伪，则向所未言也。杨倞将《大略》、《宥坐》、《子道》、《法行》、《哀公》、《尧问》六篇降附于末，似有特识。《宥坐》以下五篇，文义肤浅。《大略》篇虽间有精语，然皆断片。故此六篇宜认为汉儒所杂录，非《荀子》之旧。其余二十六篇，有无窜乱或缺损，则尚待细勘也。

荀子学术梗概及书中最重要之诸篇

荀子与孟子，为儒家两大师，虽谓儒家学派得二子然后成立，亦不为过。然荀子之学，自有其门庭堂奥，不特与孟子异撰，且其学有并非孔子所能赅者。今举其要点如下：

第一，荀子之最大特色，在其性恶论。性恶论之旨趣，在不认为人类为天赋本能所支配，而极尊重后起的人为，故其教曰“化性起伪”。伪字从人从为，即人为之义。

第二，惟其如是，故深信学问万能。其教曰“习”、曰“积”，谓习与积之结果能使人尽变其旧。前后若两人，若为向上的习积，则“积善成德而圣心备”，是即全人格之实现也。后世有提倡“一超直入”之法门者，与“积”之义相反，最为荀子所不取。

第三，学问如何然后能得，荀子以为全视其所受教育何如。故主张“隆师”，而与孟子“虽无文王犹兴”之说异。

第四，名师或不获亲接，则求诸古籍，故荀子以传经为业。汉代诸经传受，几无一不自彼出（说详汪容甫《荀卿子通论》），而其守师法皆极严。

第五，既重习而不重性，则不问遗传而专问环境。环境之改善，荀子以为其工具在“文理”——文物与条理。文理之结晶体谓之“礼”，故其言政治、言教育皆以礼为中心。

第六，“礼，时为大”，故主张法后王而不贵复古。

第七，“礼”之表现在其名物度数。荀子既尊礼学，故常教人对于心物两界之现象，为极严正、极绵密之客观的考察，其结果与近世所谓科学精神颇相近。

以吾所见荀子学术之全体大用，大略如是。盖厘然成为一系统的组织，而示学者以可寻之轨也。今将全书各篇重要之内容论次如下（次第依今本）：

《劝学篇》上半篇（自“学不可以已”起至“安有不闻者乎”止）采入《大戴礼记》，大旨言性非本善，待学而后善。其要点在力言“假于物”之义、“渐积”之义，以明教育效能。其下半篇则杂论求学及应问方法。

《修身篇》教人以矫正本性之方法，结论归于隆礼而尊师。

《不苟篇》教人审度事理，为适宜之因应。

《荣辱篇》论荣辱皆由人所自取，中多阐发性恶语。

《非相篇》篇首一段，辟相术之迷信，编录者因取以为篇名。内中有“法后王”一段，实荀卿学说特色之一。篇末论“谈说之术”两段亦甚要。

《非十二子篇》本篇批评当时各家学派之错误，并针砭学风之阙失。内中所述各派，实为古代学术史之重要史料。

《仲尼篇》本篇多杂论，无甚精采。

《儒效篇》大旨为儒术辩护。内中有“隆性隆积”一段，为性恶论之要语。

《王制篇》以下五篇皆荀子政治论。本篇论社会原理有极精语。

《富国篇》本篇论生计原理，全部皆极精。末两段言“非攻”及外交术，文义与全篇不甚相属。

《王霸篇》本篇言政术，多对当时立言。

《君道篇》本篇论“人治”与“法治”之得失，有精语。

《臣道篇》《致仕篇》此两篇无甚精采。

《议兵篇》《强国篇》此两篇承认当时社会上最流行之国家主义，而去其太甚。

《天论篇》本篇批驳先天前定之说，主张以人力征服天行，是荀子哲学中极有力量的一部分。

《正论篇》本篇杂取世俗之论，批评而矫正之。全篇不甚有系统，惟末两段批评宋钘，最为可贵。因宋钘学说不多见，得此可知其概也。

《礼论篇》礼学为荀子所最重，本篇自为书中重要之篇。惟细绎全文，似是凑集而成。其第一段论礼之起原最精要。“礼有三本”以下，《大戴礼记》采录为《礼三本篇》。“三年之丧何也”以下，《小戴礼记》采录为《三年问篇》。

《乐论篇》本篇一部分采入《小戴礼记·乐记篇》，其论音乐原理及音乐与人生之关系最精。但《乐记》所说，尤为详尽。未知是编《小戴》者将本篇补充耶？抑传抄本篇者有遗阙耶？

《解蔽篇》本篇为荀子心理学。其言精深而肃括，最当精读，且应用之于修养。

《正名篇》本篇为荀子之逻辑学。条理绵密，读之益人神智。（宜与《春秋繁露·深察名号篇》同读。）

《性恶篇》本篇为荀子哲学之出发点，最当精读。

《成相篇》《赋篇》此二篇为荀子的美文，本不在本书之内，略浏览知文体之一种可耳。

《君子篇》、《大略篇》、《宥坐篇》、《子道篇》、《法行篇》、《哀公篇》、《尧问篇》此七篇疑非荀子著作，不读亦可。

读《荀子》法

读《荀子》有两种目的：第一，为修养应用。第二，为学术的研究。

为修养应用起见，读《荀子》最能唤起吾辈之自治力，常检束自己，不至松弛堕落。又资质稍驽下之人，读之得“人定胜天”的信仰，能增加其勇气。又其理论之剖析刻入处，读之能令思虑缜密遇事能断。是故读《孟子》之益处在发扬志气，读《荀子》之益处在锻炼心能，二者不可偏废。为此种目的而读《荀子》，宜将心赏之格言，分类摘抄。——如有益于修身者，有益于应事者，有益于治学方法者——常常熟讽牢记，随时参证于己身，庶几《荀子》所谓“博学而日参己，则知明而行无过矣。”

为学术的研究起见，其目的在求了解荀子学术之全系统及其在学术史上之位置。此种读法，宜特别注重数篇——最初读《劝学篇》，观其大概；次读《性恶篇》，观其思想根核所在；次读《解蔽》、《正名》、《天论》三篇，观其所衍之条理；次读《礼论》、《乐论》两篇，观其应用于社会所操之工具如何；次读《正论篇》、《非十二子篇》，观其对于异派之攻难及辩护，如是则可以了解荀子之哲学及其教育；次读《富国》、《君道》、《王制》三篇，则可以了解荀子之政治学及其政术；更次则《荣辱》、《非相》两篇。间有极精之语，但不名一类，宜撷取为补助。以上诸篇，极须精读，余篇涉览足矣。

凡欲彻底了解一家学说，最好标举若干问题为纲领，将全书中关涉此问题之语句，悉数抄录，比较钩稽以求其真意之所存。例如《荀子》之所谓性伪，所谓积，所谓习与化，所谓名，所谓礼，所谓蔽等等，皆其主要问题也。各篇皆有论及，类抄而比观之，始能得其全豹。

凡立言总带有几分时代彩色，故孟子贵“知人论世”。荀子生今二千余年前，其言有专为当时之社会而发者，自当分别观之，不可盲从以责效于今日。但亦不可以今日眼光绳之，遂抹杀其在当日之价值也。至于其学说之含有永久性者——即并非对于时代问题而发言者，则无论何时，皆可以咨其严刻之评骘也。

《荀子》书多古训，其语法亦多与近代文不同，且脱误之字颇不少，故有时非借注释不能了解。旧注惟唐杨倞一家，前清乾嘉以降，校释者复数家。最先者为谢墉、卢文弨合校本，浙刻《二十二子》所采是也。次则郝懿行之《荀子补注》、王念孙之《读荀子杂志》、俞樾之《荀子平议》。自有此诸书，而《荀子》始可读矣。近人王先谦裒诸家所释，间下己意，为《荀子集解》。现行《荀子》注释书，无出其右，读者宜置一本也。

《韩非子》

韩非行历

有数十万言著作之一学者而其生平事迹在作品中几一无可考，如韩非者。可谓大奇。吾辈欲研究韩非为人，乃不能不仅以《史记·老子韩非列传》区区之资料自甘。传云："韩非者，韩之诸公子也。喜刑名法术之学，而其归本于黄老……善著书。与李斯俱事荀卿，李斯自以为不如。非见韩之削弱，数以书干韩王，韩王不能用。于是……作《孤愤》、《五蠹》、《内外储》、《说林》、《说难》十余万言。人或传其书至秦，秦王见《孤愤》、《五蠹》之书，曰：'嗟乎！寡人得见此人与游，死不恨矣！'李斯曰：'此韩非之所著书也。'秦因急攻韩。韩始不用非，及急，乃遣非使秦。秦王悦之，未信用。李斯、姚贾害之。秦王……下吏治非。李斯使人遗非药，使自杀……"案：《秦本纪》、《六国表》，非之使秦，在始皇十四年（《韩世家》言在安王五年，则当为始皇十三年，当以纪表为是），其被害当在此一两年间，则非之卒盖当西纪前二三三年或二三二年，生年则无可考矣。其著书盖在使秦以前。司马迁《报任安书》有"韩非囚秦，《说难》、《孤愤》"语，与本传矛盾，恐不足信。计非自下吏至自杀为时必甚暂，岂有余裕成此巨著耶？（迁书所云"文王幽而演《周易》；仲尼厄而作《春秋》；屈原放逐，乃赋《离骚》；左丘失明，厥有《国语》；孙子膑脚，《兵法》修列；不韦迁蜀，世传《吕览》；韩非囚秦，《说难》、《孤愤》。《诗》三百篇，大抵圣贤发愤之所为作也。”除左丘、孙膑事未有明确反证外，其余六事几无一不与事实相违，且反证即大半可从《史记》中觅出，亦一奇也。因论韩非辄附及之。）吾侪在本书中虽不能多得韩非事迹，然其性格则可想见。彼盖一极倔强之人，确守其所信而不肯自枉以蕲合于流俗。彼固预知其不能免于世祸，然终亦不求自免，其遇可哀，而其志可敬也。

《韩非子》书中疑伪之诸篇

《汉书·艺文志》：“《韩子》五十五篇。”《隋书·经籍志》：“《韩子》二十卷。”今本篇数、卷数并同，故学者率以为今本即汉、隋两志原本，且谓全书皆韩非手撰。然隋唐间类书所引《韩子》佚文不下百余条（看王先慎《韩非子集解》卷首），则今本之非其旧可知。诸篇中亦有可确证或推定其非出非手著者。如：

《初见秦篇》。此篇为张仪说秦惠王之词，明见于《战国策》。吴师道、顾广圻辈乃据本书而指《国策》为误，可谓无识。篇中言“天下阴燕阳魏，连荆固齐，收韩而成纵，将西面以与秦为难”，此明是苏秦合纵时形势。若至韩非时，他国且勿论，如彼韩者，则《存韩篇》明云“韩事秦三十余年……入贡职与郡县无异”，岂复有“与秦为难”之勇气耶？

《存韩篇》。此篇前半，当是非使秦时所上书。惟后半自“诏以韩客之所上书书言韩之未可举，下臣斯”以下，备载李斯驳论及秦韩交涉事迹，明是当时秦史官或李斯徒党所记录，决非出非手。

《有度篇》。言“荆、齐、燕、魏今皆亡国”，明是秦始皇二十六年后人语，距非之死逾十年矣。

以上三篇，皆从文句上得有反证，可决其不出非手。既有三篇不可信，则余篇亦岂遽能尽信？大抵汉初搜罗遗书，以多为贵，“买菜求添”，恒所不免，而传抄纂录者又非皆有鉴别之识，故所传诸子书不被窜乱者盖鲜，不独《韩非》为然矣。

太史公述《韩非》书，标举《孤愤》、《五蠹》、《内外储》、《说林》、《说难》为代表，则此诸篇当为最可信之作品（最少亦太史公认为最可信）。吾侪试以此诸篇为基础，从文体上及根本思想上研究，以衡量余篇。则其孰为近真，孰为疑伪，亦有可言者。以文体论，《孤愤》、《五蠹》等篇之文，皆紧峭深刻，廉劲而锐达，无一枝辞。反之若《主道》、《有度》、《二柄》、《扬权》、《八奸》、《十过》等篇，颇有肤廓语。《主道》、《扬权》多用韵（《孤愤》等篇绝无此体），文体酷肖《淮南子》。《二柄》、《八奸》、《十过》等，颇类《管子》中之一部分（《管子》多属战国秦汉间作品，别详彼书解题）。《忠孝》、《人主》、《饬令》、《心度》、《制分》诸篇亦然。以根本思想论，太史公谓“韩子引绳墨切事情明是非”，盖韩非为最严正的法治主义者，为最综核的名学家，与当时似是而非的法家言——如主张用术、主张用势等——皆有别。书中余篇（如前所列各篇多半是）或多摭拾法家常谈，而本意与《孤愤》、《五蠹》等篇不无相戾。此是否出一人手，不能无疑。

要之今本《韩非子》五十五篇，除首两篇外，谓全部为法家言渊海则可。谓全部皆韩非作，尚待商量。但吾侪当未能得有绝对反证以前，亦不敢武断某篇之必为伪，姑提出一二标准，备自己及同志者之赓续研究耳。

《韩非子》中最重要之诸篇

欲知韩非学说之真际，宜先读以下各篇：

《五蠹篇》。从社会起原及社会组织古今变迁之实况说起，以证明法治主义之合理，颇肖唯物史观派口吻。

《显学篇》。对于当时儒、墨两大派作正面攻击，使法家言成立。（此篇尤以攻击儒家为最烈，别有《问田篇》与墨家巨子田鸠辩难。）

《定法篇》。当时法家共宗商鞅、申不害，此篇批评其不彻底之点，以成韩子之“新法家学说”。

《难势篇》。专驳慎到之势治主义，慎到盖由道家过渡到法家之一派也。

《问辩篇》。攻击惠施、公孙龙一派之名家言，谓其诡辩而无功用。

《孤愤篇》。此篇言纯正法家言与社会不相容之故，最能表示著者反抗时代的精神。

《说难篇》。从心理方面研究发言之方法及效率，渊渊入微。

次要诸篇

《六反篇》、《八说篇》、《八经篇》。此三篇皆反复证成己说，中多精语。

《内外储说》共六篇。此六篇体裁颇奇，每篇首一段名为“经”，标举所陈之义而证以实例。实例各以一句隐括为自，其下则为传（但无传名），详述其所引实例之始末。所引实例，含有小说的性质者较多。

《说林》上下篇。似是预备作《内外储说》之资料。

《难一》、《难二》、《难三》、《难四》四篇。专对于不合理的事实或学说而下批评，多精核语，后此王充《论衡》正学其体。

《解老篇》、《喻老篇》。专训释《老子》，盖韩非哲学根本思想“归于黄老”也。《解老篇》精语尤多，为治《老子》者首应读之书。

《难言篇》、《爱臣篇》、《饰邪篇》。盖非早年上韩王之书，多对于实事发言。

《韩非子》校释书及其读法

《韩非子》旧有尹知章注，见《唐书·艺文志》，久佚，今本注不知出谁氏。元何犿称旧有李瓒注，或即其人，其年代亦无考。此书间有艰深之文句，非注不解；且多讹舛，非校不明。今注芜浅，殊不足副读者之望。清儒卢文弨、顾广圻、王念孙、俞樾、孙诒让先后有所校释，而王先慎采葺之作《韩非子集解》，现在释《韩非》之书无出其右矣。然卢、王诸家对是书用力，似不如他书之勤，故遗义尚不少。王先慎学识亦凡近，罕所发明，故此书之整理，尚有望于后起也。

韩非为先秦诸子之殿，亲受业荀卿，洞悉儒家症结；“其归本于黄老”，盬道家之精；与田鸠游，通墨家之邮；又泛滥于申、商、施龙，而悉抉其籓。以自成一家言，以极致密深刻之头脑，生诸大师之后，审处而断制之。其所成就之能大过人，则亦时代使然也。故其书与《老》、《墨》、《庄》、《孟》、《荀》同为不可不读之书，不必专门学者也，一般人皆然。

读《韩非子》，宜略依前列各篇之次第读之，先明其根本思想所在。《管子》、《商君书》等，多由韩非并时人或后人摭拾而成，可作本书附属品读。

欲知韩非思想之渊源，则胡适《中国哲学史大纲》及吾所著《先秦政治思想史》皆可参看，但切勿为其所囿。韩学研究，今尚幼稚，可辟之殖民地甚多也。

《韩非子》文章价值，唐宋以来文人多能言之。其文最长处在壁垒森严，能自立于不败之地以摧敌锋，非深于名学者不能几也，故在今日尤宜学之。《内外储说》等篇，在“纯文学上”亦有价值。

《左传》《国语》

《左传》之来历

《左传》，举全称则《春秋左氏传》。《汉书·艺文志》："《春秋古经》十二篇，《左氏传》三十卷。"原注云："左丘明，鲁太史。"《左传》著录始此。《志》所录刘歆《七略》文云："仲尼……以鲁……史官有法，故与左丘明观其史记……有所褒讳贬损，不可书见，口授弟子，弟子退而异言。丘明恐弟子各安其意，以失其真，故论本事而作传，明夫子不以空言说经也。"前乎此者，则《史记·十二诸侯年表》云："孔子……西观周室，论史记旧闻，兴于鲁而次《春秋》……七十子之徒，口受其传指，为有所刺讥褒讳挹损之文辞，不可以书见也。鲁君子左丘明，惧弟子人人异端，各安其意失其真，故因孔子史记，具论其语，成《左氏春秋》。"据此，则《左传》为注释孔子之《春秋》而作，与《春秋》同时先后成书，似甚明。

虽然，考汉代对于《左传》传习经过之事实，则不能无疑。盖西汉一代经师，似未尝以此书为与《春秋经》有何等关系，起而张之者实自刘歆始。《汉书·歆传》云："歆校中秘书，见古文《春秋左氏传》，大好之……初，《左氏传》多古字古言，学者传训故而已。及歆治《左氏》，引传文以解经，转相发明……歆以为左丘明好恶与圣人同，亲见夫子，而公羊、穀梁在七十子后，传闻之与亲见之，其详略不同……及歆亲近，欲建立《左氏春秋》及《毛诗》、《逸礼》、《古文尚书》，皆列于学官……诸博士或不肯置对，歆因移书太常博士，责让之曰：'……《春秋左氏》，丘明所修……藏于秘府，伏而未发……缀学之士，不思废绝之阙……信口说而背传记，是末师而非往古……犹欲抱残守缺，挟恐见破之私意，而无从善服义之公心……以《尚书》为备，谓《左氏》为不传《春秋》，岂不哀哉……'其言甚切，诸儒皆怨恨。是时名儒光禄大夫龚胜，以歆移书，上书深自罪责，愿乞骸骨罢。及儒者师丹为大司空，亦大怒，奏歆改乱旧章……"据本传所记，吾侪可以得下列各项事实：（一）《左传》"藏于秘府"，外人罕得见，歆校中秘书乃见之。（二）"引传文以解经"自歆始，前此无有。（三）诸博士皆谓"《左氏》为不传《春秋》"。（四）歆以全力争立此书于学官，至于激动公愤。

《左氏》不传《春秋》

既有此类事实，吾辈对于《左传》，当然不能不引起怀疑。第一，《左传》全书真伪问题。第二，《左传》对于《春秋》有无关系之问题。第一问题极易解决，因书中皆记春秋时代实事，断非后人所能全部捏造。且《史记》征引其文甚多，司马迁已见其书，可见非西汉末年始有。故今所当讨论者，惟在第二问题。

对于此问题之解答，吾辈盖左袒汉博士"《左氏》不传《春秋》"之说。案：《左氏》释经之文，有不可解者四端：

一、无经之传。例如隐五年："曲沃庄伯伐翼……翼侯奔随。"经本无关于此事之文，何以有传？夫传以释经，既无经可谓传乎？

二、有经而不释经之传。凡传以释经义，非述其事也。例如隐五年：

"九月，初献六羽。"《公羊传》曰："何以书，讥始僭诸公也。"是释其义也。《左传》但述羽数，此与经同述一义耳，岂似传体。

三、释不书于经之传。例如隐元年："五月，费伯帅师城郎，不书，非公命也。"夫释经而释不书于经者，则传书者不当释黄帝何以无典，吴楚何以无风乎？

四、释经而显违经意之传。例如隐三年书："尹氏卒。"《公羊传》云："讥世卿。"为昭二十三年"尹氏立王子朝"张本也，此孔子反对贵族政体之大义，书中盖屡见。《左氏》改"尹"为"君"，谓为隐公之母，凡以避世卿之讥，袒庇王氏而已。

要之孔子之《春秋》，孟子所谓："其事则齐桓、晋文，其文则史，其义则丘窃取之矣。"董生所谓："文成数万，其指数千，万物聚散，皆在《春秋》。"盖每条皆必有所谓"义"、所谓"指"者存焉。若如《左氏》所释，则全书皆鲁史官之旧，而孔子仅得比于一抄胥，此何为者？故《左氏》自《左氏》，《春秋》自《春秋》，"引传解经"实刘歆作俑耳。

《左氏春秋》与《国语》

然则《左氏》原书当何如？《史记·太史公自序》云："左丘失明，厥有《国语》。"《五帝本纪》云："余观《春秋》、《国语》。"似司马迁所见而据为资料者，只有一部《国语》。而《史记》各篇引今本《左传》文甚多，引今本《国语》文甚少。因此惹起一问题，司马迁所见《国语》，是否即为今本《国语》？《史记》所引《左传》诸文，是否包含在迁所见《国语》之中？质言之，则《左传》、《国语》是一是二之问题也。韦昭《国语解叙》云："左丘明……复采录前世穆王以来，下讫鲁悼智伯之诛……以为《国语》。其文不主于经，故号曰外传。"此东汉人之说，盖起自《左传》盛行之后。号曰"外传"，对《左氏》之为内传言也。然今本

《国语》则大怪，论其年代，固以春秋为中坚，与《春秋》一书时代略相函，然其中述隐元年至哀十四年二百四十年间事反极少，将极主要之部分概从阙略。再反观今本《左传》亦大怪，既云释《春秋》，自当以隐元年至哀十四年为起讫之大限，乃发端记“惠公元妃孟子……”事已在隐前，犹可曰为隐公摄位直接张本，不得不追述也。至如桓二年“晋穆侯夫人姜氏以条之役生太子……”一篇，所记事远在春秋前数十年，经中亦绝无关于此事之文。释经而缕缕道此，果何为者？全书最末一篇，记悼四年智伯之灭，又远在获麟后数十年，与孔子的《春秋》有何关系？释经而缕缕道此，又何为者？是故今本《国语》与今本《左传》，若析而为二，则两书皆可谓自乱其例，不足以列于著作之林；若合而为一，则西周末、东周初三百余年间一良史也，其书则本名《国语》，或亦称《左氏春秋》。“左氏春秋”者，犹《晏子春秋》、《吕氏春秋》纯为一独立之著述，与孔子之《春秋》绝无主从的关系也，其由“左氏春秋”而变成“春秋左氏传”，则自刘歆之引传解经始也。以上所推测若不谬，则所得结论为下列数项：

一、《国语》即《左氏春秋》，并非二书。

二、其书分国为纪，并非编年。

三、刘歆将鲁惠、隐间迄哀、悼间之一部分抽出，改为编年体，取以与孔子所作《春秋》年限相比附，谓之《春秋左氏传》。其余无可比附者，剔出，仍其旧名及旧体例，谓之《国语》。

四、凡今本《左传》释经之文，皆非原书所有，皆刘歆“引传释经”之结果。内中有“君子曰”云云者亦同。

五、其余全书中经刘歆窜入者当不少。

关于考证《左传》真伪之参考书：

刘逢禄《左传春秋考证》。

康有为《新学伪经考》，关于《左传》之部。

崔适《史记探原》，关于《左传》之部。

《左传》、《国语》之著作者年代及其史的价值

考证至此，则此书之著作者及其年代，将皆成问题。依《史记·十二诸侯年表》及《汉书·艺文志》，则著者姓左名丘明。志谓为孔子弟子，表谓为鲁之君子。然《太史公自序》云：“左丘失明，厥有《国语》。”则其人名丘，非名丘明也。且既为孔子弟子，则《仲尼弟子列传》何故遗之？因此则《十二诸侯年表》有无经后人窜乱，且成问题（崔适直指为窜乱——说详《史记探原》卷四页二）。谓为“孔子弟子左丘明”者，作伪者因《论语》有“左丘明耻之，丘亦耻之”之语，因影射之谓“好恶与圣人同”耳。其书既“不传《春秋》”，则所谓“与孔子观史记”云云皆属虚构，而其人殆不名丘明。但此属小节且勿论，究竟左氏其人者何时人耶？《左传》、《国语》皆述晋灭智伯事，《国语》述越灭吴事，事皆在孔子卒后二十余年，则其成书最早亦后于孔子作《春秋》约三十年矣。尤足怪者，“腊”为秦节，“庶长”为秦爵，而此两名乃见于《左传》。且“庶长”者，商鞅所设之武功爵也，而作者道之。得毋其成书乃在商鞅相秦后耶？记陈敬仲事曰：“八世之后，莫之与京。”记季札适鲁听乐曰：“郑其先亡乎？”适晋，说赵文子、韩宣子、魏献子曰：“晋国其萃于三族乎？”《左氏》好语神怪，种种“浮夸”之词（用韩愈评语），本数见不鲜。然当敬仲初亡命于齐时，而决言其八世之后必篡齐；当郑七卿辑睦时，而决言其必先亡；当晋范中行全盛时，而决言其必萃于韩赵魏。预言吻合至此，宁复情理，以常识判之，则谓其书成于田氏伐齐、三家分晋、韩灭郑以后，殆不为过。故先辈或以《左传》为战国初期作品，上距孔子卒百年前后，吾颇信之。

上所指摘者，皆非关后人窜乱，实原书固有之瑕类也，浮夸如此，然则其所记述，尚有史的价值否耶？换言之，则吾辈应认此书为信史否耶？

平心而论，历史间杂神话，良为古代任何民族之所不能免。《左传》在许多中外古史中，比较的已算简洁。所记之事，经作者剪裁润色，带几分文学的（寓言的）色彩者，固所在而有，然大部分盖本诸当时史官之实录。试将前半部与后半部比较，其文体不同之处，尚可以看出。知其所据原料，多属各时代旧文。故时代精神，能于字里行间到处表现也。要之《国语》、《左传》，实二千年前最可宝贵之史料，不容以小疵掩其大醇也。

读《左传》法之一

我国现存史籍，若以近世史的观念读之，固无一能尽如人意。但吾侪试思，西历纪元前四五百年之史部著作，全世界能有几何？《左传》一书，无论其原本为分国记载或编年记载，要之不失为一种有系统、有别裁的作品，在全人类历史学界为一先进者。故吾侪以世界的眼光观察，已认此书为有精读的必要。若专就本国文献论，则我族文化，实至春秋时代始渐成熟，其位置恰如个人之甫达成年。后此历史上各方面文物之演进，其渊源皆溯诸春秋。故吾以为欲断代的研究国史，当以春秋时代为出发点。若侈谈三代以前，则易为神话所乱，失史家严正态度。若仅注重秦汉以后，则中国国民性之根核，社会组织变迁之脉络等，将皆无从理解。故吾常谓治国史者，以清代史为最要，次则春秋战国。战国苦无良史（《战国策》文学臭味太浓，非严格的史），而春秋时代幸有一《左传》，吾侪宜如何珍惜而宝习也？

《左传》一书，内容极丰富，极复杂，作史料读之，可谓最有价值而且有趣味。在文献学上任何方面，皆可以于本书中得若干资料以为研究基础。盖此书性质虽属政治史，然对于社会情状，常能为摄影的记述。试以《资治通鉴》比之，当感《通鉴》纯为政治的，而《左传》实兼为社会的也。所以能如此者，固由《左氏》史识特高，抑亦历史本身使然。其一，春秋时代，各地方皆在较狭的区域内分化发展，政治上乃至文化上并无超越的中心点，故其史体与后来之专以京师政局作主脑者有异。其二，彼时代之社会组织，纯为阶级的。一切文化，皆贵族阶级之产物。贵族阶级，虽非多数的，然究竟已为复数的，故其史体与后来之专为皇帝一人作起居注者有异。《左传》所叙述之对象——史的实质如此，此其所以在古史中能有其特殊之价值也。

古今治《左传》者多矣。以研究方法论，吾以为莫良于顾栋高之《春秋大事表》。彼书盖先定出若干门类为自己研究范围，然后将全部书拆散，撷取各部分资料以供自己驾驭。记曰："属辞比事，《春秋》之教。"顾书真能善属而善比者。吾以为凡读史皆当用此法，不独《左传》也。但吾对于此书稍觉不满者有三端：第一，嫌其体裁专限于表。用表法诚极善，顾书各表，惨淡经营，令人心折者诚极多。但仍有许多资料非用表的形式所能整理者，顾氏以"表"名其书，自不容不以能表者为限。吾侪赓续研治，则须广其意以尽其用也。第二，嫌其所表偏于政治。《左传》本属政治史，多表政治，固所当然。然政治以外之事项，可表者正自不少，是宜有以补之。第三，嫌其多表释经语。"《左氏》不传《春秋》"，为吾侪所确信。今对于刘歆引传释经之语，研究其义例，非惟枉费精力，抑亦使《春秋》之旨愈荒也。此三端吾以为对于顾著宜修正或增益者。但其方法则吾无间然，愿学者循其矩而神而明之也。

马骕《左传事纬》、高士奇《左传记事本末》，皆仿袁枢治《通鉴》之例，以一事之起讫编年，此亦读《左氏》之一法。惟其所分之事，或失诸细碎，而大者反割裂遗漏。学者如能用其法，而以己之律令断制之，所得或较多也。

吾侪今日治《左传》，最好以社会学者的眼光治之，不斤斤于一国一事件之兴亡得失，而多注意于当时全社会共同现象。例如，当时贵族阶级如何受教育法，所受者为何种教育；当时贵族政治之合议组织如何；其政权授受程序如何；当时地方行政状况如何；当时国际交涉之法例如何；当时财产所有权及其承袭与后来之异同奚若；当时婚姻制度与后来之异同奚若；当时人对于自然界灾变作何等观念；当时可称为宗教者有多少种类，其性质何如……如此之类，随时特拈出所欲研究之问题，通全书以搜索资料。资料略集，乃比次而论断之。所研究积数十题，则一时代之社会遗影，略可睹矣。

吾侪研究史料，往往有须于无文字中求之者。例如：（一）春秋时代是否已行用金属货币；（二）春秋时代是否有井田；（三）春秋时代是否用铁器；（四）春秋时代曾否有不行贵族政治之国家……诸如此类。留心研索，亦可以拈出若干题。若其可作反证之资料甚缺乏乃至绝无，则否定之断案，或遂可成立，此亦治占史之一妙用也。

以上所述，皆史学家应采之通法。无论读何史皆可用之，不独《左传》。但《左传》既为最古之史，且内容甚丰，取材较易，先从彼着手，最可引起趣味也。

读《左传》法之二

《左传》自宋以来，列于五经，形成国民常识之一部，故虽非专门史学家亦当一读。其中嘉言懿行，有益修养及应世之务者不少，宜谙记或抄录之。

《左传》文章优美，其记事文对于极复杂之事项——如五大战役等，纲领提挈得极严谨而分明，情节叙述得极委曲而简洁，可谓极技术之能事。其记言文渊懿美茂，而生气勃勃，后此亦殆未有其比。又其文虽时代甚古，然无诘屈聱牙之病，颇易诵习。故专以学文为目的，《左传》亦应在精读之列也。

《诗经》

《诗经》之年代

《诗经》为古籍中最纯粹可信之书，绝不发生真伪问题，故但考其年代已足。

孟子云：“王者之迹熄而诗亡，诗亡然后《春秋》作。”未述《诗》之起原而惟概指其终局，似论三百篇皆春秋前作品也。今案：各篇年代最古而有征者为《商颂》五篇。《国语》云：“正考父校商之名颂十二篇于周大师，以《那》为首。”郑司农云：“自考父至孔子，又亡其七篇。”后世说《诗》者或以今《商颂》为考父作，此误读《国语》耳。此五篇乃至十二篇者，殆商代郊祀乐章，春秋时宋国沿用之，故得传于后。犹汉魏郊祀乐府，至今虽失其调而犹存其文也。其次则《豳风》之《七月》一篇，后世注家谓周公述后稷、公刘之德而作，然羌无实据。玩诗语似应为周人自豳迁岐以前之民间作品。且篇首“七月流火，九月授衣”云云，所用为夏正，故亦可推定为夏时代作品。果尔，则三百篇中此为最古，且现存一切文学作品中亦此为最古矣。其最晚者如《秦风》之“我送舅氏，曰至渭阳”，相传为秦襄公送晋文公之诗。如《陈风》之“胡为乎株林，从夏南”，相传为刺陈灵公暱夏姬之诗。果尔，则为春秋中叶作品。然尽人皆可有舅，不必秦康；夏南为夏姬虽极近似，亦无以证其必然。故《诗》讫何年，实难论定。惟《鲁颂·閟宫》篇“周公之孙，庄公之子”，其为鲁僖公时作品更无可疑。则三百篇中不乏春秋时作品，盖可推断。然《国风》有邶、鄘、唐、魏，皆春秋前旧国，二雅有多篇可考定为周厉宣时事。则假定全书诸篇以西周末、东周初——约西纪前九百年至七百年——时人所作为中坚，其间最古之若干篇，约距今三千四五百年前。最晚之若干篇，约距今二千六七百年前。虽不中不甚远矣。

然则何故惟彼时代独有诗——或诗独盛耶？其一，社会文化渐臻成熟之后，始能有优美的文艺作品出现。“周监二代，郁郁乎文。”中国社会脱离僿野状态，实自周始。周初犹属启蒙时代，故可传之作品尚少。至东迁前后，人文益进，名作乃渐多。又，诗本为表情之具。周初社会静谧，冲动情感之资料较少。东迁前后，乱离呻吟，不期而全社会强烈之感情被蒸发焉，此或亦多诗之一因也。其二，问者曰，若尔则春秋中叶以后诗宜更多，曷为反少？此问题复可作两种解答：一，文体本逐时代而变迁。此类之诗，盛行已数百年，或春秋中叶以后，渐为社会所厌倦，不复有名作。二，“輶轩采诗”之制度，传记屡言，吾侪应认为事实的存在。三百篇之辑集成书，殆由于此。此事本为周代美政之一，由王室行之。春秋以降，王室式微，斯典乃废。虽有歌什，莫为撷纂，遂至沦逸，孟子所谓“王迹熄而诗亡”也。

孔子删《诗》说不足信

《史记·孔子世家》云：“古者诗三千余篇，及至孔子，去其重，取可施于礼义，上采契、后稷，中述殷、周之盛，至幽、厉之缺，三百五篇。”此说若确，则今本《诗经》，实为孔子所手选，如徐孝穆之选《玉台新咏》、王介甫之选《唐百家诗》。然汉唐学者多不信此说，孔颖达云：“书传所引之诗，见在者多，亡逸者少。则孔子所录，不容十分去九，迁言未可信也。”谨案：《论语》云：“诗三百一言以蔽之……”又云：“诵诗三百授之以政不达……”此皆孔子之言，而述诗篇数，辄举三百，可见孔子素所诵习即止此数，而非其所自删明矣。《左传》记吴季札适鲁观乐，事在孔子前，而所歌之风，无出今十五国外者，益可为三百篇非定自孔子之明证。且孔子如删诗也，则以何为标准耶？如后人所谓“贞淫”耶？郑、卫言情之作具在，未尝删也。且如逸诗之见于传记者，如《论语》之“唐棣之华，偏其反而。岂不尔思，室是远而。”如《左传》之“虽有丝麻，无弃菅蒯。虽有姬姜，无弃憔悴。”“思我王度，式如玉，式如金。形发之力，而无醉饱之心。”凡此之类，何字何句悖于“礼义”而孔子乃删之哉？是故以吾侪所信，则孔子决无删诗之事。今三百篇，是否曾经一度有意识的编纂，不可深考。藉曰有之，则编纂者或史官太师之属，不能确指为谁。要之春秋时士大夫所同讽诵者即此三百余篇，纵有佚亡，亦不过百之一二，此则按诸故实而略可断言者也。

然则孔子于《诗经》未尝有所致力耶？曰：有之。《论语》述孔子言曰：“吾自卫反鲁，然后乐正，雅颂各得其所。”《孔子世家》曰：“诗三百篇，孔子皆弦而歌之，以求合韶武雅颂之音。”《庄子》曰“孔子诵诗三百，歌诗三百，弦诗三百，舞诗三百。”窃意前此之诗不皆能入乐，或入乐而沦紊其谱。孔子最嗜音乐，最通音乐，故反鲁之后，以乐理诏鲁太师，又取三百篇之谱阙者补之，舛者订之，故云乐正而雅颂得所，故云弦歌以求合韶武，是故雅颂之文犹昔也。失所得所，则弦之歌之舞之而始见，孔子正乐即正诗也。故乐无经，以诗为经，“雅言诗书执礼”而无乐，乐在诗中，不可分也。诗乐合体，其或自孔子始也（看魏源《古诗微》上编之《三夫子正乐论》）。

《诗序》之伪妄

《诗经》之传授，在汉初则有鲁、齐、韩三家立于学官，而古文《毛氏传》晚出。东汉以后，毛独行而三家废。今官书题此书为“毛诗”，而村学究且有呼为“毛经”者，可叹，亦可笑也。《毛传》真伪久成问题，吾于他书论今古文公案者已屡及之，今不再赘。而其伪中出伪，贻误后学最甚者，尤莫如所谓“诗序”。《诗序》今附《毛传》以行，每篇之首，序说所以作此诗之意或并及作诗之人。首篇《关雎》之序特长，盖千数百言，总论全书旨趣，谓之大序。自余各篇，短者不及十言。较长者数十言，谓之小序。夫读诗者恒欲知作诗之人与作诗之旨，此人情也。而诗三百篇一一求其人与其旨以实之，殆不可能，故孟子贵“以意逆志”；《左传》称“断章取义”；申公之授《鲁诗》，“无传疑，疑者盖阙不传”；韩婴作《韩诗外传》；刘向作《新序》，皆实行逆志断章之教。西汉以前之说诗者类皆如此。今所谓《诗序》者，乃逐篇一一取其人与其旨凿言之若有所受焉。此所以为学者所共乐习，二千年奉为鸿宝以迄于兹也。

《诗序》谁所作耶?《后汉书·儒林传》述其来历甚明，传云：“谢曼卿善《毛诗》，乃为其训。卫宏从曼卿受学，因作《毛诗序》，善得风雅之旨，于今传于世。”则序为宏作，铁案如山，宁复有疑辩之余地？乃隋唐以后之传说则大可异，或云序之首句为大毛公作，次句以下为小毛公作；或云大序是子夏作，小序是子夏毛公合作。(《隋书·经籍志》称序为子夏所创，毛公及卫敬仲更加润益。)尤可骇者，宋程颐以大序为孔子所作，小序为当时国史所作。以《史记》、《汉书》从未齿及之诗序范蔚宗时“传于世”共知出卫宏手者，乃辗转攀引嫁名及于孔子、子夏，而千余年共认为神圣不可侵犯之宝典，真不可思议之怪象矣。

《诗》非必皆无作者主名，然断不能谓篇篇皆可得作者主名。《诗》

非必皆无本事，然断不能谓篇篇皆有本事。以三百篇论，则无主名无本事者其数必远过于有主名有本事者，又至易见也。鲁、齐、韩三家书虽亡，其佚说时时见于他籍。间有述各篇之主名或年代或本事，则其义率较所谓《毛诗序》者为长。（如以《关雎》为康王时诗，以《采薇》为懿王时诗，以驺虞为主鸟兽之官，以《宾之初筵》为卫武公饮酒悔过作之类，盖有所受之也。）《毛诗》家所谓大毛公、小毛公者是否有其人，本已属问题。藉曰有之，然质诸刘歆、班固，亦未言二毛有作序之事。而卫宏生东汉之初，果何所受而能知申公、辕固、韩婴所不知，或另树一说以与为难者？故但考明诗序之来历，则其书之无价值，本已不待辩。若细按其内容，则捧腹喷饭之资料更不可一二数。例如《郑风》，见有“仲”字则曰祭仲，见有“叔”字，则曰其共叔段，余则连篇累牍皆曰“刺忽”、“刺忽”。郑立国数百年，岂其于仲段忽外遂无他人？而诗人讴歌，岂其于美刺仲段忽外遂无他情感？凿空武断，可笑一至此极。其余诸篇，大率此类也。故欲治《诗经》者非先将《毛序》拉杂摧烧之，其蔀障不知所极矣。（看崔述《读风偶识》卷一《通论诗序》、卷二《通论十三国风》。）

《朱熹集传》，亦每篇述作诗之旨而颇纠正卫序，较洁净矣。而又别有其凿空武断之途，故学者宜并举而廓清之。

南、风、雅、颂释名

“四诗”之说，见于《孔子世家》。其说是否为后人附益，尚难断定。若古有此说，则甚易解。盖三百篇本以类从，分为四体，曰南、曰风、曰雅、曰颂。自《毛诗序》不得“南”之解，将周、召二南侪于邶、鄘以下之诸风，名为“十五国风”，于是四诗余其三，而析小、大雅为二以足之，诗体紊矣。今分释其名如下：

一、释南。《诗·鼓钟》篇：“以雅以南”。“南”与“雅”对举，雅既为诗之一体，则南亦必为诗之一体甚明。《礼记·文王世子》之“胥鼓南”、《左传》之“象箾南龠”，皆指此也。此体诗何以名之为“南”，无从臆断。毛氏于《鼓钟》传云：“南夷之乐曰南。”《周礼》旄人郑注、公羊昭二十五年何注皆云：“南方之乐曰任。”“南”、“任”同音，当本一字，乃至后此汉魏乐府所谓“盐”、所谓“艳”者（河鹊盐、归国盐、突厥盐、黄帝盐、疏勒盐、三妇艳），亦即此字所变术，盖未可知。但《毛诗序》必谓《鼓钟》之“南”非二南之“南”，其释二南则谓：“南，言王化自北而南。”则望文生义，极可笑，此如某帖括家选古诗解《昔昔盐》为食盐矣。窃意“南”为当时一种音乐之名，其节奏盖自为一体，与雅颂等不同。据《仪礼·乡饮酒礼》、《燕礼》皆于工歌间歌笙奏之后，终以合乐。合乐所歌为《周南》之《关雎》、《葛覃》、《卷耳》，《召南》之《鹊巢》、《采薇》、《采蘋》。《论语》亦云：“《关雎》之乱，洋洋乎盈耳哉！”“乱”者曲终所奏也。综合此种资料以推测，“南”似为一种合唱的音乐，于乐终时歌之。歌者不限于乐工，故曰“其乱，洋洋盈耳”矣。

二、释风。《毛诗序》释“风”字之义，谓：“上以风化下，下以风刺上。”亦是望文生义。窃疑“风”者“讽”也，为讽诵之讽字之本文。《汉书·艺文志》云：“不歌而诵谓之赋。”“风”殆只能讽诵而不能歌者，故《仪礼》、《礼记》、《左传》中所歌之诗，惟风无有。《左传》述宴享时所及之风诗则皆赋也，正所谓不歌而诵也。（《左传》季札观乐篇，遍歌各国风，其文可疑，恐是孔子正乐以后之学者所记。详《左传》解题。）后此风能歌与否不可知。若能，恐在孔子正乐后也。

三、释雅。雅者，正也，殆周代最通行之乐，公认为正声，故谓之雅。《仪礼·乡饮酒》云：“工歌《鹿鸣》、《四牡》、《皇皇者华》，笙《南陔》、《白华》、《华黍》，乃间歌《鱼丽》，笙《由庚》；歌《南有嘉鱼》，笙《崇丘》；歌《南山有台》，笙《由仪》……工告于乐正曰：‘正乐备……’”（笙诗六篇，有声无辞，晋束皙谓其亡而补之，妄也。窃疑歌与笙同时合作，相依而节，如今西乐所谓“伴奏”。例如歌《鱼丽》时，即笙《由庚》以为伴。《由庚》但有音符之谱，而无辞可歌，其音节则与所歌《鱼丽》相应也。《南陔》之与《鹿鸣》、《白华》之与《四牡》、《华黍》之与《皇皇者华》、《崇丘》之与《南有嘉鱼》、《由仪》之与《南山有台》并同。）凡小雅、大雅之诗皆用此体，故谓之正乐，谓之雅。

四、释颂。后人多以颂美之义释颂，窃疑不然。《汉书·儒林传》云：“鲁徐生善为颂。”苏林注云：“颂貌威仪。”颜师古注云：“颂读与容同。”颂字从页，页即人面，故容貌实颂字之本义也。然则《周颂》、《商颂》等诗何故名为颂耶？南、雅皆唯歌，颂则歌而兼舞。《周官》：“奏无射，歌夹钟，舞大武。”《礼记》：“朱干玉戚冕而舞大武。”《大武》为《周颂》中主要之篇，而其用在舞，舞则舞容最重矣，故取所重名此类诗曰颂。《乐记》云：“夫武，始而北出，再成而灭商，三成而南，四成而南国是疆，五成而分，周公左，召公右，六成复缀以崇天子。夹振之而四伐，盛威于中国也。分夹而进，事蚤济也。久立于缀，以待诸侯之至也。”（今本《周颂》惟“于皇武王”一章下句标题为“武”。然据《左传》宣十二年，楚庄王云：“武王克商，作《武》，其卒章曰‘耆定尔功’。其三曰：‘敷时绎思，我徂维求定。’其六曰：‘绥万邦，屡丰年。’……”今本惟“耆定尔功”在《武》之章。“敷时绎思”云云，其章名曰《赉》，“绥万邦”云云，其章名曰《桓》，而春秋时人乃并指为《武》之一部，且确数其篇次，可见今本分章非古，而《大武》之诗不止一章矣。）观此则《大武》舞容何若，尚可仿佛想见。三颂之诗，皆重舞节，此其所以与雅、南之唯歌者有异，与风之不歌而诵者更异也。（略以后世之体比附之，则《风》为民谣，《南》、《雅》为乐府歌辞，《颂》则剧本也。）

上“四诗”之分析解释，前人多未道及，吾亦未敢遽自信，姑悬一说以待来者。

读《诗》法之一

诗三百篇，为我国最古而最优美之文学作品。其中颂之一类，盖出专门文学家、音乐家所制，最为典重裔皇。雅之一类，亦似有一部分出专门家之手。南与风则纯粹的平民文学也。前后数百年间各地方、各种阶级、各种职业之人，男女两性之作品皆有。所写情感对于国家社会、对于家庭、对于朋友个人相互交际、对于男女两性间之怨慕等等，莫不有其代表之作。

其表现情感之法，有极缠绵而极蕴藉者；例如："君子于役，不知其期，曷至哉？鸡栖于埘。君子于役，如之何勿思！"如："陟彼岵兮，瞻望父兮。父曰：'嗟，予子！行役夙夜无寐。上慎旃哉，犹来无弃。'"如："习习谷风，以阴以雨。黾勉同心，不宜有怒。采葑采菲，无以下体。德音莫违，及尔同死。"有极委婉而实极决绝者；例如："泛彼柏舟，在彼中河。髧彼两髦，实维我仪。之死矢靡他，母也天只，不谅人只。"有极沉痛而一发务使尽者；例如："蓼蓼者莪，匪莪伊蒿。哀哀父母，生我劬劳。"如："苕之华，其叶青青。知我如此，不如无生。"有于无字句处写其深痛或挚爱者；例如："彼黍离离，彼稷之苗。行迈靡靡，中心摇摇。知我者谓我心忧，不知我者谓我何求。悠悠苍天，此何人哉？"如："瞻彼日月，悠悠我思。道之云远，曷云能来？"有其辞繁而不杀以曲达菀结不可解之情者；例如：《谷风》、《载驰》、《鸱鸮》、《节南山》、《正月》、《十月之交》、《小弁》、《桑柔》诸篇（全文不录）。有极淡远而一往情深者；例如："蒹葭苍苍，白露为霜。所谓伊人，在水一方，溯洄从之，道阻且长。溯游从之，宛在水中央。"有极旖旎而含情邈然者；例如："春日载阳，有鸣苍庚。女执懿筐，遵彼微行，爰求柔桑。春日迟迟，采蘩祁祁。女心伤悲，殆及公子同归。"

凡此之类，各极表情文学之能事。（上所举例不过随感忆所及，随摭数章，令学者循此以注意耳，非谓表情佳什仅此，亦非谓表情法之种类仅此也。）故治《诗》者宜以全诗作文学品读，专从其抒写情感处注意而赏玩之，则《诗》之真价值乃见也。

孔子曰："诗可以兴，可以观，可以群，可以怨。"孔子于文学与人生之关系看出最真切，故能有此言。古者以《诗》为教育主要之工具，其目的在使一般人养成美感有玩赏文学的能力，则人格不期而自进于高明。夫名诗仅讽诵涵泳焉，所得已多矣，况孔子举三百篇皆弦而歌之。合文学、音乐为一，以树社会教育之基础，其感化力之大云胡可量。子之武城，闻弦歌之声，子游对以"君子学道则爱人，小人学道则易使"，谓以诗教也，谓美感之能使社会向上也。吾侪学《诗》，亦学孔子之所学而已。

《诗》学之失，自伪《毛序》之言"美刺"始也。伪序以美刺释《诗》者十而八九，其中"刺时"、"刺其君"、"刺某人"云云者又居彼八九中之八九。夫感慨时政，憎嫉恶社会，虽不失为诗人情感之一，然岂舍此遂更无可抒之情感者？伪序乃悉举而纳之于刺。例如《邶风》之《雄雉》，《王风》之《君子于役》，明为夫行役在外而妻念之之作，与时君何与？而一以为刺卫宣公，一以为刺周平王。《邶风》之《谷风》，《卫风》之《氓》，明是弃妇自写其哀怨，而一以为刺夫妇失道，一以为刺时。诸如此类，指不胜指。信如彼说，则三百篇之作者乃举如一黄蜂，终日以螫人为事，自身复有性情否耶？三百篇尽成"爰书"，所谓温柔敦厚者何在耶？又如男女相悦之诗十九释为刺淫，彼盖泥于孔子"思无邪"之言，以为"淫则邪，刺之则无邪"也。信如彼说，则构淫词以为刺，直"劝百讽一"耳。谓之无邪可乎？不知男女爱悦，亦情之正，岂必刺焉而始有合于无邪之旨也？是故自美刺之说行，而三百篇成为"司空城旦书"，其性灵之神圣沓没不曜者二千年于兹矣。学者速脱此梏，乃可与语于学《诗》也。

读《诗》法之二

前段所说，专就陶养情感一方面言。但古人学《诗》，尚有第二目的，在应用一方面。孔子曰：“不学《诗》，无以言。”又曰：“诵《诗》三百，授之以政，不达。使于四方，不能专对。虽多，亦奚以为。”学《诗》何故能言、能专对？授之以政何故能达耶？为政者不外熟察人情，批其窾郤，因而导之。而吾人所以御事应务，其本则在“多识前言往行以畜其德”。古人学《诗》，将以求此也。《左传》襄二十八年云：“赋诗断章，余取所求焉。”断章取所求，即学《诗》应用方面之法也。是故“缗蛮黄鸟，止于丘隅”，孔子读之则曰：“于止知其所止，可以人而不如鸟乎？”“高山仰止，景行行止。”孔子读之则曰：“诗之好仁如此，乡道而行，不知年数之不足。俛焉日有孳孳，毙而后已。”司马迁读之则曰：“虽不能至，而心向往之。”“如切如磋，如琢如磨。”子贡读之，悟所以处贫富者。“巧笑倩兮，美目盼兮，素以为绚兮。”子夏读之，明“礼后”之义，孔子并赞叹之曰：“赐也，商也，始可与言诗也已矣。”“徹彼桑土，绸缪牖户。今此下民，或敢侮予。”孟子读之则曰：“能治其国家谁敢侮之。”“鸤鸠在桑，其子七兮。淑人君子，其仪一兮。”荀子读之则曰：“故君子结于一也。”自余如《左传》所记列国卿大夫之赋诗言志，以及《韩诗外传》、《新序》之或述事或树义而引诗以证成之。凡此之类，并不必问其诗之本事与其本意，通吾之所感于作者之所感，引而申之，触类而长之，此亦锻炼德性增益才智之一法，古人所恒用而今后尚可袭用者也。

读《诗》法之三

现存先秦古籍，真赝杂糅，几于无一书无问题。其精金美玉字字可信可宝者，《诗经》其首也。故其书于文学价值外尚有一重要价值焉，曰可以为古代史料或史料尺度。

所谓可以为史料者，非谓如伪《毛序》之比附《左传》、《史记》强派某篇为某王某公之事云也。《诗经》关系政治者本甚希，即偶有一二属于当时宫廷事实者（如卫武公饮酒悔过，许穆夫人赋《载驰》之类），亦不甚足重轻，可置勿论。(《诗经》中关于具体的政治史料反不可尽信，盖文人之言华而不实者多也。如《鲁颂·闷宫》有“庄公之子”语，明为颂僖公无疑，而篇中又云“戎狄是膺，荆舒是惩”，僖公何从有此丰功伟烈耶?) 虽然，历史决不限于政治，其最主要者在能现出全社会心的、物的两方面之遗影。而高尚的文学作品，往往最能应给此种要求。《左传》季札观乐一篇对于十五国风之批评，即从社会心理方面研究《诗经》也。(其果否为季札所批评，且勿论。) 吾侪若能应用此方法而扩大之，则对于“《诗》的时代”——西纪前九〇〇至六〇〇年之中华民族之社会组织的基础及其人生观之根核，可以得较明确的概念。而各地方民性之异同及其次第醇化之迹，亦可以略见。其在物质方面，则当时动植物之分布、城郭宫室之建筑、农器兵器礼器用器之制造、衣服饮食之进步……凡此种种状况，试分类爬梳，所得者至复不少。故以史料读《诗经》几于无一字无用也。

所谓史料之尺度者，古代史神话与赝迹太多，吾侪欲严密鉴别，不能不择一两部较可信之书以为准据，以衡量他书所言以下真伪之判决，所谓正日月者视北辰也。若是者，吾名之曰史料之尺度，例如研究孔子史迹当以《论语》为尺度是也。有诗时代及有诗以前之时代，正式之史未出现(诗亡然后《春秋》作)，而传记谶纬所记古事多糅杂不可究诘。《诗经》既未经后人窜乱，全部字字可信，其文虽非为记事而作，而偶有所记，吾辈良可据为准鹄。例如，“天命玄鸟，降而生商。”“厥初生民，时维姜嫄。”乃商周人述其先德之诗。而所言如此，则稷契为帝喾子之说，当然成问题。例如，“帝作邦作对，自太伯王季。”明是周人历述其创业之主，则泰伯有无逃荆蛮之事，亦成问题（恐周人自文武以前，亦如殷制，兄终弟及）。例如，各篇中屡言夏禹，如“禹敷下土方”、“缵禹之绪”等，而尧舜无一字道及，则尧舜为何等人亦可成问题。诸如此类，若以史家极谨严的态度临之，宁阙疑勿武断。则以《诗经》为尺度，尚可得较洁净之史也。

说《诗》注《诗》之书

《诗》居六艺之首，自汉以来，传习极盛，解说者无虑千百家。即今现存之笺释等类书亦无虑千百种，略读之已使人头白矣，故吾劝学者以少读为妙。若必欲参考，则姑举以下各书：

西汉今文《诗》说有鲁、齐、韩三家，其传皆亡，仅余一《韩诗外传》为《韩诗》之别子。刘向之《新序》及《说苑》，说《诗》语极多。向固治《鲁诗》也。欲知西汉《诗》说之大概，此三书宜读。

清陈乔枞有《三家诗遗说考》，搜采三家说略备，可参考。

现行《十三经注疏》本《诗经》，为毛传、郑康成笺、孔颖达疏，所谓古文家言也。《毛序》之万不可信，吾已极言之。惟毛传于训诂颇简洁，可读也。郑笺十九申毛，时亦纠之，穿凿附会者不少，宜分别观。孔疏颇博洽而断制少。清儒新疏，有陈奂《诗毛氏传疏》最精审，专宗毛，虽郑亦不苟同也。次则马瑞辰《毛诗传笺通释》、胡承珙《毛诗后笺》，亦好。而王引之《经义述闻》、《经传释词》中关于《毛诗》各条，皆极好。学者读此类书，宜专取其关于训诂名物方面观之，其关于礼制者已当慎择，关于说《诗》意者，切勿为其所囿。

宋儒注释书，朱熹《诗经集传》颇洁净。其教人脱离传笺直玩诗旨，颇可学，但亦多武断处。其对于训诂名物，远不逮清儒之精审。

通论《诗》旨之书，清魏源《诗古微》、崔述《读风偶识》，极有理解，可读。姚际恒《九经通论》中《诗经》之部当甚好，但我尚未见其书。

吾关于整理《诗经》之意见有二：其一，训诂名物之部。清儒笺释，已十得八九。汇观参订，择善以从，泐成一极简明之新注，则读者于文义可以无阂。其二，《诗》旨之部。从《左传》所记当时士大夫之“赋诗断章”起，次《论语》、《孟子》、《礼记》及周秦诸子引《诗》所取义，下至《韩诗外传》、《新序》、《说苑》及两《汉书》各传中之引《诗》语止，博采其说分系本《诗》之下，以考见古人“以意逆志”、“告往知来”之法，俾《诗》学可以适用于人生。兹事为之并不难，惜吾有志焉而未之逮也。

《楚辞》

《楚辞》之编纂及其篇目

《汉书·艺文志》无《楚辞》，惟载“《屈原赋》二十五篇”。及王逸为《楚辞章句》，其《离骚》篇后序云：“屈原……依诗人之义而作《离骚》……复作《九歌》以下凡二十五篇。楚人高其行义，玮其文采，以相教传……后世雄俊，莫不瞻慕，舒肆妙虑，缵述其词。逮至刘向典校经书，分为十六卷……今臣复以所记所知，稽之旧章，作十六卷章句……”据此，则《楚辞》似是刘向所编定。然今本第十六卷即刘向所作《九叹》，复有第十七卷为王逸所作《九思》，殆两人各以己作附骥耶。其各篇次第，今本与陆德明《经典释文》本亦有异同。今录其篇名、篇数、篇次及相传作者人名为表如下：

（篇名）	（篇数）	（今本篇次）	（释文篇次）	（旧题作者名）
离骚	一篇	第一	第一	屈原
九歌	十一篇	第二	第三	屈原
天问	一篇	第三	第四	屈原
九章	九篇	第四	第五	屈原
远游	一篇	第五	第六	屈原

卜居	一篇	第六	第七	屈原
渔父	一篇	第七	第八	屈原
九辩	十一篇	第八	第二	宋玉
招魂	一篇	第九	第十	宋玉
大招	一篇	第十	第十六	屈原或景差
惜誓	一篇	第十一	第十五	贾谊
招隐士	一篇	第十二	第九	淮南小山
七谏	七篇	第十三	第十二	东方朔
哀时命	一篇	第十四	第十四	庄忌
九怀	九篇	第十五	第十一	王褒
九叹	九篇	第十六	第十三	刘向
九思	九篇	第十七	第十七	王逸

《九歌》篇目：东皇太一、云中君、湘君、湘夫人、大司命、少司命、东君、河伯、山鬼、国殇、礼魂。

《九章》篇目：惜诵、涉江、哀郢、抽思、怀沙、思美人、惜往日、橘颂、悲回风。

《七谏》、《九怀》、《九叹》、《九思》各篇子目不录。

上各篇自《惜誓》以下，皆汉人所作。朱熹《楚辞辩证》云："《七谏》、《九怀》、《九思》、《九叹》虽为骚体，然其词气平缓，意不深切，如无所疾痛而强为呻吟者。就其中《谏》、《叹》，犹或粗有可观，两王则卑已甚矣。故虽幸附书尾，而人莫之读。"故熹所作《楚辞集注》，将彼四家之三十四篇删去，而补以贾生之《吊屈文》及《鹏鸟赋》。其目如下：

卷一　离骚经第一

卷二　离骚九歌第二

卷三　离骚天问第三

卷四　离骚九章第四

卷五　离骚远游第五　离骚卜居第六　离骚渔父第七

原注云："以上《离骚》凡七题二十五篇，皆屈原作，今定为五卷。"

卷六　续离骚九辩第八　宋玉

卷七　续离骚招魂第九　宋玉　续离骚大招第十　景差

卷八　续离骚惜誓第十一　贾谊　续离骚吊屈原第十二　贾谊　续离骚鹏鸟赋第十三　贾谊　续离骚哀时命第十四　庄忌

洪兴祖补注本自《渔父》以上皆于篇下各缀以"离骚"二字，而《离骚》篇题为"离骚经"，《九辩》以下则每篇篇名下缀以"楚辞"二字。朱熹因之而略加修正，故自《离骚》至《渔父》，每篇皆冠以"离骚"二字，《九辩》以下则冠以"续离骚"三字。

今本篇次与《释文》本有异同。洪兴祖云："《九章》第四，《九辩》第八，而王逸《九章》注云：'皆解于《九辩》中。'知《释文》篇第，盖旧本也，后人始以作者次叙之耳。"朱熹云："今按天圣十年陈说之序，以为'旧本篇第混并，首尾差互，如考其人之先后重定其篇'，然则今本说之所定也欤。"启超按：洪、朱所论甚当。欲知刘向、王逸原本，宜遵《释文》，今本非也。

上所举篇数、篇次等，虽甚琐末，然实为考证屈原作品之基本资料，故不惮详述之。

《屈原赋》二十五篇。《楚辞》中汉人作品，向不为人所重视，更无考证之必要。吾侪研究《楚辞》，实际上不过研究屈原而已。吾侪所亟欲知者，《汉书·艺文志》称"《屈原赋》二十五篇"，究竟今《楚辞》中某二十五篇为屈原所作耶？此问题颇复杂。旧说通以《离骚》一篇、《九歌》十一篇、《天问》一篇、《九章》九篇、《远游》、《卜居》、《渔父》各一篇，以当二十五篇之数，其《九辩》、《招魂》则归诸宋玉。《大招》是否在二十五篇中，则存疑焉。吾窃疑非是，据所臆测，则刘向所集之二十五篇篇名当如下：

《离骚》一篇，

《九辩》一篇，

《九歌》十篇，

《卜居》一篇，

《渔父》一篇，

《天问》一篇，

《招魂》一篇，

《远游》一篇，

《惜诵》、《涉江》、《哀郢》、《抽思》、《思美人》、《橘颂》、《悲回风》、《怀沙》各一篇。

上八篇今本更入以《惜往日》一篇，合题为《九章》。

吾此说颇奇特，今须加以说明者，一为《大招》是否屈原作之问题。二为《招魂》是否宋玉作之问题。三为《九辩》作者问题。四为《九歌》篇数问题。五为《九章》是否旧名及其中各篇有无伪品问题。今一一钩稽疏证如下：

一、王逸《大招》章句云："《大招》，屈原之所作也。或曰景差，疑不能明也。"今按《大招》明为摹仿《招魂》之作，其辞靡弱不足观。篇中有"小腰秀颈若鲜卑只"语，鲜卑为东胡余种经冒顿摧灭别保鲜卑山因而得号者，其以此名通于中国，盖在东汉。非惟屈原不及知，即景差亦不及知。此篇决为汉人作无疑，故《释文》本列诸第十六，在全书之最末，则刘向编集时殆亦不认为先秦作品矣，故语屈原赋当先将此篇剔出。

二、《招魂》，今本目录注指为宋玉作，《文选》亦同。然《史记·屈原列传》赞云："余读《离骚》、《天问》、《招魂》、《哀郢》，悲其志。"然则司马迁明认为《招魂》为屈原作。此篇对于厌世主义与现世快乐主义两方皆极力描写而两皆拨弃，实全部《楚辞》中最酣肆、最深刻之作。后人因篇名《招魂》，且中有"魂魄离散汝筮予之"语，遂谓必屈原死后后人悼吊之作，因嫁名宋玉，所谓痴人前说不得梦也。谓宜从《史记》，以本篇还诸屈原。

三、《九辩》向未有以加诸二十五篇中者。虽然，有一事颇难索解，《释文》本何故以此篇置诸第二——在《离骚》之后《九歌》之前？王逸释“九”字之义亦详见本篇下，而《九歌》、《九章》略焉，则此为王本原次甚明。夫第一篇及第三以下之二十余篇皆屈原作，而中间忽以非屈原作之一篇置第二，甚可异也。且全部《楚辞》除汉人诸作外，向来拟议为宋玉、景差等所作者只有《九辩》、《招魂》、《小招》三篇。《大招》决属汉拟，《招魂》决为屈作，如前文所辩证，殆成信谳。仅余此《九辩》一篇（《九辩》原只一篇，故无子目，王逸本厘为十一篇，朱熹本厘为九篇，皆以意割裂耳），以宋辞而虱屈集，益大可异也。且“启《九辩》与《九歌》”语见《离骚》，或《辩》、《歌》同属古代韵文名称，屈并用之，故吾窃疑《九辩》实刘向所编屈赋中之一篇。虽无确证，要不失为有讨论价值之一问题也。

四、《九歌》十一篇，明载子目，更无问题。惟末篇《礼魂》，仅有五句（“盛礼兮会鼓，传芭兮代舞。姱女倡兮容与。春兰兮秋菊，长无绝兮终古”），似不能独立成篇。窃疑此为前十篇之“乱辞”，每篇歌毕，皆殿以此五句。果尔，则《九歌》仅有十篇耳。

五、今本《九章》凡九篇，有子目。惟其中《惜往日》一篇，文气拖沓靡弱，与他篇绝不类，疑属汉人拟作，或吊屈原之作耳。“九章”之名，似亦非旧。《哀郢》，九章之一也，史公以之与《离骚》、《天问》、《招魂》并举，认为独立的一篇。《怀沙》亦九章之一也，本传全录其文，称为“怀沙之赋”，是史公未尝谓此两篇为《九章》之一部分也。窃疑《九章》之名，全因摹袭《九辩》、《九歌》而起。或编集者见《惜诵》至《悲回风》等散篇，体格大类相类，遂仿《辩》、《歌》例赋予以一总名，又见只有八篇，遂以晚出之《惜往日》足之为九。殊不知《辩》、《歌》之

“九”字，皆别有取义，非指篇数，观《辩》、《歌》之篇，皆非九可知也。褒之《九怀》、向之《九叹》、逸之《九思》，篇皆取盈九数，适见其陋耳。故吾疑《九章》名非古。藉曰古有之，则篇数亦不嫌仅八，而《惜往日》一篇，必当在料拣之列也。

若吾所臆测不甚谬，则将旧说所谓二十五篇者删去《惜往日》，以《礼魂》分隶《东皇太一》等十篇之末，不别为篇，而补入《九辩》、《招魂》，恰符二十五之数。此二十五篇是否皆屈原作品，抑有战国末年无名氏之作而后人概归诸屈原，虽尚有研究之余地（近人胡适有此说），然而刘向、班固所谓二十五篇之《屈原赋》，殆即指此无可疑者。

屈原之行历及性格

《史记》有屈原列传，载原事迹颇详，举其大概则：

一、原为楚同姓贵族。

二、原事楚怀王，官左徒，曾大被信任。

三、原为同列上官大夫所排，遂被疏放，然犹尝任齐使。

四、怀王十六年（西纪前三一三年），秦张仪谲诈怀王绝齐交，破合纵之局，原请杀张仪。

五、怀王三十年（前二九九年），秦昭王诱怀王会武关，原谏不听，王遂被胁留，客死于秦。

六、顷襄王立（前二九八年），原为令尹子兰所谮，王怒而迁放之，原遂自沉。

关于屈原身世之唯一的资料，只有此传，后此言原事者皆本之。故汉王逸谓：“原在怀王时被谗见疏作《离骚》……顷襄王迁原于江南，原复作《九歌》、《天问》、《远游》、《九章》、《卜居》、《渔父》等篇。”宋洪兴祖谓：“原被放在怀王十六年，至十八年复召用之，顷襄王立复放。”惟清王懋竑不信《史记》，谓原决无再召再放事，谓原决不及见顷襄王。其言曰：“《卜居》言：‘既放三年，不得复见。’《哀郢》言：‘九年而不复。’‘壹反之无时。’则初无召用再放之事。”（《白田草堂存稿》卷三《书楚辞后》，下同。）又云：“谏怀王入秦者，据《楚世家》乃昭睢，非屈原也。夫原谏王不听而卒被留，以致客死，此忠臣之至痛，而原诸篇乃无一语以及之。至《惜往日》、《悲回风》临绝之音，愤懑伉激，略无所讳而亦只反复于隐蔽障壅之害孤臣放子之冤。其于国家，则但言其委衔勒弃舟楫将卒于乱亡，而不云祸殃之已至是也。是诱会被留，乃原所不及见。而顷襄王之立，则原之自沉久矣。”懋竑所辩尚多，皆从原作品本身立反证，极有价值。又传中令尹子兰等事，亦不足信。朱熹云：“《楚辞》以香草比君子，然以世乱俗衰，人多变节，遂深责椒兰之不可恃，而揭车江蓠，亦以次书罪，初非以为实有是人而以椒兰为名字者也。而史迁作屈原传乃有令尹子兰之说，班氏《古今人表》又有令尹子椒之名……王逸因之又讹以为司马子兰、大夫子椒……流误千载，无一人觉其非，甚可叹也。使其果然，则又当有子车、子离、子椴之俦，盖不知其几人矣。”（《楚辞辩证》卷上）上所论难，皆可谓读书得间。要之《史记》所载古代史迹，本多采自传闻，鉴别非甚精审，况后人窜乱亦多。即以屈原列传论，篇中自相矛盾处且不少（王懋竑列举之）。故吾侪良不宜轻信，更不宜牵合附会以曲为之说。大概屈原为楚贵族，生卒于西纪前四世纪之下半纪，曾一度与闻国政，未几被黜放，放后逾九年乃自杀，其足迹在今湖北、湖南两省，亦或尝至江西，此为屈原之基本的史迹。过此以往，阙疑可也。

司马光谓屈原“过于中庸，不可以训”，故所作《通鉴》，削原事不载。屈原性格诚为极端的，而与中国人好中庸之国民性最相反也，而其所以能成为千古独步之大文学家，亦即以此。彼以一身同时含有矛盾两极之思想，彼对于现社会，极端的恋爱，又极端的厌恶。彼有冰冷的头脑，能剖析哲理，又有滚热的感情，终日自煎自焚。彼绝不肯同化于恶社会，其力又不能化社会，故终其身与恶社会斗，最后力竭而自杀。彼两种矛盾性日日交战于胸中，结果所产烦闷至于为自身所不能担荷而自杀。彼之自杀实其个性最猛烈、最纯洁之全部表现，非有此奇特之个性不能产此文学，亦惟以最后一死能使其人格与文学永不死也。吾尝有屈原研究一篇（见《学术讲演集》第三辑），关于此点，论列颇详尽，可参看（彼文关于屈原史迹及作品之考证，与斯篇稍有异同）。

《楚辞》注释书及其读法

《楚辞》多古字古言，非注释或不能悉解。汉武帝时，淮南王安已作《离骚章句》，东汉则班固、贾逵皆续有所释，然亦只限于《离骚》。及王逸乃为《楚辞章句》十六卷，遍释诸篇。宋则有洪兴祖为之补注，而朱熹别加删订为《楚辞集注》。今三本并存，其余释者尚多，不具举。（清戴震有《楚辞笺》，不审尚存否。若存，必当有可观。）王逸年辈在郑玄、高诱、韦昭前，所释训诂名物多近正，最可贵。其释篇中之义则以为："《离骚》之文，依诗取兴，引类譬喻，故善鸟香草以配忠贞，恶禽臭物以比谗佞，灵修美人以媲于君，宓妃佚女以譬贤臣，虬龙鸾凤以托君子，飘风云霓以为小人……"此在各篇中固偶有如此托兴者（《离骚》篇或更多），若每篇每段每句皆胶例而凿求之，则偾甚矣。人之情感万端，岂有舍"忠君爱国"外即无所用其情者？若全书如王注所解，则屈原成为一虚伪者或钝根者，而二十五篇悉变为方头巾家之政论，更何文学价值之足言。故王注虽有功本书，然关于此点，所失实非细也。后世作者往往不为文学而从事文学，而恒谬托高义于文学以外，皆由误读《楚辞》启之，而注家实不能不任其咎。朱注对于此等曲说颇有芟汰，较为洁净。（《楚辞辩证》对于《九歌》诸篇所论云："《东皇太一》旧说以为'原意谓人尽心以事神，则神惠以福，今竭忠以事君，而君不见信，故为此以自伤'。补注又谓：'此言人臣陈德义礼乐以事上，则上无忧患。’《云中君》旧说以为‘事神已讫，复念怀王不明而太息忧劳’，补注又谓：‘以云神喻君德，而怀王不能，故心以为忧。’皆外增赘说以害全篇之大旨，曲生碎义以乱本文之正意。”又云：“《湘君》一篇，情意曲折，最为详尽，而为说者之谬为尤多，以致全然不见其语意之脉络次第，至其卒章犹以‘遗玦捐袂’为求贤，而‘采杜若’为好贤之无已，皆无复有文理也。”又云：“佳人召予正指湘夫人而言，而五臣谓‘若有君命，则亦将然’，补注以佳人为‘贤人同志者’，如此则此篇何以名为湘夫人乎？”读此可知旧注之穿凿可笑，而朱氏之特识为不可及也。）惜仍有所拘牵，芟涤未尽耳。（例如《九歌》总序下注云：“此卷诸篇皆以事神不答而不能忘其敬爱，比事君不合而不能忘其忠赤。”虽稍直捷，然终未能脱旧注桎梏，何如直云《九歌》皆祀神乐章，而屈原自抒其想像力及情感耶？）故吾以为治《楚辞》者，对于诸家之注，但取其名物训诂而足，其敷陈作者之旨者，宜悉屏勿观也。

我国最古之文学作品，三百篇外，即数《楚辞》。三百篇为中原遗声，《楚辞》则南方新兴民族所创之新体；三百篇虽亦有激越语，而大端皆主于温柔敦厚。《楚辞》虽亦有含蓄语，而大端在将情感尽情发泄；三百篇为极质正的现实文学，《楚辞》则富于想像力之纯文学，此其大较也。其技术之应用亦不同道，而《楚辞》表情极回荡之致，体物尽描写之妙，则亦一进步也。吾以为凡为中国人者，须获有欣赏《楚辞》之能力，乃为不虚生此国。吾愿学者循吾说而广之，讽诵餍饫之既久，必能相说以解也。

《礼记》《大戴礼记》附《尔雅》

《礼记》之名称及篇目存佚

《礼记》者，七十子后学者所记，而战国、秦汉间儒家言之一丛书，西汉中叶儒者戴德、戴圣所纂集传授也。今存者有东汉郑康成所注四十九篇，名曰《礼记》，实《小戴记》。有北周卢辩所注三十九篇，名曰《大戴礼记》。《大戴礼记》本八十五篇，佚其四十六，存者仅此而已。两记之名，盖自东汉后始立。《汉书·艺文志》礼家依《七略》著录，但云："《记》百三十一篇。"班固注云："七十子后学者所记。"至《隋书·经籍志》则云："汉初河间献王得仲尼弟子所记一百三十一篇，至刘向校经籍，检得一百三十篇，因第而叙之。又得《明堂》、《阴阳记》等五种，共二百十四篇。戴德删其繁重，合而记之，为八十五篇，谓之《大戴礼》。戴圣又删大戴之书为四十六篇，谓之《小戴记》。（案：此说本诸晋司空长史陈邵，《经典释文·序录》引邵《周礼论序》云："戴德删《古礼》二百四篇为八十五篇，谓之《大戴礼》，圣删《大戴礼》为四十九篇，是为《小戴礼》。"《隋志》与邵异者《古礼》二百四篇作二百十四篇，《小戴记》四十九篇作四十六篇。）两记之传授分合，问题颇复杂，今先列其目，再加考证。

（一）今本《礼记》目录。

孔颖达《礼记正义》于每篇之下皆有"案郑《目录》云……"一段，盖郑康成所撰各篇之解题也。郑录每篇皆有"于《别录》属某某"一语，是刘向本有分类而郑引之也。今节录彼文如下：

《曲礼》上下第一第二。郑《目录》云："名曰《曲礼》者，以其篇记五礼之事……此于《别录》属《制度》。"

《檀弓》上下第三第四。郑《目录》云："名曰《檀弓》者，以其记人善于礼，故著姓名以显之……此于《别录》属《通论》。"

《王制》第五。郑《目录》云："名曰《王制》者，以其记先王班爵、授禄、祭祀、养老之法度，此于《别录》属《制度》。"

《月令》第六。郑《目录》云："名曰《月令》者，以其记十二月政之所行也，本《吕氏春秋·十二月纪》之首章也，以礼家好事抄合之……此于《别录》属《明堂》。"

《曾子问》第七。郑《目录》云："名为《曾子问》者，以其记所问多明于礼，故著姓名以显之……此于《别录》属《丧服》。"

《文王世子》第八。郑《目录》云："记文王为世子时之法，此于《别录》属《世子法》。"

《礼运》第九。郑《目录》云："名为《礼运》者，以其记五帝三王相变易阴阳转旋之道，此于《别录》属《通论》。"

《礼器》第十。郑《目录》云："名为《礼器》者，以其记礼使人成器之义也，此于《别录》属《制度》。"

《郊特牲》第十一。郑《目录》云："……此于《别录》属《祭礼》。"

《内则》第十二。郑《目录》云："名曰《内则》者，以其记男女居室事父母舅姑之法，此于《别录》属《子法》。"

《玉藻》第十三。郑《目录》云："名曰《玉藻》者，以其记天子服冕之事也……此于《别录》属《通论》。”

《明堂位》第十四。郑《目录》云：“名曰《明堂位》者，以其记诸侯朝周公于明堂之时所陈列之位也……此于《别录》属《明堂阴阳》。”

《丧服小记》第十五。郑《目录》云：“名曰《丧服小记》者，以其记丧服之小义也，此于《别录》属《丧服》。”

《大传》第十六。郑《目录》云：“名曰《大传》者，以其记祖宗人亲之大义，此于《别录》属《通论》。”

《少仪》第十七。郑《目录》云：“名曰《少仪》者，以其记相见及荐羞之少威仪也，少犹小也，此于《别录》属《制度》。”

《学记》第十八。郑《目录》云：“名曰《学记》者，以其记人学教之义，此于《别录》属《通论》。”

《乐记》第十九。郑《目录》云：“名曰《乐记》者，以其记乐之义，此于《别录》属《乐记》。”

《杂记》上下第二十第二十一。郑《目录》云：“名曰《杂记》者，以其杂记诸侯以下至士之丧事，此于《别录》属《丧服》。”

《丧大记》第二十二。郑《目录》云：“名曰《丧大记》者，以其记人君以下始死小敛大敛殡葬之事，此于《别录》属《丧服》。”

《丧服大记》第二十三。原阙。

《祭义》第二十四。郑《目录》云：“名曰《祭义》者，以其记祭礼斋戒荐羞之义也，此于《别录》属《祭祀》。”

《祭统》第二十五。郑《目录》云：“名曰《祭统》者，以其记祭祀之本也，统犹本也，此于《别录》属《祭祀》。”

《经解》第二十六。郑《目录》云：“名曰《经解》者，以其记六义政教之得失也，此于《别录》属《通论》。”

《哀公问》第二十七。郑《目录》云：“名曰《哀公问》者，善其问礼，著谥显之也，此于《别录》属《通论》。”

《仲尼燕居》第二十八。郑《目录》云："名曰《仲尼燕居》者，善其不倦，燕居犹使三子侍之，言及礼，著其字，言事可法，退朝而处曰燕居，此于《别录》属《通论》。"

《孔子闲居》第二十九。郑《目录》云："名曰《孔子闲居》者，善其无倦而不亵，犹使一弟子侍，为之说诗，著其氏，言可法也，退燕避人曰闲居，此于《别录》属《通论》。"

《坊记》第三十。郑《目录》云："名曰《坊记》者，以其记六艺之义，所以坊人之失者也，此于《别录》属《通论》。"

《中庸》第三十一。郑《目录》云："名曰《中庸》者，以其记中和之为用也……此于《别录》属《通论》。"

《表记》第三十二。郑《目录》云："名曰《表记》者，以其记君子之德见于仪表，此于《别录》属《通论》。"

《缁衣》第三十三。郑《目录》云："名曰《缁衣》者，善其好贤者厚也……此于《别录》属《通论》。"

《奔丧》第三十四。郑《目录》云："名曰《奔丧》者，以其居他国闻丧奔归之礼，此于《别录》属《丧服之礼》矣。"

《问丧》第三十五。郑《目录》云："名曰《问丧》者，以其善问居丧之礼所由也，此于《别录》属《丧服》也。"

《服问》第三十六。郑《目录》云："名曰《服问》者，以其善问以知有服而遭丧所变易之节，此于《别录》属《丧服》也。"

《间传》第三十七。郑《目录》云："名曰《间传》者，以其记丧服之间轻重所宜，此于《别录》属《丧服》……"

《三年问》第三十八。郑《目录》云："名曰《三年问》者，善其问以知丧服年月所由，此于《别录》属《丧服》。"

《深衣》第三十九。郑《目录》云："名曰《深衣》者，以其记深衣之制也……此于《别录》属《制度》。"

《投壶》第四十。郑《目录》云："名曰《投壶》者，以其记主人与客燕饮讲论才艺之礼，此于《别录》属《吉礼》。"

《儒行》第四十一。郑《目录》云："名曰《儒行》者，以其记有道德者所行也……此于《别录》属《通论》。"

《大学》第四十二。郑《目录》云："名曰《大学》者，以其记博学可以为政也，此于《别录》属《通论》。"

《冠义》第四十三。郑《目录》云："名曰《冠义》者，以其记冠礼成人之义，此于《别录》属《吉事》。"

《昏义》第四十四。郑《目录》云："名曰《昏义》者，以其记娶妻之义内教之所由成也，此于《别录》属《吉事》也。"

《乡饮酒义》第四十五。郑《目录》云："名曰《乡饮酒义》者，以其记乡大夫饮宾于庠序之礼，尊贤养老之义，此于《别录》属《吉事》。"

《射义》第四十六。郑《目录》云："名曰《射义》者，以其记燕射大射之礼，观德行取于士之义，此于《别录》属《吉事》。"

《燕义》第四十七。郑《目录》云："名曰《燕义》者，以其记君臣燕饮之礼，上下相尊之义，此于《别录》属《吉事》。"

《聘义》第四十八。郑《目录》云："名曰《聘义》者，以其记诸侯之国交相聘问之礼，重礼轻财之义也，此于《别录》属《吉事》。"

《丧服四制》第四十九。郑《目录》云："名曰《丧服四制》者，以其记丧服之制，取于仁、义、礼、知也，此于《别录》旧说属《丧服》。"

案：据此知刘向所编定之《礼记》实分类为次，其类之可考见者：一通论；二制度；三丧服；四吉礼或吉事；五祭祀；六子法或世子法；七乐记；八明堂或明堂阴阳。

（二）今本《大戴礼记》目录。

据《隋志》，《大戴礼记》八十五篇，今本自第三十八篇以上全佚，其下间佚，所存篇目如下：

《王言》第三十九（以上三十八篇佚）。

《哀公问五仪》第四十。

《哀公问于孔子》第四十一。

《礼三本》第四十二（以上今本卷一，此下佚三篇）。

《礼察》第四十六。

《夏小正》第四十七（以上今本卷二）。

《保傅》第四十八（今本卷三）。

《曾子立事》第四十九。

《曾子本孝》第五十。

《曾子立孝》第五十一。

《曾子大孝》第五十二。

《曾子事父母》第五十三（以上今本卷四）。

《曾子制言》上中下第五十四至五十六。

《曾子疾病》第五十七。

《曾子天圆》第五十八（以上今本卷五）。

《武王践阼》第五十九。

《卫将军文子》第六十（以上今本卷六，此下佚一篇）。

《五帝德》第六十二。

《帝系》第六十三。

《劝学》第六十四（以上今本卷七）。

《子张问入官》第六十五。

《盛德》第六十六（以上今本卷八）。

《千乘》第六十七。

《四代》第六十八。

《虞戴德》第六十九。

《诰志》第七十（以上今本卷九）。

《文王官人》第七十一。

《诸侯迁庙》第七十二。

《诸侯衅庙》第七十三（以上今本卷十）。

《小辨》第七十四。

《用兵》第七十五。

《少间》第七十六（以上今本卷十一）。

《朝事》第七十七。

《投壶》第七十八（以上今本卷十二）。

《公冠》第七十九。

《本命》第八十。

《易本命》第八十一（以上今本卷十三，此下佚四篇）。

《隋志》言《大戴》八十五篇，佚其四十七篇，存三十八篇，然今本实有三十九篇。《四库提要》云："盖《夏小正》一篇多别行，隋唐间录大戴者或阙其篇……存者宜为三十九篇。"《中兴书目》谓存四十篇者，《夏小正》外，又加《明堂》第六十七之一篇。实则此篇在《盛德篇》内，后人复写重出耳。其佚篇篇名可考者则有《谥法篇》、《王度记》、《三正记》、《别名记》、《亲属记》、《五帝记》（俱《白虎通》引），有《禘于太庙礼》（《少牢馈食礼》注引），有《王霸记》（《周礼》注引），有《佋穆篇》（《明堂月令论》引），有《号谥篇》（《风俗通》引），有《瑞命篇》（《论衡》引）。其与小戴重出者，除《投壶》、《哀公问》两篇现存外，尚有《曲礼》（《汉书·王式传》引）、《礼器》（《五经异义》引）、《文王世子》（《毛诗豳谱·正义》引）、《祭义》（《汉书·韦元成传》及《白虎通·耕桑篇》引）、《曾子问》（《白虎通·耕桑篇》引）、《间传》（《白虎通·性情篇》引）、《檀弓》（《白虎通·崩薨篇》及《明堂月令论》引）、《王制》（《白虎通·崩薨篇》引）。凡此或明引大戴，或仅引篇名，而所引文为今小戴本所无，宜推定为出大戴者。据此则所佚篇名亦可得三之一矣。

《礼记》内容之分析

《礼记》为儒家者流一大丛书，内容所函颇复杂。今略析其重要之类别如下：

（甲）记述某项礼节条文之专篇。如《诸侯迁庙》、《诸侯衅庙》、《投壶》、《奔丧》、《公冠》等篇，《四库提要》谓："皆《礼古经》遗文。"虽无他证，要之当为春秋以前礼制书之断片，其性质略如《开元礼》、《大清通礼》等之一篇。又如《内则》、《少仪》、《曲礼》等篇之一部分，亦记礼节条文，其性质略如《文公家礼》之一节。

（乙）记述某项政令之专篇。如《夏小正》、《月令》等，其性质略如《大清会典》之一部门。

（丙）解释《礼经》之专篇。如《冠义》、《昏义》、《乡饮酒义》、《射义》、《燕义》、《聘义》、《丧服四制》等，实《仪礼》十七篇之传注。

（丁）专记孔子言论。如《表记》、《缁衣》、《仲尼燕居》、《孔子闲居》等，其性质略如《论语》。又如《哀公问》及《孔子三朝记》之七篇——《千乘》、《四代》、《虞戴德》、《诰志》、《小辨》、《用兵》、《少间》——皆先秦儒家所传孔子传记之一部。其专记七十子言论如《曾子问》、《子张问入官》、《卫将军文子》等篇，亦此类之附属。

（戊）记孔门及时人杂事。如《檀弓》及《杂事》之一部分，其性质略如《韩非子》之《内外储说》。

（己）制度之杂记载。如《王制》、《玉藻》、《明堂位》等。

（庚）制度礼节之专门的考证及杂考证。如《礼器》、《郊特牲》、《祭法》、《祭统》、《大传》、《丧服记》、《奔丧》、《问丧》、《间传》等。

（辛）通论礼意或学术。如《礼运》、《礼祭》、《经解》、《礼三本》、

《祭义》、《三年问》、《乐记》、《学记》、《大学》、《中庸》、《劝学》、《本命》、《易本命》等。

（壬）杂记格言。如《曲礼》、《少仪》、《劝学》、《儒行》等。

（癸）某项掌故之专记。如《五帝德》、《帝系》、《文王世子》、《武王践阼》等。

《礼记》之原料及其时代

此一大丛书，当然非成于一人之手。《汉志》谓："七十子后学者所记。"七十子以后之学者，其范围可直至戴德、戴圣、刘向也。其中有录自官书者，如《诸侯迁庙》、《釁庙》等篇，虽未必《礼古经》遗文，要之当为某官守之掌籍也；如《文王官人》篇，与《逸周书》文略同，盖采自彼或与彼同采自某官书也；如《月令》与《吕览》、《淮南》文同，必三书同采一古籍也。有从诸子书中录出者，例如《大戴·中立事》至《天圆》十篇，皆冠以"曾子"，或即《汉志》《曾子》十八篇中之一部也；《中庸》、《坊记》、《表记》、《缁衣》据沈约谓皆取《子思子》，或即《汉志》《子思》二十三篇中之一部也；《史记正义》谓《乐记》为公孙尼子次撰，刘瓛谓《缁衣》公孙尼子作，即或《汉志》《公孙尼子》二十八篇之一部也；如《三年问》、《礼三本》、《乐记》、《乡饮酒义》、《劝学》等篇，或一部或全部文同《荀子》，盖录自《荀子》也；如《保傅》及《礼察》之一部，文同贾谊《新书》，盖录自《新书》也。（今本《新书》实赝品，但彼两篇文见贾生《陈政事疏》，可决为贾生作耳。）此外采自各专书者当尚多，惜古籍散佚，不能尽得其来历耳。

两记最古之篇，共推《夏小正》，谓与《禹贡》同为夏代遗文。果尔，则四千年之珍秘矣。然自朱熹、方孝孺已大疑之，谓恐出《月令》之后。其实《夏小正》年代勘验甚易，因篇中有纪星躔之文——如"正月，鞠则见，初昏参中，斗柄悬在下”、“三月，参则伏”、“四月昴则见，初昏南门正……”等，天文家一推算，当可得其确年也。其最晚者，如《王制》，据卢植云汉文帝时博士所作，虽尚有疑问（说详次条），如《礼察》、《保傅》之出汉人手，则证佐凿然（《礼察》篇有论秦亡语）。如《公冠》篇载“孝昭冠辞”，则为元凤四年以后所编著更不待问矣。要而论之，两戴记中作品，当以战国末西汉初百余年间为中心。其中十之七八，则代表荀卿一派之儒学思想也。

《礼记》之编纂者及删定者

手编《礼记》者谁耶？汉隋志、史汉儒林传及各注家皆未言及，惟魏张揖《上广雅表》云：“周公著《尔雅》一篇，爰暨帝刘，鲁人叔孙通撰置《礼记》，文不违古。”（《尔雅》为《礼记》中一篇，说详末段。）揖言必有所据，然则百三十一篇之编纂者或即叔孙通也。但通以后必仍多所增益，如《保傅》、《礼察》、《公冠》等明出孝文、孝昭后。是其显证。至次第续纂者何人，则不可考矣。

刘向校中书时所谓《礼记》，实合六部分而成。《隋志》云：“向检得一百三十篇，因第而叙之。又得《明堂阴阳记》、《孔子三朝记》、《王氏史氏记》、《乐记》五种，合二百十四篇。”案《汉志》礼家：“《记》百三十一篇，《明堂阴阳》三十三篇，《王史氏》二十一篇。”乐家：“《乐记》二十三篇。”《论语》家：“《孔子三朝记》七篇。”凡二百十五篇（《隋志》少一篇）。今《三朝》七篇，明载大戴，而郑康成《礼记目录》有“此于《别录》属《明堂阴阳》……此于《别录》属《乐记》……”等语，知今本《礼记》各篇，不仅限于“《记》百三十一篇”之范围内，而“明堂阴阳”等五种皆被采入，故《礼记》实合六部丛书为一部丛书也。《王氏史氏》盖皆叔孙通以后继续编纂之人，惟所纂皆在百三十一篇外耳。

大戴删刘向、小戴删大戴之说，起于《隋书·经籍志》（原文前引）。二戴武宣时人，岂能删哀平间向、歆所校之书？其谬盖不待辨。至小戴删大戴之说，据《隋志》谓“小戴删定为四十六篇，马融益以《月令》、《明堂位》、《乐记》乃成今本之四十九篇”，后人因有以今本《礼记》除《月令》、《明堂位》、《乐记》外余四十六篇皆先秦旧籍，惟此三篇为秦汉人作者。此说之所由起，盖以四十六合大戴未佚本之八十五恰为百三十一篇，乃因此附会也。然此说之不可通有二：其一，两戴记并非专以百三十一篇为原料，如《三朝记》之七篇、《明堂阴阳》之三十三篇、《乐记》之二十三篇皆有所甄采，已具如前述。合两戴以就百三十一篇之数，则置书中所采《明堂》等五种诸篇于何地？其二，两戴各篇，并非相避。其最著者，《哀公问》、《投壶》两篇，二本今皆见存；《曲礼》、《礼器》等七篇（详见前大戴目录条附语），亦皆大戴逸目；又如大戴之《曾子大孝》篇全文见《小戴·祭义》，《诸侯衅庙篇》全文见《小戴·杂记》；《朝事》篇一部分（自“聘礼”至“诸侯务焉”）见《小戴·聘义》；《本事》篇一部分（自“有恩有义”至“圣人因杀以见节”）见《小戴·丧服四制》。其余互相出入之文尚多，然则二戴于百三十一篇之记，殆各以意去取，异同参差不必此之所弃即彼之所录，牵附篇数以求彼此相足，甚非其真也。

最后当讨论者，为马融补三篇之问题。云马融补三篇者，盖务节小戴为四十六篇，以合大戴之八十五，求彼此相足。其削趾适履之情况，既如前述。小戴四十六篇之说，不知何昉。藉日有之，则《曲礼》、《檀弓》、《杂记》各有上下篇，故篇名仅四十六耳。《小戴》篇数之为四十九，则自西汉时已然。《后汉书·桥元传》云：“七世祖仁，著《礼记章句》四十九篇，号曰桥君学。”仁，即班固所说小戴授梁人桥仁季卿者也。《曹褒传》云：“父充持庆氏礼，褒又传《礼记》四十九篇教授诸生，庆氏学遂行于世。”则褒所受于庆普之《礼记》亦四十九篇也。孔颖达正义于《乐记》下云：“按《别录》，《礼记》四十九篇。”则刘向所校定者正四十九篇也。而郑《目录》于《王制》下云："此于《别录》属《制度》。"《月令》、《明堂位》下并云："此于《别录》属《明堂阴阳》。"益足明此三篇为《别录》所原有非增自马融也。内中《王制》篇之来历，据正义引卢植云："汉孝文皇帝令博士诸生作此书。"（《经典释文》引同。）陈寿祺谓卢说本《史记·封禅书》。据索隐引刘向《别录》谓文帝所造书有《本制》、《兵制》、《服制》等篇，以《王制》参检绝不相合，非一书也（见《左海经辨》）。《月令》篇之来历，据郑《目录》云："本《吕氏春秋·十二月纪》之首章也，以礼家好事抄合之，后人因题之名曰《礼记》，言周公所作。其中官名时事，多不合周法。"（篇中有"命太尉"语，太尉，秦官，故郑君断此为秦人书。）寿祺亦力辩其非（文繁不引）。以吾论之，《王制》、《月令》非后汉人续补，殆为信谳，然恐是秦汉间作品。两戴记中秦汉作品甚多，又不独此二篇也。后儒必欲强跻诸周公、孔子之林，非愚则诬耳。尤有一事当附论者，《汉志》"《乐记》二十三篇"，今采入小戴者只有一篇。郑《目录》云"此于《别录》属《乐记》"，谓从二十三篇之《乐记》采出也。正义云："盖合十一篇为一篇，谓有《乐本》，有《乐论》，有《乐施》，有《乐言》，有《乐礼》，有《乐情》，有《乐化》，有《乐象》，有《宾牟贾》，有《师乙》，有《魏文侯》。"其余十二篇为戴所不采，其名犹见《别录》，曰则《奏乐》第十二、《乐器》第十三、《乐作》第十四、《意始》第十五、《乐穆》第十六、《说律》第十七、《季札》第十八、《乐道》第十九、《乐义》第二十、《昭本》第二十一、《昭颂》第二十二、《窦公》第二十三也（并见正义引）。观此尚可知当时与《礼记》对峙之《乐记》其原形何如。今此十一篇者见采于小戴而幸存，其中精粹语极多。余十二篇竟亡，甚可惜也。

以上关于《礼记》应考证之问题略竟。此书似未经刘歆、王肃之徒所窜乱，在古书中较为克葆其真者，此亦差强人意也。

《礼记》之价值

《礼记》之最大价值，在于能供给以研究战国、秦汉间儒家者流——尤其是荀子一派——学术思想史之极丰富之资料。盖孔氏之学，在此期间始确立，亦在此期间而渐失其真。其蜕变之迹与其几，读此两戴记八十余篇最能明了也。今略举其要点如下：

一、孔门本以“礼”为人格教育之一工具，至荀子则更以此为唯一之工具。其末流乃至极繁琐、极拘迂，乃至为小小仪节费几许记述、几许辩争。读《曲礼》、《檀弓》、《玉藻》、《礼器》、《郊特牲》、《内则》、《少仪》、《杂记》、《曾子问》等篇之全部或一部分，其琐与迂实可惊，观此可见儒学之盛即其所以衰。

二、秦汉间帝王好大喜功，“封禅”、“巡守”、“明堂”、“辟雍”、“正朔”、“服色”等之铺张的建设，多由儒生启之。儒生亦不能不广引古制以自张其军，故各篇中比较三代礼乐因革损益之文极多，而大抵属于虚文及琐节。但其间固自有发挥儒家之政法理想及理想的制度，极有价值者，如《王制》、《礼运》等篇是也。

三、为提倡礼学起见，一方面讲求礼之条节，一方面推阐制礼之精意及其功用，以明礼教与人生之关系，使礼治主义能为合理的存在。此种工作，在两戴记中，颇有重要之发明及收获，《礼运》、《乐记》、《礼察》、《礼三本》、《大传》、《三年问》、《祭义》、《祭统》等篇，其代表也。

四、孔子设教，惟重力行。及其门者，亲炙而受人格的感化，亦不汲汲以骛高玄精析之论。战国以还，“求知”的学风日昌，而各派所倡理论亦日复杂。儒家受其影响，亦竞进而为哲理的或科学的研究，孟、荀之论性、论名实，此其大较也。两戴记中亦极能表现此趋势，如《中庸》、《大学》、《本命》、《易本命》等篇，其代表也。

五、儒家束身制行之道及其教育之理论法则，所引申阐发者亦日多，而两戴记荟萃之。《大学》、《学记》、《劝学》、《坊记》、《表记》、《缁衣》、《儒行》及《曾子》十篇等，其代表也。

要之欲知儒家根本思想及其蜕变之迹，则除《论语》、《孟子》、《荀子》外，最要者实为两戴记，而《礼记》方面较多，故足供研究资料者亦较广。但研究《礼记》时有应注意两事：

第一，记中所述唐、虞、夏、商制度，大率皆儒家推度之辞，不可轻认为历史上实事。即所述周制，亦未必文、武、周公之旧，大抵属于当时一部分社会通行者半，属于儒家理想者半，宜以极谨严的态度观之。

第二，各篇所记“子曰……”、“子言之……”等文，不必尽认为孔子之言。盖战国、秦汉间孔子已渐带有“神话性”，许多神秘的事实皆附之于孔子，立言者亦每托孔子以自重，此其一。“子”为弟子述师之通称，七十子后学者于其本师，亦可称“子”。例如《中庸》、《缁衣》等或言采自《子思子》，则篇中之“子”亦可认为指子思，不必定指孔子，此其二。即使果为孔子之言，而辗转相传，亦未必无附益或失真，此其三。要之全两部《礼记》所说，悉认为儒家言则可，认为孔子言则须审择也。

就此两点而论，《礼记》一书，未经汉以后人窜乱，诚视他书为易读。但其著作及编纂者之本身，或不免有若干之特别作用及成见，故障雾亦缘之而滋，读者仍须加一番鉴别也。

读《礼记》法

读《礼记》之人有三种：一，以治古代礼学为目的者；二，以治儒家学术思想史为目的者；三，以常识及修养应用为目的者。今分别略论其法。

以治古代礼学为目的而读《礼记》者，第一，当知《礼记》乃解释

《仪礼》之书，必须与《仪礼》合读。第二，须知《周礼》晚出不可信，万不可引《周礼》以解《礼记》或难《礼记》，致自乱其系统。第三，当知《礼记》是一部乱杂的丛书，欲理清眉目，最好是分类纂抄，此较研究，略如唐魏征《类礼》、元吴澄《礼记纂言》、清江永《礼书纲目》之例。（魏征书今佚，《唐书》本传云："征以《小戴礼》综汇不伦，更作《类礼》二十篇。太宗美其书，录寘内府。"《谏录》载太宗诏书云："以类相从，别为篇第，并更注解，文义粲然。"）第四，当知此丛书并非出自一人一时代之作，其中各述所闻见所主张，自然不免矛盾，故只宜随文研索，有异同者则并存之，不可强为会通，转生轇轕。以上四义，不过随举所见。吾未尝治此学，不敢谓有心得也。居今日而治古代礼学，诚可不必。然欲研究古代社会史或宗教史者，则礼学实为极重要之研究对象，未可以为僵石而吐弃之也。

以治儒家学术思想史为目的而读《礼记》者，当略以吾前段所举之五事为范围，其条目则：（一）儒家对于礼之观念；（二）儒家争辩礼节之态度及其结果；（三）儒家之理想的礼治主义及其制度；（四）礼教与哲学等等。先标出若干门目而鸟瞰全书综析其资料，庶可以见彼时代一家学派之真相也。

以常识或修养应用为目的而读《礼记》者，因《小戴记》四十九篇，自唐以来号为"大经"，自明以来列为五经之一，诵习之广，次于《诗》、《书》，久已形成国民常识之一部。其中精粹语有裨于身心修养及应事接物之用者不少，故吾辈宜宝而读之。惟其书繁重且干燥无味者过半，势不能以全读。吾故不避僭妄，为欲读者区其次第如下：

第一等，《大学》、《中庸》、《学记》、《乐记》、《礼运》、《王制》。

第二等，《经解》、《坊记》、《表记》、《缁衣》、《儒行大传》、《礼器》之一部分、《祭义》之一部分。

第三等，《曲礼》之一部分、《月令》、《檀弓》之一部分。

第四等，其他。

吾愿学者于第一等诸篇精读，第二、三等摘读，第四等或竟不读可也。上有分等，吾自知为极不科学的、极不论理的、极狂妄的，吾并非对于诸篇有所轩轾。问吾以何为标准，吾亦不能回答。吾惟觉《礼记》为青年不可不读之书，而又为万不能全读之书，吾但以吾之主观的意见设此方便耳。通人责备，不敢辞也。（上专就《小戴记》言，其《大戴记》各篇则三、四等居多也。）

《礼记》注释书

至今尚无出郑注、孔疏右者。若非专门研究家，则宜先读白文，有不解则参阅注疏可耳。若专治礼学，则清儒关于三礼之良著颇多，恕不悉举也。

《大戴礼记》因传习夙稀，旧无善注，且讹误滋多。清儒卢文弨、戴震先后校勘，始渐可读。孔广森《大戴礼记补注》、汪照《大戴礼记补注》，皆良著也。

附论《尔雅》

《尔雅》今列于十三经，陋儒竞相推挹，指为周公所作，甚可笑。其实不过秦汉间经师诂经之文，好事者编为类书以便参检耳。其书盖本为“《记》百三十一篇”中之一篇或数篇，而大戴曾采录之，张揖《进广雅疏》所谓“《尔雅》一篇，叔孙通撰置《礼记》，文不违古”也。臧庸列举汉人引《尔雅》称《礼记》之文，如《白虎通·三纲六纪篇》引《礼·亲属记》，文见今《尔雅·释亲》。《孟子》“帝馆甥于贰室”，赵岐注引

《礼记》，亦《释亲》文。《风俗通·声音篇》引《礼·乐记》，乃《尔雅·释乐》文。《公羊》宣十二年何休注引《礼记》，乃《尔雅·释水》文。此尤《尔雅》本在《礼记》中之明证也。自刘歆欲立古文学，征募能为《尔雅》者千余人讲论庭中，自此《礼记》中之《尔雅》篇，不知受几许挦扯附益，乃始彪然为大国，骎骎与六艺争席矣。

图书在版编目(CIP)数据

梁启超儒家哲学　梁启超国学要籍研读法四种 / 梁启超著.
长春:吉林人民出版社,2012.12(2021.1 重印)
(大师国学馆)
ISBN 978-7-206-08332-7

Ⅰ.①梁…
Ⅱ.①梁…　②梁…
Ⅲ.①儒家—哲学思想—研究　②国学—研究
Ⅳ.①B222.05　②Z126.275

中国版本图书馆CIP数据核字(2012)第308844号

梁启超儒家哲学　梁启超国学要籍研读法四种

著　　者:梁启超
责任编辑:于二辉　王璐瑶
制　　作:吉林人民出版社图文设计印务中心
吉林人民出版社出版 发行(长春市人民大街7548号　邮政编码:130022)
印　刷:三河市天润建兴印务有限公司
开　本:710mm×1000mm　　1/16
印　张:25.5　　　　字　数:360千字
标准书号:ISBN 978-7-206-08332-7
版　次:2013年3月第1版　　印　次:2021年1月第2次印刷
定　价:79.00元